行政诉讼制度研究

穆云红　著

北京理工大学出版社
BEIJING INSTITUTE OF TECHNOLOGY PRESS

图书在版编目（CIP）数据

行政诉讼制度研究 / 穆云红著 . -- 北京 : 北京理工大学出版社，2019.3
ISBN 978-7-5682-5175-4

Ⅰ . ①行…　Ⅱ . ①穆…　Ⅲ . ①行政诉讼 — 司法制度 — 研究 — 中国
Ⅳ . ① D925.310.4

中国版本图书馆 CIP 数据核字（2018）第 006567 号

出版发行 / 北京理工大学出版社有限责任公司
社　　址 / 北京市海淀区中关村南大街 5 号
邮　　编 / 100081
电　　话 / (010)68914775(总编室)
(010)82562903(教材售后服务热线)
(010)68948351(其他图书服务热线)
网　　址 / http: // www. bitpress. com. cn
经　　销 / 全国各地新华书店
印　　刷 / 定州市新华印刷有限公司
开　　本 / 710 毫米 ×1000 毫米　1/16
印　　张 / 15.5　　责任编辑 / 张荣君
字　　数 / 208 千字　　文案编辑 / 张荣君
版　　次 / 2019 年 3 月第 1 版　2019 年 3 月第 1 次印刷　　责任校对 / 周瑞红
定　　价 / 69.00 元　　责任印制 / 边心超

前　言

CONTENTS

行政诉讼制度是西方资产阶级革命胜利后逐步建立的以民主政治为基础、以司法审查为手段、以保护公民私权益和制约行政权滥用为目的的一种法律制度。它自1889年在法国确立以来，已有100多年的历史。由于其本质上是限制公权力、保护私权利的法律机制，符合现代民主、自由、法治社会的历史发展潮流，所以世界上已有70多个国家和地区的宪法规定公民可以对行政机关的违法行政行为提起行政诉讼，并制定行政诉讼法，建立行政审判机关，确立行政诉讼制度。故而，行政诉讼制度的建立、健全已成为现代民主、法治国家的重要标志之一。

本书认为，百年来，法律移植一直是中国行政诉讼制度现代化的主要方式。但行政诉讼制度的法律移植一定要适应国家法制的整体环境，不能脱离中国的具体国情，同时亦要起到推动国家法制发展的作用。移植行政诉讼制度的根本目的是保护民众权利，否则无论被移植国行政诉讼制度多么先进，引入中国后亦是南橘北枳。行政诉讼制度的法律移植还要重视具体的制度建设，特别要重视贯彻落实，要从纸上的移植转变成具体的实践。

在理论领域，不仅各种理论观点对行政诉讼功能定位存在差异，而且不同国家公法理论对该问题讨论的侧重点也有所不同。而这些不同的理论观点则是在不同的法治背景下展开的。从总体上来说，这些理论主要集中于对行政诉讼价值目标、司法权在宪政体制中的地位以及行政诉讼合法性基础三个方面展开。

如果实证考察各国行政诉讼制度将会发现，各国行政诉讼制度基本是处于功能不断变迁的历史发展过程之中。从总体上来说，行政诉讼制度发展的趋势基本是从相对独立走向逐步融入宪政和行政法治的体系中来，并与其他公法制度一起共同分担完成社会任务。各国行政诉讼制度可以整合为功能迥异的三种基本历史类型：官僚型的行政诉讼制度、形式主义的行政诉讼制度和功能主义的行政诉讼制度。而且，这三种历史类型的行政诉讼制度分别产生于不同的历史和宪政法治背景。

我国行政诉讼制度与前文所述形式主义类型的行政诉讼制度具有相当类似的特征。《行政诉讼法》所确立的价值目标并没能在具体制度中得以落实。行政诉讼制度审查范围不仅因为对行政行为分类的形式化而相当狭小，而且没能充分考虑与其他公法审查机制之间的协调关系。行政诉讼的合法性基础也存在严重的形式主义倾向，而且表现为依附于立法权。我们认为这与我国宪政和行政法治发展水平有关。

作为宪政和行政法治重要一环的行政诉讼制度，在当今的民主国家里存在已经是一个不争的事实。但在这些国家里，人们却同样面临诸多共同的难题，例如：国家机关可以被起诉接受审查，但法院或法官是否能够公正而有效地解决纠纷或冲突？能否有效地保护受害者的权益？能否在真正意义上维护法治的权威？进一步的问题是：为何要将这些解决纠纷、维护受害者的权益，甚至维护法治的任务交付给行政诉讼（司法机关）而不是其他的国家机关？是否因为司法机关具有相对于其他国家机关来说某些独特的让人看重的品格？等等。

其实，对于以上问题的回答不仅是宪政和行政法治领域重大的理论和实践课题之一，而且是一个永恒的话题。在西方国家，几乎所有的宪法和行政法基础理论均无法回避对该问题的回答，对该问题的讨论也可以说是经久不衰（本书也正是建立在这些理论观点的基础之上展开论述）。如果再进一步考察就会发现，不仅在不同国家而且在同一国家的不同历史时期，行政诉讼制度在宪政和行政法治中的功能定位以及行政诉讼制度设计也并没有绝对统一的模式。而这也进一步增加了对以上问题回答的难度。

正是从以上诸多方面的考虑，选定了本书的主题。本书梳理现有有关行政诉讼功能定论的基本理论以发现其关注的焦点问题及本质异同；并实证考察各国历史形态中的行政诉讼制度功能发挥状况，以发现其基本规律，找寻行政诉讼制度发展的基本走向。

目　录

CONTENTS

第一章

中国行政诉讼制度变迁的研究

当历史的时钟被拨到1949年，它标志着一个旧时代的结束。然而历史永远是当代史，它的价值不是使我们回到历史中去，而是为新的历史提供资源。就行政诉讼制度的变迁而言，它经历了清末立宪中行政裁判院的筹设，民国初期平政院制度的建立，南京国民政府行政法院制度的发展三个阶段，其外部形式发生了重大的变化。它是中国近代追求宪政理想的产物，也反映了国人在特定的历史时期，移植西方法律，追求行政诉讼现代化的心路历程。在近半个世纪的风雨历程中，它为后继的历史留下了丰富的遗产，无论是正面的，还是负面的。

第一节　权力结构与制度模式

行政诉讼本质上体现了一种国家权力结构的设计模式。政治权力结构的变化直接影响行政诉讼制度的变迁。中国近代行政诉讼制度，经历了封建专制统治、军阀统治和国民党党治三个历史阶段，受制于西方的示范效应和本国的政治、经济、文化条件，体现了鲜明的时代特色。反思中国近代不同国家权力结构下行政审判组织的定位，对比西方行政诉讼在宪政架构中所扮演的角色，为新时期重新确定行政诉讼在国家权力结构中的定位提供启示。

一、近代中国行政诉讼在国家权力结构中的定位

中国传统的官制体系是一个以皇帝为中心的金字塔体系，官僚机构的设置着眼于皇权的巩固。古代尽管也存在民控官的制度，但人们仅能以举发人的身份申诉，无法与官吏对簿公堂。历代统治者虽然设有专官（如御史台、都察院等）以查民冤，并惩戒酷吏苛政者，但凡此皆以维系皇权，整饬朝纲为目的，并无权力分立及国家至上的观念。在清末立宪

运动中，清政府推行了一系列的法律制度和司法改革，近代西方法院的审判组织与运作原则也得以引进和实践。行政诉讼制度，因其本身具有的宪政价值，也登上了中国的历史舞台，开始了它在中国的旅途。然而，文化上的专制性、政治上的工具性，行政裁判院制度无法逃避其早夭的命运。

首先，行政诉讼根植于专制的文化土壤。我国清末行政裁判院的筹设问题实际上是一个政治文化的转变问题，亦即传统的专制文化走向民主法治的政治文化问题。然而，像我国数千年所凝育而成的专制文化，早已在国民的日常生活中生根发芽，而由于历年遭受欧美强势文化的侵逼，在无奈之余才模仿欧美之行政法治文化。可是，正如台湾学者荆知仁所言："任何一种成功的政治文化，不仅有形貌的一面，更有神髓的一面。模仿一种外来的政治文化，其形貌易得，其神髓难求。当一种政治文化的相关基本信念，未经过有效的社会化过程，升华为人生或日常生活的基本信念之前，其形貌性的制度是很难产生预期的功效的。"在清末的立宪改革中，尽管沈家本称要"折衷各国大同之良规，兼采近世最新之学说，而仍不戾乎我国历世相沿之礼教民情"，欲将西方现代法律与中国传统司法紧密融合，合二为一，但实际上改革将"中国旧律精义弃之不顾，全袭外国格式文法"。就行政诉讼而言，所筹设的行政裁判院，是仿照日本行政裁判所之产物，所拟定的《行政裁判院官制草案》也是仿照日本《行政裁判法》(1890年颁行)而成。这种"自弃其文明礼教以迁就外人"的新式司法，常常与中国的社会现实相脱节，而无法得到广大民众的信任，而这种信任是司法权威得到尊重的主要根源。

其次，建立行政裁判院的目的具有很强的功利性。光绪三十二年，出洋考察大臣戴鸿慈等，结合中国现实，就引入行政审判的问题在"改定全国官制以为立宪折"中提出了具体的改革计划。但他认为行政裁判院的作用在于"上图国家公益，使行政官吏不敢逾法，下保人民权利，使举国民族不致受损"。"专理官民不公之诉讼，及官员惩戒处分，凡内外百僚之办事无成效者，并有弹劾之责。""实与中国都察院大略相等"。官制编纂大臣奕劻等在“厘定中央各衙门官制缮单进呈——附阁部院官制节略清单”的奏折中也提到行政裁判院“以待控诉”“以纠正官权之过”“监内阁”的目的。无论是戴鸿慈还是奕劻，都没有深刻地认识到西方行政诉讼制度是三权分立的产物，是两种不同国家权力之间的制约，是宪政制度的应有之义。他们把行政审判院等同于中国历史上纠弹百官的“都察院”，在“君上总揽”的原则下，作为监督百官和化解“官民”纠纷的工具。因此，行政裁判院制度引入中国后，就已经“改头换面”，转化为一种为皇权服务的工具。

二、西方行政诉讼在宪政架构中所扮演的角色

在英美法系国家，看待司法审查的方法是：立法机关授权给行政机关，继而这一权力的行使受制于司法审查。在英国，传统的政治宪法模式下，由议会主权造就的越权原则构成了司法审查的基石。但即便如此，普通法院仍有相当大的监督空间。在英国学者看来，议会虽然地位很高，但他对行政机关的控制不可能面面俱到，只能就重大事项进行宏观控制。因此，监督行政机关依法履行议会授予的职权就责无旁贷地落在法院身上。随着国家权力结构的变迁，英国对越权原则是否构成司法审查的基础进行了激烈的争论。尽管意见并不统一，但司法审查的正当性和作用不论是守卫民主还是捍卫自由，在现代民主社会中，法治的真谛是法院必须独立于行政机关，且这种独立必须让人们看得见。在美国，尽管国会对行政机关的监督作用很大，但最终保证行政机关守法的是司法审查的存在。

法国的行政法院被认为是拿破仑除民法典外，给人类社会的又一伟大贡献。在1799年的宪法中，拿破仑成功地找到了适当的折中方法。他认为“应该创设一个半行政、半司法的机构，这个机构要体现对国家管理是不可缺少的那部分自由处置权。将这种自由处置权留于君主（即行政机构）是不妥的，因为他们不是拙劣地行使这种权力，就是完全忽略对这种权力的行使”。经过长期的演进，法国行政法院开始在国家公共生活中扮

演十分重要的角色。法国人这样看待它在宪政中的作用和地位:“行政法院所发挥的卓越作用真正是法国独创的。在这个国家里,政府经常变动,宪法也并不持久而来回更改,行政法院确是主要的稳定因素。它所赖以建立的原则,越过成文的宪法,这个宪法尽管未被意识到,但为法国人所喜爱。虽然新的观念发展了,但它还维持着一定的传统规则。在这个多次发生革命的国家里,行政法院以渐进的方式发挥作用。它做事既谨慎又有效。有时也被疾风骤雨所颠覆,但很快又得到恢复,就这样保持着国家的永久性和连续性。”法国前总统德斯坦评价道:“国家行政法院的最基本贡献是在没有立法干预的情况下,简单通过谨慎和缓慢地发展案例法,成功地赋予法国行政以合法精神:即对法律的尊重,并使它沉浸在这种精神中前进。”

三、促进人民代表大会制度下行政诉讼地位的提升

新中国成立以后,废除了国民党政府的六法全书以及其他一切法律、法令。经过不断的尝试和努力,我国颁布了《行政诉讼法》,并建立了在普通法院内设立行政审判庭的行政审判体制,可谓是民主与法治建设道路上一个新的里程碑。但行政诉讼制度实施二十年来,效果甚微,行政审判举步维艰。在探寻行政诉讼的各项改革中,在既有的宪政框架结构内,提升行政诉讼的地位,强化司法审查行政的作用,是学者的共识和清晰易辨的社会要求。

(一)行政诉讼的宪法基础

行政诉讼的宪法基础关系到我们对行政诉讼的信念和决心,关系到司法审查的范围和程度,关系到行政诉讼立法的成败。我国宪法虽然没有明确授权法院可以审查行政机关的行政行为,但《宪法》的确奠定了行政诉讼的基础。具体而言,《宪法》所提供的基础主要包括三个方面:

1.《宪法》提出了依法行政及行政违法行为必须予以追究的要求。《宪法》第 5 条规定:“国家维护社会主义法制的统一和尊严。一切法律、行

政法规和地方性法规都不得同宪法相抵触。一切国家机关和武装力量、各政党和各社会团体、各企业事业组织都必须遵守宪法和法律。一切违反宪法和法律的行为，都必须予以追究。任何组织或者个人都不得有超越宪法和法律的特权。”该条规定表明，行政机关必须在法律规定的范围内从事行政活动以及行政行为违法必须予以追究，这是行政诉讼的前提条件。

2.《宪法》赋予了公民行政侵权予以救济的权利。《宪法》第41条规定：“中华人民共和国公民对于任何国家机关和国家工作人员，有提出批评和建议的权利；对于任何国家机关和国家工作人员的违法失职行为，有向有关国家机关提出申诉、控告或者检举的权利，但是不得捏造或者歪曲事实进行诬告陷害。对于公民的申诉、控告或者检举，有关国家机关和国家机关必须查清事实，负责处理。任何人不得压制和打击报复。由于国家机关和国家工作人员侵犯公民权利而受到损失的人，有依照法律规定取得赔偿的权利。”

3.《宪法》明确规定了法院的审判地位。《宪法》第123条规定：“中华人民共和国人民法院是国家的审判机关”。

（二）行政诉讼的“宪法意义挫折”

1.法院服从于代议机关意志。我国的基本制度设计在于“人民通过民意代表所制定的法律以及反映在法律中的民意必须得到尊重和实现。诉讼、审判及其具体的程序只要达到这一要求也就得到了正当化”。因此，我国行政诉讼运作的机理就是实施和贯彻法律，其使命就是守卫立法的民主意图。在审判实践中主要体现在两个方面：

首先，宪法原则上不作行政诉讼的判案依据。虽然《行政诉讼法》没有提及宪法能否作为行政案件的适用依据，但根据宪法的地位可以推导出宪法应当是人民法院法律适用的最高标准。但在司法实践中，几乎没有法院直接援引宪法作为裁判依据。宪法中有关行政权力的制约机制，尤其是宪法中公民基本权利的存在隐含的对行政权力的内在约束，这些与行政诉讼密切相关的制度设计，均被束之高阁。法院只能根据代议机关制定的法律规范体系来判断行政行为的合法性及公民权利受到侵犯的标准。

其次，法院不享有具体案件的法律解释权。对立法的解释是法院寻求制定机关意图的基本途径和方法。然而，在行政审判实践中，除最高人民法院外，其他法院在具体案件中并不享有法律解释权。在此种背景下，法院和法官的作用也仅仅在于先确定案件事实，再从法律条文体系中找出正确的法律条款，把条款与事实联系起来，并从法律条款与事实的结合中自动产生的解决办法赋予法律意义。在这一过程中，法院和法官没有创造性，其作用只是简单地适用立法规定，执行和落实法律。这种贯彻和落实的行为是消极的，本质上是一种服从。不授予法院在个案中的法律解释权，虽然在一定程度上保障了法院适用法律时严格探寻立法者的意图及防止法院侵越立法机关的权力，却抹杀了法院和法官一定范围内的司法能动性。在立法规范的界限和含义不清时，法院和法官无法加以补充，为行政权限或行政裁量设置正当的范围和限制。

2. 法院屈从于行政意志。行政诉讼的存在意味着司法介入行政的空间和领域。但从实践来看，司法“极度地尊重行政权。相形之下，‘司法自主性’以及所衍生的司法审查，已高度萎缩”。

首先，体现为行政立法对法院的约束力和行政意志优越性。我国人民代表大会制度及相关法律将行政立法排除在司法审查的范围之外。尽管法院对行政规章享有“选择适用权”，但不能宣布相应规章无效和予以撤销。法院甚至不能在判决书中指明不适用某一规章及拒绝适用的理由，那么这种权力只是一种判断权，对法院仍有极强的约束力。遇有规章不一致时，法院并没有判断适用哪一规章的权力，而是必须由最高人民法院送请国务院解释或裁决。司法无法干预行政立法，成为行政机关滥用权力的护身符，行政相对人维护和行使权利的绊脚石。行政机关以行政立法的方式侵犯公民权利的实例已经证明了这一点。

其次，体现为法院对行政行为合理性问题的极大尊重。根据《行政诉讼法》第5条的规定:"人民法院审理行政案件，对具体行政行为是否合法进行审查。"这一规定，既确立了我国行政诉讼审查的原则——合法性原则，也确定了在行政诉讼中司法权与行政权的基本界限。同时,《行政诉讼法》第54条则对行政诉讼判决类型及适用条件做出了规定，在客观上起到了对合法性原则具体化的作用和功能。由于绝大多数行政行为都属于裁量行政行为，此种"行政诉讼的司法审查，便如孙悟空无法跳脱如来佛的手掌一样，无法控制裁量的滥用",与法治国家强调依法行政的原则背道而驰。

(三)从权力结构中重新确定行政诉讼的地位

通过对行政诉讼的现实状况进行分析，我国行政诉讼地位孱弱，至少来自两重压力:庞大的行政权的威吓和人大监督的挤压，无法处于超然的地位。为防止权力滥用和捍卫、保障、发展公民的权益，法治国家必然赋予法院和法官在国家机构中的独立地位。因此，我国行政诉讼出路的选择并不是仅仅通过对行政诉讼的简单修改所能完成的，还必须诉诸司法与行政关系的调整，甚至国家权力结构的重新构造。

首先，转变人大监督优越的观念。我国行政诉讼制度所面临的难题，从根本上来说是中国宪政体制所遇到的困境。自新中国成立以来，我国一直奉行一元民主理论，即由人民通过掌握国家权力来当家做主。人民代表大会制度是我国的基本政治制度，人大的地位具有最高性，人大的监督是具有最高法律效力最高层次的监督。但实践表明，人大的地位和人大监督的成效与现行制度设计存在很大的偏差。因此，在人大对政府行为进行审查萎靡不振的情况下，允许法院和法官在适用法律时享有一定的解释权，赋予法院和法官一定范围的司法能动性，在立法规定的界限和含义不清时，由法院和法官加以补充，为行政权限或行政裁量权设置正当的范围和限制，不仅不会由此颠覆立法权的最高性，反而可以填补立法机关立法规定留下的问题。

其次，实现司法权与行政权的良性互动。司法权与行政权的关系是行政诉讼的核心问题。通常认为，这种关系在宏观上体现为横向和纵向两个维度。前者主要指行政诉讼的受案范围，后者则指行政诉讼的审查强度。行政诉讼受案范围的大小直接关系司法监督行政的广度和保障公民权益的力度，因而是整个行政诉讼制度的立足点。随着我国经济与社会的发展和公民权利要求的增加，受案范围的狭窄日益凸显。主要体现在两个方面：其一是除人身权和财产权之外的其他广泛权利同样成为公民的需求。如近年来出现的选举权案件、教育权案件、劳动权案件、平等权案件等新型案件就是例证。其二是对行政机关的执法水准和职责履行日渐提高。为顺应社会发展的潮流和当事人救济的需要，我们应大力拓展行政的疆域，把行政界定为行政机关、中介组织或其他组织从事公共职能或公共事务管理职能的活动，将所有国家公权力主体与相对人发生的公法上的争议均纳入行政诉讼的范围。行政诉讼的审查强度是指法院对被诉行政行为所做出的认定的介入和干预强度。它既关系到行政机关与法院的权力与责任的分配，也涉及行政诉讼的内在机理。法院应根据行政行为所涉及的权利性质、行政权力界限、专业性行政程序的繁简等因素，对不同的审查对象采取不同的审查态度，而不是一味地迁就和尊重行政机关的意志。

第二节　制度移植与文化转型

对于一个以外源性道路开始法治近代化的国家来说，实现从传统法治向现代法治的转变，其中最便捷也是必需的环节就是法律移植。阿兰·沃森说过：“一次成功的法律移植正如人体器官的移植，应该在新的机体内成长，并且成为这新机体的组成部分，如同那些在其母体内继续发展的规范和制度一样。移植法律在新的环境中不应由于原有文化的抗拒而萎缩。”回眸中国近代行政诉讼制度在中国社会生根、发芽、成长到最后消亡的半个世纪的历程，我们能清楚地体会到中国行政诉讼制度与传统文化的冲突、妥协与平衡的艰难历程。站在新的历史时期，我们应该理性对待中西文化的冲突，在移植制度的同时，改造我们的传统文化。

一、近代行政诉讼制度变迁中的法律移植

（一）伴随着宪政实践逐步展开

行政诉讼，是近代立宪国家权力分立思想的产物。纵观传统中国，历代政治体制皆属于君主专制，皇帝集立法、行政、司法大权于一身，历朝历代虽皆有独特的行政监督机制，却缺少行政诉讼的观念。在清末朝着宪政目标迈进的征程中，中国使臣在考察立宪国家的政治体制时认为，西方各国为落实宪法，实现权力制衡的目的皆设置了行政诉讼制度（司法审查制度）。因此，为践行宪政，移植行政诉讼制度成为必要。宣统二年（1910年），宪政编查馆大臣奕劻等拟呈《修正宪政逐年筹备事宜折》里就有引进行政诉讼制度，颁布行政裁判法，设立行政裁判院之意。《行政裁判院官制草案》就是移植德、奥、日本等国行政诉讼制度的结果。北洋政府时期，尽管实行的是军阀专制统治，但袁世凯仍然借助近代民主共和政体的运作形式，进行了大规模的法律创制和移植活动。在行政诉讼的组织上，仿照日本的行政裁判所，建立了行政性质的平政院；在具体法律制度上，移植日本的《行政裁判所法》，颁行了《平政院编制令》和《行政诉讼法律条例》等一系列行政诉讼制度。南京国民政府时期，国民党尽管实行“以党治国”的方针，仍注重行政诉讼制度的完善。参照了日本、法国、德国、意大利等国的做法，在行政诉讼组织上，建立了司法性质的行政法院；在具体法律制度上，颁行了《行政法院组织法》及《行政诉讼法》等法令。因此，中国近代行政诉讼制度伴随着中国宪政实践而产生，既是中国宪政实践的重要内容，又是中国宪政成效的晴雨表。

（二）取向于大陆法系的制度模式

法律移植的决策过程本身就是一种包括政治选择在内的文化选择，

是决策者文化价值观念和政治取向的表现。中国在引进行政诉讼制度时，在行政机关遵从何种性质的法律及由何种性质的法院实施审查之职两个关键问题上，西方国家主要存在两者迥然不同的模式："公法"模式和"私法"模式。前者奉行国家主义理念，认为法律是特殊的法律（公法），法院为专门的法院（行政法院）；后者奉行个人主义理念，认为法律是普通的法律，法院则是普通法院。

中国近代行政诉讼制度，无论从体系还是内容上基本都取法于大陆法系，这是因为中国对大陆法系国家的法律移植具有深厚的文化渊源。从政治上看，传统中国与大陆法系国家具有相似的国家主义观念，都曾有过中央集权制和君主专制的历史。从技术上看，也有颇多相似和可以沟通之处，如法典化传统、思维方式及审判方式等。从经验上看，日本为我们移植大陆法系提供了成功的典范。因此，在清末立宪改革中，以日本为中介，选择大陆法系。这一选择体现在清末行政诉讼制度的设计上就是设立专门的行政审判机关——行政裁判院，制定专门的法律——《行政裁判院官制草案》。随后，行政诉讼经历了南京临时政府阶段、北京政府时期和南京国民政府时期，虽然移植的参照系从日本转向了德国、奥地利等国，但仍然契合于大陆法系的价值取向。

二、行政诉讼制度移植中所体现的文化冲突

尽管从体系和制度构造来看，中国近代在行政诉讼法律移植方面取得了骄人的成果，而且法律移植仍然是我国今后完善行政诉讼制度的主要方法，然而从文化融合和制度实效的角度观察，"貌合神离""南橘北枳"现象仍然是法律移植者"心中永远的痛"。我们在构建行政诉讼制度时，中西方文化不可避免地发生碰撞。

（一）分权与集权的冲突

近代西方行政诉讼制度是以法治、民主、人权、自由及权力制衡等价值理念为依托的。而当时的中国，君权至上的思想根深蒂固，人治观

念极度流行，皇权政治构成了清末法律移植的一道坚不可摧的君主专制壁垒。清末行政裁判院与都察院设废之争，不仅仅体现了代表封建法律思想的“守旧派”与代表资产阶级法律思想的“改革派”之间的尖锐冲突，更是西方文化与中国传统文化的激烈碰撞。在随后拟定的《行政裁判院官制草案》(简称《草案》) 中就体现了这种冲突。如在《草案》中一方面体现了法官审判独立的思想，另一方面又规定对于行政官员枉法营私的案件，法官没有权力直接断案，必须交由皇帝裁决，这无疑将皇权凌驾于法律之上，违背了西方所尊崇的司法独立原则。南京政府时期，立法者试图将西方资本主义法制与中国传统法制有机地结合起来，平政院的设置就是一次积极的实验。但《平政院编制令》的内容设计却无不清晰地向后人展示了政治文化差异对法律移植的巨大阻碍作用。如该令一方面仿照西方国家的做法，对平政院的评事和肃政史规定了严格的任职资格、身份保障，以期实现其行使职权时的独立性；另一方面又规定平政院隶属于大总统，无疑使得平政院的行政色彩大大加强，司法独立也大打折扣。我国现行行政诉讼制度是我国借鉴国外有益经验并根据中国国情合理改造的结果，已反映了现代行政诉讼制度的基本特征。它的实施曾被称为“法治进程中的一座里程碑”。但与之形成巨大反差的是，行政诉讼法实施二十年来，效果甚微，步履维艰，尤其表现为行政诉讼受案少、撤诉多、执行难等。究其原因，主要是旧的体制、传统、观念在阻碍行政诉讼的发展。

(二) 公权至上与个人本位的冲突

在西方社会，民主宪政理念与“个人本位”同属于一个完整的思想体系。中国传统的行政法治文化是一种迥异于西方行政法治文化的公权至上的文化体系。家天下的“君治”是中国传统行政法治文化体系中的逻辑起点。君主是上天化民的使者，是圣贤的总代表。君主代表上天治国理政。君主是天下人民的父母，“君治”就是国家的公共利益，就是人民的公益所在。为了保障“君治”的实现，国家必须设计出一套良好的官吏管理制度和其他制度，以保障国家长治久安。在这种文化主导下，个人的权利和自由在中国历史上很难得到张扬，也很难建立起真正为了保障公民权利的行政诉讼制度。清末立宪过程中，虽有建立行政裁判院的设想，但它是以“大权统于朝廷”、“君权神圣不可侵犯”为前提。民国时期国民党政府虽然打着全体人民共同权利与幸福的旗号，建立了行政法院，颁布了有着“控权”表象的《行政法院组织法》《行政诉讼法》等一系列法律，但从行政法治文化发展的角度讲，其行政法依然停留在实现国家管理的目标上。正如蔡枢衡先生在《中国法律之批判》一书中评论道：“中国历史上还不曾有过普遍彻底推行自由主义和个人主义和产业资本主义的事实，宪政或法治迄今还是当作运动目标的理想。”

（三）权利意识与臣民意识的冲突

西方权利本位的法律精神意味着：公民权利是国家权力的源泉，也是国家权力的配置和运作的目的和界限。正因为如此，“人民之乐有法律，且尊重法律也”。“拥有现代的人格主体性的人，不仅意识到为了对抗侵害权利而主张自己的权利是问心无愧的正当行为，甚至感到只有主张权利和为权利而斗争才是肩负维护这种秩序的权利人为维护法律秩序所应尽的社会义务。所以对西方许多国家的公民来说，默认侵害权利的行为，或对此置若罔闻是难以忍受的痛苦，而且甚至被当作不履行社会义务来意识。对权利的这种意识的信念和热情，正是使权利得以成为权利、使法律秩序得以成为法律秩序的根本条件。如果没有这些，权利就不复存在，被称为权利的内容尽管写在法律条文上，现实中它也绝不会是权利。”

我国，在清末的立宪运动中，尽管上层知识分子实现了一定程度的意识形态转变，基本制度也实现了一定程度的现代化改造，但无论是法治观念，还是现代制度，多停留在国家层面上，而广大的乡村社会，仍由传统的文化和固有的习俗占据统治地位。乡村民众自古以来受“民可使由之，不可使知之”的愚民政策统治，遵从“三纲五常”的道德规范。他们对于自身权利所遭受的损害，至多只是在伦理范围去分别善恶，很少从法的角度去判断是非，更谈不上与行政机关“对簿公堂”。在近代中国掀起的一些启蒙运动，如戊戌变法、立宪运动等，也从未深入民间。人民的司法观念没有发生根本性的变化，普遍具有畏诉、厌诉的社会心理。轻视法治的家长制作风，游离于法律之外的特权意识，任人唯亲的裙带观念，以及轻法贱诉的封建思想，依然处于主导地位，在民众中具有普适性并富有强制力。从西方引进的现代司法观念、权力制约观念、权利保护观念，没有被真正理解和认可，就像油漂浮在水面上一样，无法和中国的基层社会交融在一起，也难以得到有效的实施。

三、寻求行政诉讼制度移植中文化的现代转型

中国近代行政诉讼制度是移植外国法制的产物，但这种移植在很大程度上是“文本上的法”，而没有成为深入社会生活的“活法”。民国时期著名的法学家曾对此评论：“缺乏强有力的道德根基，被移植的制度与观念无从获得本地沃土和持续成长的养分，不管移植者技巧如何娴熟高妙，这样的法律都是不可能有效生长的——只有法律之树根植于价值观念能指明方向的沃土时，才有可能为后代结出希望之果。”因此，站在新的历史时期，在继续推进行政诉讼现代化的同时，我们要进行的不仅仅是一次制度的变迁与体系的重构，更是一场文化的革命和观念的更新。

（一）观念与制度的互动

在一个相对稳定的社会环境里，制度和观念是一致的，他们共同维护着同样的社会价值选择。在社会发展和变迁过程中，制度和观念则处于一种动态的平衡之中。一般地由于观念具有决定性的作用，什么样的观念决定了什么样的制度。因此，如果观念首先发生变化，那么就不难产生相应的制度。然而，对于大多数政府主导法治推进型国家而言，主要是新思想首先引发制度变化，但未必能撼动传统文化的主导地位。在这种情况下，新制度和旧观念之间将不可避免地发生冲突。最后的结果

是要么新制度成功地颠覆了旧观念，要么旧观念虚置或使新制度发生某种变异，使之带有旧观念的烙印。当然，很少有哪个国家是严格意义上的极端。就中国而言，行政诉讼制度和传统观念之间最终达成了一种“妥协”：行政诉讼制度在一定程度上改变了传统观念，但传统观念仍然对行政诉讼制度实践发挥着不可忽视的影响。

回眸行政诉讼制度变迁的历史，我们会发现制度起初得不到政治文化的支持。在制度和观念互动的过程中，行政诉讼所蕴含的法治、民主和人权观念无法在专制的土壤中生存，最终导致行政裁判院早夭的命运。清廷覆灭，民国初立，三权分立与制衡的思想逐渐付诸中国的实践，平政院制度的引入释放了社会原受压抑的力量，从而使之获得新兴利益集团的支持，并获得实质性的巩固和深化。逐步地，新制度所代表的新观念取代了传统文化中的某些因素，导致文化本身的发展和革新，而文化革新进一步为新制度的生存提供了更有利的环境。民国南京政府时期，行政法院的建立和发展表明，制度较为成功地实现了观念上的突破。

今天，随着依法治国方略的实施，我国行政救济制度取得了很大的发展，《行政诉讼法》《行政复议法》《国家赔偿法》等法律的颁行，为民众筑起了一座行政救济的长城。但由于长期受到传统“官本位”和“人治”思想的影响，我国公民的权利意识还带有传统的烙印，公民的观念仍停留在臣民社会的阴影中，个人很难产生对权利的自觉追求和维护。因此，在不断完善我国行政诉讼制度，充分保障公民权利，监督行政权力，促进行政法治发展的同时，必须提升公民的权利意识。不仅要培育普通公民的权利意识，还要塑造行政公职人员对公民权利的尊重意识，更要强化行政审判人员对公民权利的保障意识。

（二）传统与现代的互动

传统是一个动态的、开放的、不断发展的系统。它肇始于过去，积淀于现在，影响于将来。在行政诉讼走向现代化的过程中，必然会遇到传统法律文化与现代法治理念相冲突的问题。然而传统文化对于现代的行政法治建设来说，仍然是一种可资开发利用的充满潜力的社会资源。譬如人本主义的法律倾斜、法致中平的价值取向，天人合一的和谐诉求，德礼为本的道德支撑，缘法断案的司法责任，法为治具的政治方略，等等，彰显了中国法律传统中最有价值的部分。中国行政诉讼制度的实践经验显示，传统法律文化是近代行政诉讼制度现代化的历史与逻辑起点，西方行政法治文化的侵入则是近代行政诉讼制度现代化的重要催化剂，近代中国传统法律文化只有进行创造性地转化才能走向通往行政诉讼现代化的快速发展之路。事实上，立法者已经意识到这一点，如北洋政府平政院时期，立法者以日本《行政裁判法》为蓝本，同时兼采德、法、奥等国的行政诉讼制度，制定了《平政院编制令》，体现了现代的行政法治精神。同时，《平政院编制令》还在本土化方面做出了努力。譬如在平政院内设置肃政厅负责纠弹、诉讼和监督平政院裁决执行之职。因此，《平政院编制令》在行政诉讼的西方与本土化，传统与现代之间的尝试，为我们今后行政诉讼立法积累了宝贵的经验。在继续推进行政诉讼现代化和全球化的今天，我们应当确立“中国”这一主体意识，凸显“中国问题”这一问题意识，解决“中国发展”这一现代化诉求，构建“中国风格”这一民族特征的行政诉讼制度。同时，应对中国文化传统进行审慎判断和创造性继受，在传统的“壳资源”中注入现代的法治理念，促进传统文化的新生。譬如我们可以从传统民族精神中蕴含的以人为本、中庸之道和天人合一的思想出发，反思中国以行政权为本位构建的行政法存在的缺陷，寻求构建权力与权利平衡的模式，实现行政法范式的转换。

第三节　组织重构与制度创新

通向明日的未知路径常常是由反省昨夜的冷峻烛光照亮的。通过对近代行政诉讼制度变迁的研究发现，行政诉讼组织不仅是司法审查权的载体，也是行政审判体制的核心，其构造和运行直接体现着一个国家行政诉讼制度的特点。我国目前采用的是在普通法院内设立行政审判庭的方式。在理念上，由于国家权力之间的“分工合作”关系淡化了司法权对行政权的监控功能。在专业性上，既没有像英美法系国家那样有专门的行政裁判所或行政法法官作为初审机构来解决行政争议的专业性和技术性问题，也没有像大陆法系国家那样规定行政法官的专业素质要求。在独立性上，我国的司法管辖区与地方行政区合二为一，人、财、物又都依附于地方，受制于地方，行政审判机构和审判人员很难保证司法的天平不因金钱的砝码而失去正义的平衡。在司法实践中，我国虽然推行了案例指导制度，但法律却并不承认行政判例的约束力。因此，我们应汲取近代行政法院制度的经验教训，借鉴西方行政诉讼组织发展的普遍经验，推进行政诉讼制度的各项改革。

一、行政诉讼的目的需定位于行政权与公民权的平衡

耶林曾经认为，“目的是全部法律的创造者，每条法律规则的产生都根源于一种目的，即一种实际的动机”。行政诉讼目的是指以观念形式表达的国家进行行政诉讼所期望达到的目标，是国家基于对行政诉讼固有属性的认识预先设计的关于行政诉讼结果的理想模式。行政诉讼目的是对行政诉讼宪法基础的直接反映。

(一) 我国近代行政诉讼目的考察

清末立宪，清政府虽然未曾彻底领悟西方的宪政精神，但为了体现三权分立的原则，力求形式上的完满，萌生了建立行政裁判院的设想。《行政裁判院官制草案》虽然没有开门见山地表明行政诉讼的目的，但根据第 1 条、第 9 条的规定，提起行政诉讼并不以侵害人民权利为前提，故行政诉讼的目的在于维护法律秩序。民国建立以后，《中华民国临时约法》第 10 条规定：“人民对于官吏违法损害权利之行为，有陈诉于平政院之权。”平政院建立后，使宪法赋予国民提起行政诉讼的权利得以实现。

同时，根据1914年《行政诉讼法》第1条至第5条关于行政诉讼范围的规定，也表明行政诉讼制度是为保护公民权利而设。尽管在平政院的运行中无法真正实现这一目标，但至少在制度层面起到了宣示作用。南京国民政府时期，虽然《行政诉讼法》第1条开宗明义地表明："人民因……官署之违法处分，致损害其权利者，得向行政法院提起行政诉讼"，但关于行政诉讼的目的，民国学界仍众说纷纭。以张知本、范杨为代表的学者主张权利说，认为行政诉讼既保障了人民的权利又维护了法律法规的尊严，前者是目的，后者是手段，即以维持法律秩序的手段，达到权利保护的目的。以林纪东为代表的学者主张法规维持说，认为"行政诉讼之主要目的，在于法规之正当适用，而维持法规之秩序，个人权利之保护，则其附带结果"。以林众可、李用中、赵琛为代表的学者主张折中说，认为"行政诉讼，固以保护权利为主，如谓专为保护权利，则未为尽然。故行政诉讼，一方面系保护权利，另一方面维持法规，总之，就学说而论，自以折衷说较优"。尽管意见不一，但行政法院的建立对公民权利的保护具有象征意义。

（二）西方行政诉讼目的的变迁

无论是法德的行政诉讼制度，还是英美的司法审查制度，其早期设置的目的都体现了国家权力框架内的分工与制约，对个人权利的保护只是附带作用，但随着政治体制的稳定和社会的发展，两者将更加注重对个人权益的保护。

在大陆法系，法国成立行政法院的最初目的是避免司法权干涉行政权，以维护行政权的有效行使。但随着时代的发展，法国行政法院在法国政治体制中则发挥着双重作用："一方面作为法国行政系统的'良心守护人'和智囊而不断发掘并维护一套系统的且内部逻辑一致的行政管理和行政规则，从而维护了行政部门的权威性和正当性，实现了对行政权的有效控制和监督；另一方面，又通过惩戒违反行政伦理与行政规则的行政行为而'训练和教育'法国公务员的严格守法精神，实现对公民权利的保护。”正如有学者在谈及法国行政法院在法国宪政中扮演的角色时指出的那样：“对国家行政活动实行法律监督具有重大意义，这种监督是由最高行政法院为首的行政司法体系进行的。他们的活动对公家和公民双方都是有益的。任何一个主管机关在涉及公民利益时，都必须对自己的决定做出说明。任何时候都需要相互理解，这样做的本身就是公开民主的最重要的因素。从1789年起，总的说来，法律至上就是自由民主不可动摇的原则，而行政法院的活动就为公民提供了不受权力专横侵害的重要保障。”

在英美法系，当今美国的司法审查被认为是法院监督行政机关遵守法律的有力武器，没有司法审查，行政法治便等于一句空话，个人的自由和权利就缺乏保障。正如沃伦指出：“法院通常运用一种平衡准则来判定个体是否滥用其合法权利，从而威胁到公众的利益，当法院运用这种平衡准则时，他们也碰到了在个体权利和社会权利之间选择的难题。法院必须在保护社会权利的同时，维护个人的合法权利。”

英国则尊崇“救济先于权利”的理念，司法审查是控制政府权力、保障公民自由的一种工具。正如韦德所言，行政法的基本功用之一就是要使政府的权力在法定的范围内行使；基本功用之二是保护公民免受僭越的权力的侵害。

(三) 我国行政诉讼的目的应实现控权与维权的平衡

在我国，设置行政诉讼组织的目的根源于行政诉讼立法的目的和作用。《行政诉讼法》第1条虽然规定行政诉讼的目的是“为保证人民法院正确、及时审理行政案件，保护公民、法人和其他组织的合法权益，维护监督行政机关依法行使行政职权”，但理论界对行政诉讼目的的认识却存在很大的分歧。其主要观点有保护说、监督说、双重目的说、三重目的说、依法行政说等。笔者认为，任何一个国家的行政诉讼组织和相应制度都不是为了单纯地救济权利或监督行政，我国也不例外。正如罗豪才先生所言：“维护公共利益是当今的现实需要，但行政法保障公民的权利与自由则是其永恒的主题。”因此，我国行政诉讼组织应在司法实践中尽力保持国家权力和公民权利之间的平衡，即一方面应避免传统西方国家过分强调控权、过分注重限制公权力滥用，而忽视公权力为社会经济发展和公民福祉服务的作用；另一方面应避免原苏联东欧国家过分强调公权力对相对人和社会的管理作用，而忽视对公民个人权益特别是个人人格尊严的保护。

二、行政诉讼组织的设计应利于独立性与专业性的调和统一

在行政诉讼中，一方面由于一方当事人是国家机关，故要实现司法公正，则要求行政诉讼组织和人员具有更高的独立性；另一方面，行政行为涉及社会生活的各个领域，这就决定了行政诉讼具有很强的技术性和专业性。行政诉讼组织解决争议时就面临着专业性和独立性的矛盾与统一。

（一）我国近代行政诉讼独立性和专业性的不足

清末修律，司法独立的观念已由宣传、评价走向实践，虽被尊为新政府体制的根本宪法原则，但日后却转变成可以妥协让步的工具性理念。清末《行政裁判院官制草案》中有关审判人员的规定，似乎能找到西方法官独立思想的影子，但最终还是屈服于君权神圣不可侵犯的宗旨。民国初立，首任司法总长王宠惠在就职演说中明确宣示，《临时约法》乃是以权力分立的政治理论为基础，而司法独立无疑是权力分立理论的适用结果。由于缺乏稳固的政治与经济支持，政府更替频繁，虽“时闻不干涉司法一语，然此不过是民众之梦想，政府之装点而已”。就行政诉讼而言，不仅平政院隶属于大总统，而且平政院人事的任免，裁决的执行都由大总统控制，无独立可言。南京国民政府时期，国民党废除司法党禁，全面实行司法政党化，进一步扼杀了司法的独立性。《行政法院组织法》及《行政诉讼法》关于法官的选拔及法官身份的党员化的规定就是明证。

在专业性方面，晚清政府为解决法律人才短缺的问题，由法部负责法官的甄录。1910年，随着《法院编制法》的颁行，由法部和大理院共同制定的《法官考试任用暂行章程》也一并施行。随后，《法官考试任用暂行章程实施细则》和《考试法官主要科应用法律章程》也相继出台，对法官考试的机构、应试资格、考试程序及考试内容做出了规定。尽管如此，相关法律并没有体现对行政裁判院法官的特别规定。南京临时政府成立后，为保障司法官的良好素养和司法独立的精神，法制局就拟制了《法官考试令草案》《法官考试委员官职令草案》等法规，对法官的考试和任用提出了一系列措施。虽未及审议和颁布，但为北洋政府的司法官考试制度的建立奠定了基础。北洋政府建立后，为整顿司法事宜，袁世凯于1913年11月公布了《甄拔司法人员准则》。随后，又颁布了《司法官考试令》《司法官考试令施行细则》《司法官再试典试委员会审议免试规则》《修正司法官考试令各条》等法规，对司法官考试的系列问题做出了具体的规定，但并没有对行政审判人员的要求做出特别规定。因此，平政院在法曹选拔方面，尽管奉行“精英主义原则”，但平政院评事与大理院推事的任职条件并没有两样。南京国民政府建立以后，继续推进司法官考试及培训等相关制度的改革和完善，但并没有重视行政审判的专业性要求。

(二) 西方行政诉讼组织在独立性和专业性上的发展趋势

大陆法系国家行政诉讼主管机关在建立之初侧重专业性。如法国，行政法院建立的法理基础之一就是公法与私法相区分的概念。正如奥当在《行政诉讼》一书中所言：“法国人认为行政管理和司法、医学一样，是一门高度专业性的艺术。要想解决行政管理过程中所产生的纠纷和争论，就必须了解行政管理的复杂特性。”德国行政法院的顺利发展除了其历史原因外，还有一个不容忽视的原因，那就是司法专业人员被指责为没有足够的公法上的专业知识，完全只是为了解决民事纠纷而被国家任命的，并且在公法事务中更多地涉及事实问题而非法律问题。显然，大陆法系国家的行政法院制度满足了行政诉讼的专业性要求，但其独立性曾一度受到质疑，被认为是保护官吏特权的工具。英美法系国家的司法审查制度成立之初更多地强调其独立性，司法独立成为普遍承认和接受的法治原则，其内容不仅包括司法权独立、司法权与立法权、行政权地位平等，还包括法官独立。尽管如此，对普通法院解决行政争议缺乏专业性的批评之声和改革呼声并没有消失。

随着各国行政法的发展，两大法系国家的行政诉讼制度也在相互交流和对接，共同朝着既注重独立性又强调专业性的方向发展。大陆法系国家在强调专业性的同时也突出了独立性。如法国行政法院虽然在形式上隶属于行政系统，但经过长期的历史演变，在实质上已经完全司法化，其客观公正性、独立性均已得到了法国人民的普遍认同。同时，为保障法国行政法院法官的独立，避免外界压力，最高行政法院成员的晋升采用年资制，其地位的升降不受长官喜恶的影响。而且，行政法官是不能被罢免的，他们的地位很有保障，这种保障的基础是习惯传统和行政法官的威信。这种传统习惯，今天已被承认具有宪法规则效力。宪法委员会在 1980 年 7 月 22 日的一个判决中宣称行政法官独立的原则是共和国法律所承认的基本原则之一。在德国，根据《德意志联邦共和国基本法》第 97 条第 2 款规定，法官一经正式任命，则在其任职期间只能由符合法定理由和形式的法官裁判才能在违背该法官意愿的情况下改变或解除其职务。国家司法权是直接委托给法官而不是法院，法官与法院之间并非命令与服从的关系，法官只对法律负责。普通法系在保持原有独立性的同时亦开始关注行政诉讼的专业性。如英国虽然积淀了深厚的普通法传统，但为适应社会发展趋势和纠纷解决需求，英国的行政裁判所已像雨后春笋般发展起来。最初性质多样，绝大多数是行政系统内的司法机构，经过不断的改革，绝大多数已经完成司法化的过程，并纳入统一的行政裁判所服务体系内，这一趋势使其距离行政法院越来越近。同时，美国在构建代表公法发展趋向的行政法院方面曾进行了多次尝试，虽然最终没有实现，但随着独立管制机构的兴起，成功地建立了行政法法官制度，负责对行政案件的初审，弥补了普通法院专业性的不足。

（三）我国行政诉讼组织的独立性与专业性保障

中国近代行政诉讼制度的实践和西方行政诉讼制度的经验表明，行政诉讼究竟应由普通法院还是专门的行政法院主管，并非实现这一制度的关键所在。但行政诉讼主管机关能否保持真正的独立乃是发挥行政诉讼功能的前提。同时，专业性的实现，是赢得行政机关尊重和认同的保障。针对我国现有的行政审判体制和组织形式，近年来学界提出了不同的解决方案。这些方案无疑为我们的研究提供了不同的视角，使我们更加清醒地认识到行政诉讼主管机关的变革，应致力于克服现行司法体制存在的弊端，从根本上为行政审判的独立性与专业性提供组织保障。

1. 行政诉讼组织的独立性保障。首先，在人事体制上体现独立性和统一性。目前我国各级司法机关的司法人员都是由同级地方权力机关选举和任免，使得地方司法机关无力抗衡地方政权的干预，其结果是除了破坏司法独立和国家法制的统一外，还导致了司法权的地方化。因此，为了避免司法权受制于地方，我国司法人员的任免必须实行全国统一的模式，从而增强法官对职业的神圣感和责任心。其次，在财经体制上应体现独立性。司法经费应该由国家统一管理，因为“各地方的司法机关不是地方司法机关，而是国家的司法机关”。目前我国在分税制的财政管理体制下，一方面行政机关掌握着整个国家的财权，各级司法机关的经费必须由同级政府决定；另一方面，司法机关在装备、办公条件、办案经费等方面则会因各地经济发展及财政收入状况不同而大相径庭，导致了司法机关的财政与地方财政融为一体。在这种情况下，地方司法机关往往更多地倾向于从发展地方经济的角度去执行法律和行使司法权，而不是着眼于国家法制的统一性和严肃性。因此，行政诉讼主管机关的经费划拨方式应朝着既适合国情，又有利于司法权公正独立行使的方向发展。最后，在业务上应突出独立性。目前，我们执政党与司法系统直接融为一体的方式，导致党的组织和领导干部对司法干预的现象普遍存在。如党委对案件的调阅、书记对案件的批示、政法委对案件的协调、党组对案件的讨论等事实比比皆是，严重地损害了司法的独立性和公正性。为此，我们必须改善党对司法的领导方式，改革党与行政诉讼主管机关的关系配置。由最高人民法院根据党的中央组织的授权，代表执政党负责领导全国的行政诉讼主管机关。地方各级党的组织无权干涉地方行政诉讼主管机关的司法工作，以确保行政诉讼组织在业务上真正享有独立的司法权。

2. 行政审判人员独立性与专业性保障。在独立性保障方面，首先，须明确行政法官的独立地位。针对目前实行的是法院独立审判而不是法官独立审判，强调对个体法官的控制和管理的现状，我们要在宪法、行政诉讼法及人民法院组织法中确立行政法官的独立地位。其次，要明确行政法官的权责。行政法官应该既是审判权的主体，也是审判责任主体。要一改传统上行政审判合议庭“审而不判”“合而不议”，人民陪审员“陪而不审”，审判委员会“审判分离”的现象，放权、还权于合议庭，使合议庭集“审”“判”于一身。再次，应提高行政法官的待遇。汉密尔顿曾经说过：“最有助于维护法官独立者，除使法官职务固定外，莫过于使其薪俸固定。”因为“就人类天性之一般情况而言，对某人的生活有控制权，等于对其意志有控制权。”鉴于高薪制在目前我国数目庞大且整体素质较差的法官群体中尚无法实现的情况，可先严格控制法官的数量，将行政法官队伍分为两个部分，即法官和助理法官，并实行法官责任制，助理法官协助法官工作。最后，应逐步建立法官终身制。用法定程序决定法官的罢免，使法官弹劾原因和弹劾程序法定化，保证法官身份的稳定，防止在涉及法官身份问题处理方面的随意性和不规范行为。

在专业性保障方面，首先，须严格行政法官的任职资格。我们必须建立一套独特的法官录用机制，要求行政法官们既具有法律方面的知识，又具备行政管理的教育背景，以保持对行政职业的真正理解。其次，应健全行政法官的遴选程序。符合基本任职资格的申请人应经过补充资格审查（主要考察申请人对证据和法庭规则的掌握程度、分析能力、制作裁决的能力、口头沟通的能力、司法品行、写作能力和组织能力）、笔试、面试、最终评分等环节，获得行政法官候选人资格。经过一定时间的实习和培训后，才能正式成为行政法官。最后，要建立行政法官的对外交流制度。为了使行政法官对行政规律保持清醒的认识，避免“外行审理内行”现象的发生，我们可以借鉴法国的经验，将行政法官定期外调到实际部门工作。

三、在行政审判实践中应逐步确立、发展行政判例制度

（一）中国近代行政判例制度的实践

我国古代社会一直存在判例传统。从秦朝的“廷行事”到汉朝的“决事比”；从唐朝的“法例”到宋朝的“以例破法”；从元朝的“断例”到清王朝的以“例”断案，无不表明判例在中国古代司法实践中的重要作用。不过，我国古代并未产生西方国家的“遵循先例”的原则，法官只是为加强判决的权威性和说服力才在司法判决中引用先前的成例。中国古代的法律主要以成文法为主，判例只是成文法的补充。因此，在清末修律中，立法者基于中国的传统，有意仿效大陆法系国家编纂法典，但判例也是当时法院审理案件的重要依据。北洋政府时期，国家在援引清末的法律、颁布大量法规的同时，还公布了数量众多的判例和解释例。据统计，从1912年到1927年，大理院汇编的判例就有3900多个，公布的解释例就有2000多件。南京国民政府时期虽然形成了“六法”体系，判例仍然起补充作用，特别是行政法院在司法实践中形成了一套行政判例的创制、变更与适用的运作机制，促进了行政诉讼制度的发展。

（二）西方行政判例制度的发展

在以判例法为主要法源的英美法系国家，行政法的基本原则和制度主要系通过普通法院的判例来确立，这是不言而喻的。如英国行政法上的程序正当原则和行政合理原则，就是在得到判例的最初确认，然后被后来的判例所反复援引、实践后发展起来的。英国著名的行政法学家威廉·韦德在分析行政合理原则时，就述及了对该原则之确立和形成具有

重要影响的数十个判例。美国深受英国判例法的影响，在行政法领域，判例法扮演着重要的角色。正如梅利曼所言："一个仅仅做出对案件当事人有拘束力的判决，而既不受自己又不受其他法院先前判决拘束力的法院，是不能保证行政行为合法性的。实际需要的是，应当采取'类推适用'判例的合理办法——判决的效力不仅限于当事人，而且适用于其他类似的案件——来处理行政行为是否合法的诉讼。"显然，行政判例已作为美国国家权力的平衡器，以便在司法实践中把行政权限制在一个合理的范围内。

大陆法系原本是成文法国家，没有英美法律制度中遵循先例的传统，但其行政法的产生和发展却与行政法院对行政活动的审查和监督有直接的联系。如在法国，"行政法的显著特点是清一色的判例法系统。对于一个始终强调立法至上，并在近代创造了第一部成文典章的国家，行政法从未成文化，这确实是一件难以置信的事实"。在德国，"行政判例法是以成文法的具体化条款或补充渊源的姿态而存在，也具有法律约束力"。如著名的行政信赖保护原则就是德国联邦行政法院以判例的形式根据法律安定性原则和民法的诚信原则推论而确定的。

（三）我国行政判例制度的建构

行政判例制度之所以成为世界发展的趋势，主要是由于行政判例既可以弥补成文法的不足，又可以统一法律的适用，还是联系行政法学理论与实践的桥梁。在我国，目前已初步推行了案例指导制度，最高人民法院编辑的《人民法院案例选》《最高人民法院公报》每期刊登的典型案例，名义上虽只是以例释法，只供"各级人民法院借鉴"，但实际上已经成为各级人民法院审理同类案件的依据，起着法的渊源的作用。因此，在司法实践中，行政诉讼组织应借鉴大陆法系国家以制定法为主、判例法为辅的模式，通过司法解释赋予典型案例以普遍约束力。但考虑到当前行政法官个人的专业素质和经验积累普遍差强人意，以及司法严重地方化的情况，我们可以由高等行政诉讼组织对自己的判决进行筛选，挑选出具有典型意义的判决公布成判例。判例应向社会公开，以便法学界和全社会对行政判例进行研究和分析，提出改进意见，促进行政法理论界和实务界的良性互动。同时，我们必须加强对已公布判例的编撰出版工作，供学界、律师和普通公民查询。随着行政法官整体素质的提高、司法地方化现象得以克服，法治环境进一步改善，我们可考虑仿照法、德行政法院的做法，所有上级法院公布的判例对下级法院都有约束力，判例汇编也相应分为最高法院判例汇编和高等法院判例汇编，以充分发挥行政判例制度的灵活性和生命力。

第二章

我国行政诉讼制度功能之实证考察

第一节　我国行政诉讼制度功能定位的基本制度内容分析

在我国，行政诉讼制度同样生存于一定的宪政和行政法治环境之中，行政诉讼在宪政和行政法治环境中的功能定位同样可以通过对行政诉讼制度价值目标的定位以及与其他公法制度之间的相互关系得出结论。但在此需要在先说明的是，中国行政诉讼制度功能定位并不可能以其他国家同样的形式表现出来，因此，笔者有必要在分析我国行政诉讼核心制度内容的基础上评析行政诉讼的功能。

一、建立行政诉讼制度的法律依据

由于存在不同的历史传统，中国并没有采用“三权分立”的宪政体制，而是人民代表大会制度的政权组织形式。根据宪法及有关法律规定，人民代表大会是国家的权力机关，而国家行政机关、审判机关、检察机关都由人民代表大会产生，对它负责，受它监督。人民法院是审判机关，独立行使审判权，不受行政机关、社会团体和个人的干涉。这是我国行政诉讼制度得以建立的宪政基础。

1982年《宪法》第41条规定;“中华人民共和国公民……对于任何国家机关和国家工作人员的违法失职行为，有向有关国家机关提出申诉、控告或者检举的权利……由于国家机关和国家工作人员侵犯公民权利而受到损失的人，有依照法律规定取得赔偿的权利。”这为建立我国行政诉讼制度提供了明确的宪法根据。1980年颁布的《中外合资企业所得税法》首次规定不服行政机关处罚的可以向人民法院起诉。《民事诉讼法(试行)》第3条规定：“法律规定由人民法院审理的行政案件，适用本法规定。”自此，从立法上确立了行政诉讼制度，这是我国行政法治发展史上一个标志性事件。1986 年颁行的《治安管理处罚条例》把公民不服治安处罚纳入了行政诉讼的轨道，促使在人民法院普遍设立行政审判庭。1989 年 4 月 4 日出台的《中华人民共和国行政诉讼法》正式确立了独立的行政诉讼制度。

1999 年出台的《最高人民法院关于执行〈中华人民共和国行政诉讼法〉若干问题的解释》，对行政诉讼制度的具体适用问题又做了进一步的明确。

二、行政诉讼功能与行政诉讼目的

根据我国《行政诉讼法》的第 1 条规定可知，行政诉讼的目的主要有两点：一是保护权利，二是监督行政机关依法行政。据此，也有学者将这两点归纳为对我国行政诉讼制度功能的表述。若根据前文对行政诉讼制度功能所下的定义，笔者的基本观点是，这条只是明确了我国行政诉讼制度功能的价值目标，而没有回答行政诉讼制度在宪政和行政法治中的功能定位问题。我国行政诉讼制度的功能定位还具体落实在行政诉讼的受案范围、当事人制度、审查原则、审查方式以及裁判方式等具体制度之中。笔者将在下文针对我国现有制度中有关功能定位的基本制度内容作进一步分析。

三、行政诉讼的受案范围

正确定位我国行政诉讼的功能，需要考查行政诉讼法对于行政诉讼受案范围的有关规定。我国《行政诉讼法》有关行政诉讼受案范围的规定主要有第 2 条、第 11 条、第 12 条等基本条款。从行政诉讼受案范围的立法模式来看，学界一般认为是一种“概括加列举再加排除条款”的立法模式。即第 2 条是以概括的方式对受案范围做出原则性规定，而第 11 条是具体列举受案范围的具体内容，而第 12 条则是对排除条款的具体规定，以否定方式列举了不属于行政诉讼受案范围的事项；从制度内容的基本设计来看，是从具体行政行为和“合法权利”两个角度对受案范围加以限定。当然，行政诉讼的审查范围的具体内容还表现在具体的实体法制度以及司法解释等法律内容中，在此作进一步说明。

最高人民法院在1991年发布了《关于贯彻执行行政诉讼法的试行意见》(以下简称《意见》)，不仅进一步明确了具体行政行为的边界，也对实践中没有纳入《行政诉讼法》第11条的某些行政行为作了明确规定。例如：《意见》对行政诉讼法第12条第(4)项的不受理情节进行狭义解释，使行政法规，地方法规以及规则中规定的行政最终裁决的内容成为司法审查的对象。另外，该《意见》还规定，关于最高人民法院在2000年废止了《意见》，并颁布实施了《最高人民法院关于执行〈中华人民共和国行政诉讼法〉若干问题的解释》(以下简称《若干解释》)。《若干解释》对行政诉讼受案范围作了进一步明确规定：首先，《若干解释》删去了《意见》中对具体行政行为的定义，而将受案范围总体表述为：“公民、法人或者其他组织对具有国家行政职权的机关和组织及其工作人员的行政行为不服，依法提起诉讼的，属于人民法院行政诉讼的受案范围。”其次，明确界定了法定不可诉行政行为的内涵和外延，即《行政诉讼法》第12条明确排除的四种行为，以及依据行政诉讼法原理，对确实不应该受理的行为也作了排除。

从总体上来说，我国行政诉讼的受案范围主要从权利和行为两个角度加以界定(对于前者下文再作分析，在此首先论述从行为角度考察受案范围)。若从行为的角度考察，以上行政诉讼受案范围的制度内容可以归结为以下几点：一是行政诉讼的受案范围包括行政机关和法律法规授权组织的行为，而排除对立法机关的行为，履行刑事司法行为的公安的行为，检察机关和法院的行政管理行为，以及不属于“法律法规授权组织”范畴的一般社会主体的行为的审查权；二是对于行政机关以及法律法规授权组织的行为来说，我国行政诉讼制度只以具体行政行为作为审查对象，并排除对于抽象行政行为、内部行政行为、政治行为、行政终局裁决行为以及调解、仲裁、行政指导行为的审查。

四、行政诉讼与权利保护

我国行政诉讼制度对权利的保护主要体现在行政诉讼的受案范围、原告资格以及第三人等制度中。从行政诉讼法立法本意看，我国行政诉讼制度不仅保护财产权和人身权，也并没有将社会经济权利以及政治权利排除在外；另外，根据《行政诉讼法》第54条所规定的“违反法定程序的”“法院有权撤销”的规定来看，公民的程序权利也可以获得司法救济，但程序性权利若真正能够获得实质性保护还需要立法的明确规定，在立法未提供程序规则的情况下并不能获得保护。另外，根据《若干解释》第58、59、60条规定，一定范围内的公共利益在行政诉讼中也可以获得保护，这主要限定在公共利益与案件具有一定关联性时。在此还需要说明的是，由于受到行政诉讼审查范围、审查方式、“合法性审查原则”裁判方式等诸多方面的限制，行政诉讼并非将所有受到公权力行为侵害的行为均纳入行政诉讼的审查范围。以上所保护的权利范围受到以上诸多方面的限制的同时，还受到下文所述的主体资格的限制。

若根据《若干解释》第12条规定，能够提起行政诉讼的主体只能限于与（具体）行政行为具有法律上的利害关系，或者是立法上做出明确规定的可以提起诉讼的主体。行政诉讼对于权利的保护也经历了一个历史演进的过程，这主要体现在立法对原告资格的相关规定上。根据有关学者总结，原告资格经历了四个阶段：从“无标准”到“法律规定标准”，再到“合法权益标准”，再到“法律利害关系标准”四个历史时期。一是1949年至1982年《民事诉讼法（试行）》颁布前是“无标准”时期。这时，只有宪法有相关规定，由于行政法还未出台，公民如何对违法失职的国家机关工作人员提起控告，受行政行为侵犯而权利受损如何取得赔偿，都没有具体的法律规定。这一阶段只规定了公民控告国家机关的宪法权利，而没有可操作的现实权利。二是1982年至1989年为“法律规定标准”时期。其主要是依据民事诉讼法等法律法规的具体规定，进一步承认行政机关及其工作人员应当承担的法律责任，但由于无统一的规定，存在不同法律、法规各自为政的现象。三是1990年《行政诉讼法》的实施至2000年3月8日最高人民法院《若干问题解释》的颁布，这一时期可称为“相对人合法权益标准”时期。《行政诉讼法》的实施，标志着行政诉讼与民事诉讼分离，取得了独立地位。四是2000年3月8日最高人民法院《若干问题解释》颁布至今，这一时期可称为“法律利害关系标准”时期。该解释在回避了对具体行政行为定义的前提下，对行政诉讼原告资格做出了进一步的宽泛解释。将被诉具体行政行为侵害到相邻权、公平竞争权的情形也纳入行政诉讼的受理范围中，法律上的利害关系就不再解释为权利义务的增减、得失，只要某个行政行为对某个人或组织的权利义务产生了实际影响，原则上该个人或组织就具有了原告资格。另外，在我国，对于他人利益的保护是通过第三人参与诉讼的第三人制度具体落实的。我国《行政诉讼法》第27条规定：“同提起诉讼的具体行政行为有利害关系的其他公民、法人或者其他组织，可以作为第三人申请参加诉讼，或者由人民法院通知参加诉讼。”《若干解释》第23条、第24条针对第三人确定的两种具体情况做了规定，但并没有解决具有普遍意义的确立规则问题。再者，根据《若干解释》第58条规定，公共利益在行政诉讼制度中是通过积极的司法行为加以保护，而不是单独设定他人或者国家机关。

五、行政诉讼与行政内部审查机制之间的关系

在我国，行政诉讼制度只是权利救济机制、权力监督机制或者说纠纷解决机制之一种。就权利救济机制来说，并非仅仅限于行政诉讼制度，也存在大量的行政内部救济机制；就监督行政的机制来说也是如此。这些制度包括行政复议制度、信访制度、行政监察制度、审计制度、人事仲裁制度、调解制度、申诉制度、上级机关的监督，等等。这与其他国家存在多元化的内部审查机制相比，并没有多少区别。但若从行政诉讼制度与这些制度之间的相互关系来看，相互之间仍存在机制衔接不够的缺点。具体分析如下：

1. 行政内部审查机制与行政诉讼制度功能定位之不同

从总体上来看，在我国，不仅行政内部审查机制与行政诉讼制度在功能的定位具有较大差别，而且行政内部审查机制之间的功能定位也互有差异。有些行政内部审查机制侧重于监督行政权，如行政监察制度和审计制度等，而有些制度则主要在于保护公民的权利，如行政复议制度等。这可以从各种机制所设定的审查范围、审查方式等方面得以充分体现。笔者在此仅对部分制度做如下说明：

根据学界的一般观点，行政复议制度与行政诉讼制度功能之区别可以从以下两大方面加以分析：一是就审查范围来看，《行政诉讼法》明确将抽象行政行为排除在受案范围之外，而行政复议制度则可以附带审查；行政诉讼只能对行政处罚行为具有变更权，而复议机关对明显不当的各种具体行政行为均享有变更权；行政诉讼只审查行政行为的合法性，而复议机关则可以审查行政行为的合理性。二是对于法律的适用来说，《行政诉讼法》规定人民法院审理行政案件，以法律、行政法规、地方性法规为依据；参照行政规章及地方政府规章，规章以外的其他规范性文件不能作为审理行政案件的法律依据，而行政复议并没有限制复议审查所依据的文件的形式。

根据我国 2005 年 5 月 1 日起施行的《信访条例》第 32 条的规定，信访制度的功能主要体现在以下几点：首先，信访制度的目的是“为了保持各级人民政府同人民群众的密切联系”。其次，信访所能解决的事项是根据职能的划分加以确定的，包括公民对于国家政策的建议、对于公务员个人违法行为的检举以及对行政行为不合法或不合理的提出异议等。若比较于行政诉讼制度的审查范围，信访制度不仅涵盖后者的审查范围，而且相当宽泛，几乎并没有限制性规定。再者，信访机构处理案件的方式包括：有权直接处理的应当直接处理（第 32 条）或者是通过转送、交办等方式向有关机关提出政策或公务员处分的建议，督办、统计信访信息数据等。

《公务员法》第 100 条规定，对于聘任制公务员，如果对人事仲裁不服可以向人民法院提起诉讼，但却没有明确是提起行政诉讼还是民事诉讼。中共中央组织部、人事部、总政治部于2007年8月9日下发《关于印发〈人事争议处理规定〉的通知》(国人部发〔2007〕109号)规定，公务员与国家机关之间的人事争议也可以通过人事仲裁的方式加以解决。仲裁的受案范围主要包括解除合同关系及聘任制公务员与机关之间的人事纠纷等。

2. 行政诉讼与行政内部审查机制之间的衔接问题

在我国，有关行政诉讼制度与行政内部审查机制之间衔接的立法规定相当凌乱，也没有形成统一的制度模式。如果从被审查的对象行政争议的角度考虑，能够与之相衔接的主要有行政复议制度、信访制度以及人事仲裁制度等，但并没有形成统一协调的制度模式。

根据我国现行《行政诉讼法》第37条规定，一般认为，该条规定确立了“当事人选择补救手段是行政复议与行政诉讼关系的一般原则，行政复议前置是行政复议和行政诉讼关系的例外”的模式。根据我国其他单行法律、法规的规定，行政复议与行政诉讼之间的程序衔接还存在“终局性选择型、复议终局型及迳行起诉型”三种例外情形。

根据《信访条例》第14条、第15条、第21条规定：对依法应当通过诉讼、仲裁、行政复议等法定途径解决的投诉请求，信访人应当依照有关法律、行政法规规定的程序向有关机关提出。根据《公务员法》以及《人事争议处理规定》，聘任制公务员对人事仲裁不服的也可以向人民法院提起诉讼。

六、行政诉讼与民事诉讼之间的权限划分与协调

就现有立法状况来看，调整民庭与行政庭之间主管权限分工的立法仅有以下相关规定：一是行政诉讼法规定的行政诉讼受案范围，二是最高人民法院2000年发布的《关于执行〈中华人民共和国行政诉讼法〉若干问题的解释》第61条规定：“被告对平等主体之间民事争议所做的裁决违法，民事争议当事人要求人民法院一并解决相关民事争议的，人民法院可以一并审理。”再就是行政诉讼法和民事诉讼法分别规定的限制当事

人起诉条件“符合主管范围”的基本要求。民庭与行政庭之间受理案件的顺序问题，仅有《民事诉讼法》第136条第5款的规定：“本案须以另一案的审理结果为依据，而另一案尚未审结的，人民法院应当中止民事诉讼”等。而且，行政诉讼与民事诉讼分别立法而缺少统一的协调机制，各自审前程序的相对不成熟都增加了权限冲突问题发生的可能性。

七、法院审判权的性质及其来源

如果从行政诉讼制度与其他公法制度之间的关系角度定位行政诉讼制度功能，不仅包括前文所述的审查机制之间的衔接问题，还包括行政审判权的来源、行政诉讼的合法性审查原则、审查方式等制度内容。在此对行政审判权的性质和来源作进一步论证。

我国行政审判的性质及其来源可从以下几个方面来加以说明：

1. 法律适用。在我国并没有判例制度存在，人民法院只是法律的适用机关，人民法院审理行政案件，以法律、法规为审判依据，参照规章。依据权威的解释，“对符合法律、行政法规规定的规章，法院要参照审理，对不符合或不完全符合法律、行政法规原则精神的规章，法院可以有灵活处理的余地”。根据我国立法法、行政法规制定程序条例和规章制定程序条例等有关法律、行政法规和规章的规定，全国人大常委会的法律解释，国务院或者国务院授权的部门公布的行政法规解释，人民法院也可以作为审理行政案件的法律依据；规章制定机关做出的规章解释与规章具有同等的效力，人民法院审理行政案件时参照适用；对于法院能否适用宪法规范，在我国并没有相关的立法制度规定；一般来说，法院在审判行政案件的过程中，若发现对同一法律事实或关系，有两个或两个以上的法律文件做出了并不相同的规定时，可以适用法律冲突原则加以解决，其中包括：特别冲突适用规则、层级冲突适用规则、同级冲突适用规则、新旧法冲突适用规则、人际冲突适用规则、区际冲突适用规则等。但法院能否具有直接适用上位立法以及能否直接依据没有明确的立法依据的立法精神、立法原则审理案件，在实践中并没有完全肯定的答案。在1993年，最高人民法院曾以司法解释的形式明确指出，法院在审理行政案件时不适用与法律和行政法规相抵触的地方性法规。但根据有关立法的规定，司法机关如果出现法律冲突问题却仍需要报送有权机关(主要指那些具有立法权的机关或其上级机关) 加以解决。司法实践也是如此。

在我国，对于司法机关是否具有考虑其他因素审理案件的问题，在制度层面上并没有明确。但若从以下倾向中可以看出，我国要求以法律作为判断是非的唯一标准，不能考虑其他因素的基本倾向。我国司法文书中法律规范性文件引用标准，是该原则在司法领域的贯彻。最高人民法院曾专门发文，对可引用的法律依据和不宜引用的文件做了一一列举。此后，又三番五次地做出新规定。在《行政诉讼法》施行后，针对规章的引用问题规定，人民法院在做出了判决或者裁定而需要参照规章时，应当写明“根据《中华人民共和国行政诉讼法》第五十三条，参照 ×× 规章(条、款、项) 的规定”。

关于最高人民法院司法解释文件的引用，最高人民法院在 1997 年改变了原来的立场，规定司法解释与有关法律规定一并作为法院判决或者裁决依据的，应该在司法文书中援引。此后，最高人民法院又规定，“可以在裁判文书中引用合法有效的规章及其他规范性文件”。

总之，要区分法律成分和非法律成分，判决书中只能写上那些属于法律的文件，“处理案件的内部工作情况”“内部参照的政策文件”都不能写在上面。至于其他非正式的法律文件或者非官方的法律著作，尽管实际上可能会决定一个案件的结果，同样不能在裁判文书中出现。

2. 司法解释。以上主要指法院在个案中对法律条文的适用。人民法院还有另一种行使权力的方式，那就是司法解释。至于司法解释的性质可以从以下几个方面加以解释：

首先，根据《中华人民共和国立法法》的规定，我国立法的形式主要包括宪法、法律、行政法规、地方性法规、自治条例和单行条例、国务院部门规章和地方政府规章；法院的司法解释显然不是我国的立法形式之一。因此说司法解释在性质上仍然属于法律适用的范畴，法院必须坚持立法至上原则，法院对法律规范进行的解释必须局限在与审判活动有关的范围之内对立法原意的解释。

其次，根据《中华人民共和国宪法》以及《立法法》的有关规定，司法解释并非等同于法律解释，在解释主体上，现行体制针对不同层级的法律形式分别规定了相应的解释机关，原则上是“谁制定谁解释”。并且，司法机关的解释权并非是一种绝对的权力，如果司法解释在实践中产生歧义，最终的解释权还属于原制定机关（对于法律的解释权则归属于人大常委会）。

再次，我国的司法解释权只能由最高人民法院行使，地方法院并不享有这种权力，而且必须符合严格的程序要求。最高人民法院在1987年已经明文禁止地方各级法院制作司法解释性文件，明示只有最高人民法院才能行使司法解释权；十年后又颁布关于司法解释活动的若干规定，使司法解释的集权性进一步加强。从此，最高人民法院各法庭或者部门的意见必须经审判委员会讨论通过才能被称为司法解释，必须是采取最高人民法院公告的形式发表的那些解释性文件才能具备法律效力，以法庭和部门的名义传达的大量意见和批复被排除在司法解释的范畴之外，“口头司法解释”的存在意义也被否定。

最后，司法解释并非是法官解释。在审判实践中，法官在个案中对法律条文的解释，只具有个案的效力。在实践中，法官对于法律解释存在疑义时一般需要向最高人民法院请示批复。最高人民法院于1991年就《福建省实施〈中华人民共和国渔业法〉办法》第34条的效力，复函福建省高级法院：“经研究并征求全国人大常委会法制工作委员会和国务院法制局的意见，答复如下：……人民法院审理行政案件，对地方性法规的规定与法律和行政法规不一致的，应当执行法律和行政法规的规定。”

3.案例指导制度。在我国，人民法院还有一种行使“权力”的特殊形式，那就是案例指导制度。1999年10月20日发布的《人民法院改革五年纲要》（法发[1999]28号）（1999–2003）。该《纲要》规定，从“2000年起，经最高人民法院审判委员会讨论、决定的适用法律问题的典型案件予以公布，供下级法院审判类似案件时参考”。2005年10月26日，最高人民法院发布的《人民法院第二个五年改革纲要（2004—2008）》第13项再次提出："建立和完善案例指导制度，重视指导性案例在统一法律适用标准、指导下级法院审判工作、丰富和发展法学理论等方面的作用。最高人民法院制定关于案例指导制度的规范性文件，规定指导性案例的编选标准、编选程序、发布方式、指导规则等。"这是最高人民法院第一次以正式文件的形式发布有关案例指导制度的改革意见。至于在实践中，如果法官根据该制度所确立的案例审理类似的案件是否具有法律效力，仍是一个没有定论的问题。但可以肯定的是，案例指导制度中所确立的案例若违背立法（其中包括规章立法解释等）的相关规定，则自然不具有约束力。

八、行政诉讼的审查原则、审查方式及判决形式

根据我国《行政诉讼法》第5条规定，人民法院审理行政案件对具体行政行为是否合法进行审查。《若干解释》第56条也明确规定，被诉具体行政行为合法但存在合理性问题的，是人民法院应当判决驳回原告诉讼请求的法定情形之一。这也就是人们一般所认为的，我国行政诉讼的审查只审查行政行为的合法性，而不审查其合理性。再根据上文对审判权的来源的分析可以看出，我国行政诉讼所确立的合法性审查原则的"法"仅指作为成文法形式存在的法律、法规等，若根据行政诉讼法第54条规定，即使是对行政行为的审查性程序，也只有法定程序才能够在行政诉讼审查中具有实际意义。

根据行政诉讼法第54条及《若干解释》第53～60条规定，我国行政诉讼制度中确立了六种判决形式：维持判决、撤销判决、履行判决、变更判决、驳回诉讼请求判决和确认判决。但从总体上来看，主要呈现出以下基本特点：一是判决形式主要是以对行政权的合法性判断为前提，而鲜有从公民权利保护的角度加以考虑的判决形式。即使存在履行判决以及变更判决，也只能以立法有明确的规定为前提。二是判决形式是根据所审查的对象——（具体）行政行为——的形式分别加以确定，而不是在对整体案件总体评价的基础上协调适用。这尤其表现为，对于主要证据

不足的行政行为适用撤销判决后，行政机关仍有可能再行做出实质内容与被撤销行为具有相同效果的行为。从而使公民的权利在更多的情况下难以获得实质性保护。

根据《行政诉讼法》第54条规定，人民法院对违反法定程序的具体行政行为判决撤销或部分撤销，并可以判决被告重新做出具体行政行为。这条规定意味着，我国行政诉讼所确立的审查方式是以实体性审查为主兼顾程序性审查，司法对待程序制度的态度有两点：一是以法定的程序与非法定的程序作为法院是否撤销的划分标准，二是以撤销作为处理违反法定程序的基本方式。行政行为的程序违法可以单独构成撤销判决的适用条件，但若根据《若干解释》第54条规定："人民法院以违反法定程序为由，判决撤销被诉具体行政行为的，行政机关重新做出具体行政行为不受行政诉讼法第55条规定的限制。"这是否意味着人民法院以程序违法为由判决撤销具体行政行为并判决被告重新做出具体行政行为的，被告在重新做出行政行为时仍可以做出与原行为相同的行为。

第二节　我国行政诉讼制度功能之基本定位及其不足

从理论上分析，我国行政诉讼制度基本上是沿袭大陆法系国家对行政诉讼的建构模式，是以行政行为和公民权利作为行政诉讼的基本构成要素。如果根据前文所构建的行政诉讼制度类型，笔者认为，我国行政诉讼制度具有严重的形式主义倾向，这不仅表现为行政诉讼制度的合法性基础依附于立法规则，而且行政诉讼的判决形式也具有相当的形式主义倾向，行政诉讼的审查范围的设计更是相当的不合理，行政诉讼制度所预设的价值目标并没有具体落实。具体分析如下：

一、行政诉讼价值目标定位之不合理

在我国，虽然《行政诉讼法》已经明确行政诉讼制度的价值目标是在于保护公民的合法权利和监督行政两个方面，但若从具体的行政诉讼制度的设计来看，以上目标并没有具体落实。首先，从法的形式上来看，行政诉讼制度基本是依附于立法权，类似于大陆法系早期自由法治国时期的行政诉讼制度模式，其次，若从权利保护的角度分析，我国的行政诉讼制度只能保护公民的个体权利，并且对于个体权利的保护还受案范围、审查方式以及判决等制度设置的限制。行政诉讼制度功能由于受到原告资格等要素的限制，并不具有直接维护公共利益的价值取向，再者，由于行政审判权对立法权的依附，实际上使得行政诉讼价值目标基本依附于立法价值目标。换句话来说，行政诉讼的功能基本是定位在维护形式法治，而缺少直接回应社会的社会价值目标导向。

二、行政诉讼审查范围界定的不合理性

（一）行政行为分类的形式化直接限制了行政诉讼制度的审查范围

在我国行政诉讼中，行政行为的形式化分类不仅直接影响到该行为能否纳入行政诉讼的审查范围，而且决定行政审判权行使的方式以及法院的判决形式等。这不仅使公民的权利因为不属于行政诉讼受案范围而被拒之行政诉讼的保护范围之外，而且，使得被纳入行政诉讼制度受案范围的权利也无法获得充分的保护。从而使得行政诉讼审查范围相当的狭小。

就抽象行政行为与具体行政行为的二分来说。学界一般认为，抽象行政行为与具体行政划分一般认为是以对象（特定的人或特定的事）是否特定为标准。这实际上意味着，只要行政行为不是针对特定对象，公民的权利就不能获得救济，行政机关只要不是针对个别情形做出的行为就可以逃避司法权的监督。这是否意味着促使行政机关更加乐意于采用抽象而非具体行政行为的形式对公民权利加以限制？而在现实中，很多行

政机关正是这么做的。如果从监督行政的价值目标角度分析，由于抽象行政行为与具体行政行为二分的做法以及行政诉讼合法性依据的形式化，实际上将行政诉讼的功能缩小到只能监督具体的执法行为狭小空间。

抽象行政行为与具体行政行为的二分，实际上还会引发以下悖论：根据我国《立法法》第71条规定，规章不仅可以根据法律和国务院的行政法规（抽象行政行为）加以制定，还可以根据决定、命令做出，而这些决定和命令是否一定是以抽象行政行为的形式出现？若作为具体行政行为，这是否会引起行政规章不可以审查，而对于作为规章制定依据的国务院的决定、命令却可以纳入行政诉讼审查范围？这是否是一种悖论？其他规范性文件的产生也是如此。根据我国行政诉讼制度的规定，公民不可以对行政立法行为提起行政诉讼。在此产生的问题是，行政机关具体选择程序参与人的行为，或者说决定程序参与人的行为能否属于立法行为的一部分而不可以提起诉讼？若允许程序参与人提起诉讼，法院是否可以以参与人权利没有获得保障（行政立法程序违法）为由否定行政立法行为？

虽然“特别权力关系”理论在我国并没有人认同，但行政诉讼法通过外部行政行为与内部行政二分的方式限制行政诉讼受案范围的做法实际上与特别权力关系的存在并无二制。对于内部行政行为与外部行政行为的二分问题，在当初我国《行政诉讼法》颁布之际，有人提出以下基本理论观点：“为了保障行政机关有效地行使职权”“条件不成熟”“人民法院审判力量有限”。时至今日，是否意味着这种情形已经消失？虽然有学者否定行政诉讼内部和外部行政行为二分的立法规定的理论基础并非是“特别权力关系”，但它们之间的实际效果是否并无二制？另外，内部行政行为与外部行政行为能否截然划分？这也值得进一步反思。一般公民报考公务员对行政机关的否决行为是否属于内部行政行为，在公务员被开除公职之前行政机关所做出的决定是否属于内部行政行为？

根据行政诉讼法规定，对于行政处罚行为，法院可以判决变更，而对于行政强制行为则只能适用撤销判决。为何对公民同样产生不利影响的行政行为在诉讼中却产生不同的法律效果？这是否会助长行政机关选择更为有利于自己的行政行为形式，尤其是乐于选择那些不能被提起行政诉讼的行政行为形式，如行政调解或行政指导等（而我国在立法中却大量存在规定行政机关选择行为形式的权力的条款）。当然，笔者并非在否定行政行为分类在行政法中的意义，而是否定这种通过将行政行为机械化的划分方式——限制行政审判权的做法。笔者认为，我们完全应当弱化行政行为划分理论在行政诉讼中的意义。

以上将行政行为划分为各种形式以决定在行政诉讼中的意义，受到最大影响的当然是公民的权利，使得行政诉讼制度所保护的利益范围限制在相当狭小的空间。

（二）行政诉讼制度审查范围的设定没有充分考虑与其他公法审查机制之间的关系协调

若从行政诉讼制度与其他公法审查机制之间的关系来看，我国行政诉讼制度是以行政行为和公民的权利作为是否接受审查的受理条件（主要通过受案范围和原告资格的设定），而没能充分考虑与其他审查机制之间的衔接和协调问题。

就行政诉讼与行政内部审查机制之间的衔接来看。除少量公民必须经过行政内部审查之外，更多的行政争议公民可以自由选择救济机制。这种看似充分考虑公民司法救济的权利的制度设计，在实践中却呈现出公民逐一走完所有行政内部救济途径然后再需要寻求司法救济的大量事实。而在公民获得救济所走过的每一个环节，似乎每一个机制都是在为老百姓“解忧排难”，而公民由此引起的诉累问题却很少受到关注。换句话来说，行政诉讼制度只能保证自身制度的公正，而很少考虑案件在诉讼之前是否获得公正对待的问题。内部审查机制的不公正只能作为老百姓再度寻求救济的理由，而没有强化行政诉讼对先行审查程序公正的保障（当然从理论上来说，公民可以对审查机制的行为提起诉讼）。

在我国，行政复议制度既可以进行合法性审查，也可以进行合理性审查；而行政诉讼却只能审查具体行政行为的合法性，而不审查其合理性。若在根据行政诉讼制度与复议制度之间的衔接关系来看，当事人可以选择复议或行政诉讼，但若选择了行政诉讼则不可以再行提起复议申请。以下案例可以充分说明这种立法模式所产生的悖论：

一拆迁户，一家三口，老人已80多岁高龄，儿子及媳妇均身有残疾，行动不便，在与拆迁公司协商未果的情况下，房管部门裁决安置该户回迁位于顶楼（六层，无电梯）的一套三居室。该户老少均喊不平：如此楼层，如何居住？于是诉至法院，要求有个说法。结果令他们很失望，因为法院认为，从法律上来讲，房管部门裁决安置楼层的高低完全在其自由裁量权的范围之内，法院对此也无能为力。正是这样一种法定因素导致法院在面对行政机关的自由裁量权是否合理这一问题时，只能是“无能为力”。在这样一起看似简单的案例中，却折射出我国行政诉讼法在设计行政诉讼前置条件上的明显缺陷。笔者思忖，如果该户居民在这一案件中，不是首先选择提起行政诉讼，而是首先选择申请行政复议的话，那么这一案件所涉及的行政机关行使自由裁量权是否合理的问题就有可能得到较为圆满的解决。由此看来，法院对这一问题的“无能为力”就完全是一个“合法之举”了，否则，法院将会陷入“违法审判”的泥潭而不得脱身。然而，既然法律明文规定行政诉讼和行政复议这两种救济途径之间允许选择，那么，不同的选择为什么又会导致完全不同的结果呢？进一步说，既然如此，这样的选择还有什么意义呢？再进一步说，我们设立行政救济制度的根本目的究竟是什么？我们将如何走出这样一个两难境地，从而通过行政救济制度更好地维护公民、法人和其他组织的合法权益？

行政诉讼与民事诉讼机制之间的分工与协调问题，在立法规定上更是相当的不足。在我国，实际上，只要是被认定为是行政主体的行政行为，如对于法律法规授权组织的行为，如果不能纳入行政诉讼，则也不可以纳入民事诉讼的范畴。这实际上造成了实践中许多争议无法获得救济以外，若争议同时涉及民事和行政争议，也由于两种机制之间的不协调，而造成公民诉累现象的发生。

再者，在我国，不仅不存在司法权对宪法的维护，而且宪法在实践中也不能作为行政诉讼制度的合法性基础，这不仅使得行政诉讼的功能相当狭小，而且在宪政和行政法中处于一种相当尴尬的法律地位。

三、行政诉讼合法性基础存在严重的形式主义倾向

如果从行政审判权的来源及其审查方式来看，在我国，行政审判权完全依附于立法权而没有相对独立的地位，甚至还依附于行政立法。从行政诉讼的审查方式来看，违反程序的法律后果必须依据是否为“法定程序”而决定，这也充分体现了其形式主义的倾向，以下问题更值得进一步思考：我国行政诉讼制度虽然认同了程序性审查的意义，但行政程序究竟有哪些制度？或者说为推进行政现代化，我们究竟应建立哪些行政程序制度？对此，学者们的看法也很不一致。而这些行政程序形式化的建构也直接影响到行政诉讼程序审查的效果。再者，当代国家的行政程序并非仅仅在于约束行政机关，也包括行政相对人的参与程序；行政程序有些是行政机关的单方需要做出的行为，而另一些则可能是双方参与或者是多方参与的程序。在行政诉讼中对此是否需要进一步划分，而实践中能否将之划分详尽？另外，行政程序与行政实体内容二分是否也存在问题？如此众多的问题在行政诉讼制度中并没有得以具体落实。近年来，随着行政程序意识的不断提升，国内经常出现各式各样的听证会。这些主题各异的听证会往往是来时轰轰烈烈、去时议论纷纷。从总体来看，大部分听证事项并未因听证程序而受到实际的影响。也就是说价格听证的结果几乎都是“逢听必涨”，其他的申请听证行为也未因经过听证程序而对原来的决定有根本的改动。因此，听证的公正性受到了强烈质疑。而争议的矛头也直指听证程序本身。这也间接说明了行政程序制度在行政诉讼制度中的实际作用。

其实，我国的行政立法也早已认同体现行政法精神的基本原则在行政法中的地位，这也是我国行政立法的基本模式。在这种背景下，司法

机关固守形式主义的审查方式和原则实属不该。

四、行政诉讼制度功能定位

当前我国社会和法治发展状况并不协调，伴随改革开放的日益深入，社会利益关系尤其表现为公共利益和个人利益之间的关系也日益复杂化。公民权利的内容和形式也日趋多样化和复杂化，公民的权利已经不再局限于消除国家机关的侵害行为，更希望政府能够提供更多的服务，公民参与国家管理的程序参与权也应当受到法律保护。这必然促使公民权利诉求的提高。在复杂的社会关系中，简单地将行政机关作为公共利益的代表已经不符合社会现实。而与之相一致的则是行政机关也存在大量侵害公共利益的事实。如何保护公共利益也必然需要行政诉讼制度做出回应。

对于国家机关来说，传统的仅仅承担维持秩序的职能已经完全不能适应当前服务政府的基本要求。而当前融入世界潮流的行政改革更是促进了政府职能的转变，这不仅促成了公权力行使的主体的多元化，而且公权力行使的方式也发生了相当大的变化。这导致在中国出现的许多新的问题与西方国家并没有本质的区别。

党的十五大报告提出，要“依法治国，建设社会主义法治国家”。1999年3月15日全国人大九届二次会议的宪法修正案将“中华人民共和国实行依法治国，建设社会主义法治国家”作为宪法条款加以确定。为贯彻落实依法治国基本方略和党的十六大、十六届三中全会精神，坚持执政为民，全面推进依法行政，建设法治政府，根据宪法和有关法律、行政法规，国务院于2004年制定了《全面推进依法行政实施纲要》，对依法行政提出了六项基本要求，其中包括：合法行政、合理行政、程序正当、高效便民、诚实守信、权责统一。如果从法治的内容来看，也完全可以纳入实质法治的基本范畴。

《宪法》第33条规定：“中华人民共和国公民在法律面前一律平等。”2004年第十届全国人大二次会议14日通过了宪法修正案，首次将“人权”概念引入宪法，明确规定“国家尊重和保障人权”。宪法对公民权利的具体权利内容，其中包括人身权和财产权、社会权利以及政治权，利用专章作了明确规定。因此说，中国不仅将权利保护提高到宪法的层面上，而且宪法所保护的权利内容也相当丰富。参照前文对西方国家法治类型的归类，中国所建构的法治完全可以纳入社会法治国范畴。

在我国，行政法律制度的建设相比较与《行政诉讼法》颁布之时已经得以长足的发展，不仅行政立法大量产生，行政程序制度虽然仍有待完善但已经得以逐步确立，行政内部救济机制也逐步走向多样化。而这些制度也是适应社会环境的复杂化的产物，更是为进一步规范行政权，保护公民权利发挥着日益重要的作用。对此，行政诉讼制度如果固守传统，无视这些制度的存在，不与这些制度求得协调发展，不仅是国家资源的浪费，也不利于对公民权利的有效保护。

第三节　成因分析

为何会出现以上不足之处，学界一般更多的是将这些责任归咎于司法权地位的低下。我们认为，以下两点更能说明行政诉讼制度滞后的根本原因。

一、历史原因

我国行政诉讼制度的建立与其他国家几乎相同，是在特定的历史环境和行政法治背景下产生的。应该说，作为我国行政法治发展的开端，行政诉讼制度的建立相对来说还是不算晚的。但如果依据与其他国家行政诉讼形成的历史相比较，我国行政诉讼的建立到目前的时间还是相当短的。这在前文所述的普通法判例制度的形成历史中得以充分说明。如果依据他国的经验，判例制度是在历史过程中逐步形成的，而不应当是“人造的”，因此，我国判例制度的滞后更多的是法制发展的不成熟，而不仅仅是体制上的原因。

1989年《行政诉讼法》颁布之时，行政法治的发展还处于一个探索阶段(也正是行政诉讼制度的建立，为后来行政法治的进一步发展提供了保障)。在我国，是采人民代表大会制度宪政体制；在法的形式上是采成文法制度体系。也正是这些诸多因素的影响，决定了我国行政诉讼制度的基本特色。笔者认为，行政诉讼当时确立合法性审查并无不合理之处。在当时，由于行政法治并没有充分发展，尤其是内部审查机制的不够完善，将行政诉讼制度直接定位为保护公民权利和监督行政以指明行政诉讼制度的价值目标也并无不妥。行政诉讼制度审查范围的设计没有充分考虑与其他机制之间的衔接问题是在情理之中的。因此说，以上分析所得出的结论——行政诉讼制度之不足——实际上只是在于指出行政诉讼制度与当前社会和法治环境发展不相适应，而并非否定行政诉讼制度建立的历史意义。当然，如今伴随社会问题的日益复杂化以及其他行政法律制度的不断丰富和发展，行政诉讼制度适当调整自己的功能定位也实属应然。

二、理论研究的不足

理论是实践的先导，我国行政诉讼制度滞后并不能排除与人们对行政诉讼理论研究的不足有关。中国当代的行政诉讼制度基本是在借鉴他国经验的基础上建立起来的。而行政诉讼制度在中国得以确立的当时，也正值改革开放初期，行政法学的研究乃至整个法学的研究仍处于起步阶段。因此在理论上准备的不足可以说是在所难免；即使是近年来，行政诉讼制度研究已经得以长足的发展，但由于中国行政法治建设中需要加强研究的问题众多，也分散了人们对行政诉讼制度功能问题的关注。这是理所当然的事。

第三章

行政诉讼和解研究

将和解适用于行政诉讼领域，目前在我国还是一种新的尝试。虽然我国行政诉讼法上并无关于和解的规定，但是，行政诉讼协调和解已经在司法实践中广泛开展起来，既收到了一定的法律和社会效果，也存在不合法、不规范的现象，亟须进行总结、反思。从学界研究的情况来看，基本上明确了研究的方向和框架，在近年来学界起草的行政诉讼法修改建议稿中，也对行政诉讼和解做了相应的制度设计。但是，对于该问题的研究，往往倾向于实用性与功利性的立法和司法改革建议，仍然存在实证研究缺乏，理论深度不足，域外经验借鉴有限的问题，甚至对于有些问题的研究方法还存在偏差，这些问题都需要进一步深入、具体研究解决。在研究过程中，本章从行政诉讼和解的司法实践出发，分析现有制度利弊，引出行政诉讼和解制度研究需要完成的任务和课题后，按照研究的逻辑顺序，首先从研究深度上着手，在理论上对行政诉讼和解的正当性从不同角度进行论证，并力争提出具有创见性的观点，为构建行政诉讼和解制度完成了必要的理论铺垫；接下来，本章在对行政诉讼和解的概念、价值构成、原则这些基础范畴进行界定的基础上，从实体和程序上对行政诉讼和解制度的构成要件、效力和救济等进行比较全面、深入的研究；同时，本章还将行政诉讼和解制度放在中国法治发展的背景下分析，指出和解制度的良性运作还取决于整体宏观法治环境的改善；最后，本章在前述研究的基础上对行政诉讼法上的和解制度试拟了立法条文。

第一节　当代中国行政诉讼和解的实证与反思

不同于民事纠纷的调解，行政诉讼的和解在我国既无由来已久的法律文化传统，亦无已形成制度且具有法律效力的和解方式。但随着社会转型带来的矛盾激增，对纠纷解决机制创新与变革成为迫切的客观需求，以促进当事人和解的方式解决政府与公民之间的行政争议成为普遍趋势。在党和国家的文件指导下，在维护社会稳定、构建和谐社会、推动社会发展的使命感召下，中国的最高审判机关充分发挥自身的积极性和主动性，开始积极主张在司法实践中运用和解的方式解决行政纠纷。于是，在行政诉讼领域，诉讼和解工作在各地和各级人民法院行政审判过程中如火如荼地开展起来，沟通、协调、和解成为行政审判法官的主要任务。在人民法院的和解工作中，既有良好的法律和社会效果值得肯定，又有诸多成见、误区与困惑亟待反思，这不禁让人追问，中国行政诉讼和解的发展路在何方？而寻找解决这一问题的钥匙，要从当代中国行政诉讼和解的实证分析与考察开始。

一、行政诉讼和解产生的社会背景

“任何国家的司法都必须分担一定的治理国家和社会的政治责任，这是无法逃避和放弃的。”作为构建和谐社会综合努力的一部分，中国的司法机关被要求为实现这一目标追求而做出应有的贡献。在解决行政争议领域，行政诉讼协调和解作为纠纷解决机制在审判实践中得到了大力提倡，成为和谐社会语境下充分发挥司法解决社会纠纷作用的具体要求。在我国现阶段，社会的变迁、经济的转型使政府与公民之间的行政争议不仅数量增多，而且日趋复杂。行政纠纷涉及行政管理的各个方面，涉及经济、社会生活的诸多领域，既有计划经济时期产生的历史遗留问题，又有市场经济条件下经济转型导致的新问题，有的行政争议持续时间长，诸多矛盾交织，有的法律适用技术复杂，涉及各种法律文件的冲突与适用，这些行政争议处理结果如何，直接关系到社会和谐稳定的大局。针对行政争议的逐步增长和情况复杂的特点，从中央高层到最高人民法院对充分发挥行政诉讼在解决行政争议、化解行政纠纷中积极作用的要求逐渐明朗，从而为推动行政诉讼解决争议机制的改革与创新，促进行政诉讼协调和解机制的产生提供了理念上的指导。

(一) 构建和谐社会的要求与人民法院的作用定位

构建和谐社会的要求，最早见于2002年11月中国共产党的十六大报告中，该报告在阐述全面建设小康社会的目标时，提出了实现社会更加和谐的要求。2004年9月，中国共产党十六届四中全会明确提出了构建社会主义和谐社会的重大战略任务，把提高构建社会主义和谐社会的能力确定为加强党的执政能力建设的重要内容，并提出了构建社会主义和谐社会的基本要求。2005年2月，中国共产党提出了构建民主法治、公平正义、诚信友爱、充满活力、安定有序、人与自然和谐相处的社会主义和谐社会的总目标。2005年10月，中国共产党十六届五中全会把构建社会主义和谐社会确定为贯彻落实科学发展观必须抓好的一项重大任务，并提出了工作要求和政策措施。这一时期的中共中央文件中，还未明确指出司法机关在构建和谐社会中应当如何发挥作用。

首次将构建和谐社会与司法机关联系起来，充分重视司法机关在构建和谐社会中的作用，始于2005年12月胡锦涛指示政法机关开展“社会主义法治理念教育”。此后，中央政法委于2006年4月开始部署全国政法机关开展社会主义法治理念教育。社会主义法治理念的基本内涵为“依法治国、执法为民、公平正义、服务大局、党的领导”五个方面，在关于“服务大局”的解读中，中央政法委明确指出，“服务大局就是要保障社会主义政治、经济文化与和谐社会建设”，“社会主义和谐社会六个方面的基本特征都与法治、与政法工作密切相关，政法机关干警在构建社会主义和谐社会中责任重大”，“政法工作保障和促进社会主义和谐社会建设，要着眼于化解社会矛盾，缓和社会冲突，减少社会对立，化消极因素为积极因素，充分运用调解手段解决纷争”。这标志着中共中央开始充分重视人民法院在构建和谐社会中的积极作用，并为人民法院服务和谐社会建设指出了努力方向，对人民法院运用调解手段化解纠纷、维护社会和谐提出了明确要求。

（二）运用协调、和解手段化解行政争议要求的提出

此后，在中央和最高人民法院的文件和领导的讲话中，开始肯定并进一步强调人民法院采取协调、和解手段化解行政争议在维护社会和谐稳定中的作用。2006年9月，中共中央办公厅、国务院联合下发了《关于预防和化解行政争议健全行政争议解决机制的意见》，对人民法院通过协调、调解的方式处理行政案件、化解行政纠纷的做法给予了充分肯定，并进一步提出了“积极探索和完善行政诉讼和解制度”的明确要求。2006年10月，中国共产党十六届六中全会通过的《中共中央关于构建社会主义和谐社会若干重大问题的决定》中指出，要通过完善司法体制机制，加强社会和谐的司法保障，建立适应我国社会结构和利益格局发展变化的利益协调机制、诉求表达机制、矛盾调处机制、权益保障机制，在司法过程中要更多采用调解方法化解矛盾，着力解决土地征收征用、城市拆迁建设、环境保护、企业重组改制和破产、涉法涉诉中群众反映强烈的问题。根据这一要求，最高人民法院于2007年1月发布了《关于为构建社会主义和谐社会提供司法保障的若干意见》，其中第20条明确提出了强化诉讼调解，完善多元化纠纷解决机制，“探索行政诉讼和解制度”的要求。2007年3月，时任中央政法委书记的罗干在第五次全国法院行政审判工作会议上强调，要把维护和促进社会和谐稳定作为衡量行政审判工作的重要标准，要积极推进行政审判制度改革，探索行政审判的新方式和新思路。在这次会议上，时任最高人民法院院长的肖扬提出，“要抓紧制定有关行政诉讼协调和解问题的司法解释，为妥善处理行政争议提供有效依据”，“要在查清事实，分清是非，不损害国家利益、公共利益和其他合法权益的前提下，建议由行政机关完善或改变行政行为，补偿行政相对人的损失，人民法院可以裁定准许行政相对人自愿撤诉”，“对于因农村土地征收、城市房屋拆迁、企业改制、劳动和社会保障、资源环保等社会热点问题引发的群体性行政争议，更要注意最大限度地采取协调方式处理”。2009年6月，最高人民法院发布了《关于当前形势下做好行

政审判工作的若干意见》，提出“要善于运用协调手段有效化解行政纠纷，促进社会和谐。在不违反法律规定的前提下，将协调、和解机制贯穿行政审判的庭前、庭中和庭后全过程”。2010年6月，最高人民法院发布了《关于进一步贯彻“调解优先、调判结合”工作原则的若干意见》，其中明确提出要“着力做好行政案件协调工作”，“要针对不同案件特点，通过积极有效地协调、和解，妥善化解行政争议”。

二、实然状态下行政诉讼和解的界定与规范分析

在构建和谐社会、服务大局，充分发挥人民法院在化解行政争议中积极作用的理念指导下，为了有效回应迅速解决日益增长的行政纠纷的客观需求，从2006年开始，从基层法院、较大市的中级人民法院到高级人民法院再到最高人民法院均进行了建立行政诉讼和解机制的积极探索，出台了指导行政诉讼协调和解的相关意见和规定，这意味着，虽然我国行政诉讼法上并未建立行政诉讼和解制度，但是在我国司法机关的努力下，行政诉讼和解已然实现了制度化，这也为本章考查行政诉讼和解制度提供了样本，而对于行政诉讼和解实然状态的考查要以了解和解的基本含义为前提。

(一) 何谓和解

1.一般意义上的和解

从一般意义上来讲，“和解”有两种解释:(1) 宽和。《荀子・王制》:“和解调通，好假道人而无所凝止之，则奸言并至，尝试之说锋起，若是，则听大事烦，是又伤之也。”(2) 平息纷争，重归于好。《史记・韩王信传》:“秋，匈奴冒顿大围信，信数使使胡求和解。”在第二种意思上，和解具有三方面的特征：一是要有矛盾或冲突在双方或者双方以上主体之间产生；二是矛盾的解决由冲突双方以平和的方式解决；三是这种平和的解决方式是在双方自愿情况下达成的，一般以相互让步为条件。可以说，“矛盾冲突的存在是和解的前提，自愿和约定是和解的必要条件，各有让步是

和解的一般形式”。

2.法律上的和解

在法律视野中，和解是指双方当事人通过平等协商自愿达成协议，以解决双方争议、化解纠纷的活动。按照纠纷的性质不同，和解可以分为民事和解、刑事和解以及行政和解。

（1）民事和解。民事和解发生在主体平等的当事人之间，受到当事人处分原则、意思自治和契约自由等民法理论的影响，和解制度和理论最早产生于民事诉讼领域。民事和解是指民事纠纷的当事人之间通过协商，自愿达成协议解决纠纷的活动。民事和解是解决民事纠纷的重要方式，在民事活动领域广泛存在，法律规定的典型和解制度有民事诉讼中的和解和破产程序中的和解。我国民事诉讼法第51条规定：“双方当事人可以自行和解。”《德国民事诉讼法典》第279条规定：“地方法院和州法院应在程序进行中努力促成双方当事人和解，为此目的，得命令当事人到庭，或把他们交给受命法官或受托法官进行和解。”破产和解是指债务人到期不能清偿债务时，为了避免破产宣告或破产分配，经与债权人协商谈判，达成解决债务危机的协议，经法院认可后生效，从而使债务人经过整顿而恢复生机的法律制度。如今，和解制度已经成为各国破产法的重要组成部分，《中华人民共和国企业破产法》第九章专门规定了和解制度，其中第95条规定：“债务人可以依照本法规定，直接向人民法院申请和解；也可以在人民法院受理破产申请后、宣告债务人破产前，向人民法院申请和解。债务人申请和解，应当提出和解协议草案。”我国的民事和解有着悠久的历史传统，在实践中，民事和解被广泛采用，对化解社会矛盾起到了积极的作用。

（2）刑事和解。刑事和解是指刑事纠纷中的受害人和加害人直接通过协商达成协议，解决纠纷的活动。刑事和解不同于案件的“私了”，司法机关的监督和确认，保证了纠纷解决的有效性、合法性和正当性。在刑事和解过程中，被害人和加害人可以充分说明犯罪给他们造成的影响以及对刑事责任的意见等方面的内容，选择双方认可的方案来弥补犯罪所造成的损害。现代刑事和解是西方刑事法学的创举，最早见于20世纪70年代加拿大安大略省基秦拿县司法机关进行的一次“被害人—加害人”和解尝试方案。我国刑事诉讼法中也有关于和解的规定，例如《刑事诉讼法》第172条规定，自诉人在宣告判决前，可以同被告人自行和解或者撤回自诉。实际上，在我国古代的司法实践中，官府在处理刑事案件时，已经开始采取和解的方式解决纠纷，伤害案件中的“保释”制度已经具有了刑事和解的特征。

（3）行政和解。行政和解是行政纠纷双方通过自愿协商，达成协议，解决纠纷的活动。在私法领域，和解作为纠纷的解决方式已经得到普遍认同和广泛应用。行政和解虽然属于公法领域，但公法与私法也并不是截然对立的，而是具有共通性的，这种共通性决定了私法中的有益制度也可为公法所吸收和借鉴。从世界范围来看，以和解方式解决行政纠纷被许多国家和地区普遍采用。例如，德国《联邦行政程序法》第55条就规定了“和解合同”：如果行政机关根据合乎义务的裁量，经过明智地考虑事实内容或法律状况，认为对存在的不确定性能够通过彼此让步（和解）得到消除时，就可以签订公法上的合同。我国台湾地区“行政程序法”第136条规定：“行政机关对于行政处分所依据之事实或法律关系，经依职权调查仍不能确定者，为有效达成行政目的，并解决争执，得与人民和解，缔结行政契约以代替行政处分。”

除了按照纠纷的性质不同进行分类外，按照和解发生的阶段不同，可以将和解分为诉讼外和解和诉讼中和解。诉讼外和解，顾名思义，乃是当事人在诉讼程序之外进行协商，达成协议解决纠纷的方法，可归属于ADR的范畴。例如，民事纠纷当事人在行政机关的主持下达成和解，符合自诉条件的刑事案件当事人自行达成和解协议，行政程序中行政机关和相对人自愿达成和解，都是诉讼外和解。而诉讼中和解是指诉讼程序中的当事人经过协商达成和解而终结诉讼的活动。不论是民事、刑事还是行政诉讼中的和解，都在许多国家的立法和司法实践中客观存在。例如，民事诉讼和解制度在德国、法国、日本等国的民事诉讼法中都有相关规定，刑事诉讼中的和解也在许多国家和地区广泛存在，行政诉讼中的和解在德国和台湾地区的诉讼法中作了规定，在日本的司法实践中也普遍承认和解的容许性。作为本章考查对象的行政诉讼和解制度就属于行政诉讼中的行政和解。

（二）行政诉讼和解的实然界定

虽然行政诉讼和解制度已经客观存在于我国司法实践中，但是这种人民法院通过发布司法解释的方式建立的行政诉讼和解制度，并没有诉讼法上的依据，并不同于其他国家和地区所建立的法律意义上的行政诉讼和解制度。从人民法院的工作方法上来看，它与民事诉讼中的调解并无多大区别，而达成“和解”的方式则表现为行政机关改变或者撤销被诉行政行为，行政相对人向人民法院申请撤诉，并以人民法院做出准许撤诉的裁定宣告纠纷的终结。也就是说这种和解所依托的是诉讼法上的撤诉制度，而非如法律意义上的行政诉讼和解制度那样以行政契约作为和解的结果。但是，这种纠纷解决的方式毕竟包含了双方当事人的合意，称之为行政诉讼上的和解也并不为过。据此，有学者从和解实现方式的角度将人民法院建立的行政诉讼和解制度归结为“撤诉模式”，而将以行政契约作为和解结果的和解法律制度归结为“契约模式”，这实际上就在理论上承认了我国行政诉讼和解制度的存在，虽然严格来讲行政诉讼和解作为一种纠纷解决机制缺乏法律依据，但在实际运作中与法律制度的运行并无外观上的区别。

从宏观上来看，行政诉讼和解机制在行政审判中的确立，从属于行政审判方式的改革、发展与变迁。我国的行政审判方式改革以1989年颁布的行政诉讼法所确立的行政审判方式为基础，以1996年7月全国法院审判方式改革会议上提出的“完善行政审判方式，主要是强化被告的举证责任，认真审查被诉具体行政行为的合法性，进一步健全裁判形式，切实保护公民、法人和其他组织的合法权益，维护和监督行政机关依法行使职权”为目标，经过十余年的发展形成了若干具有里程碑式意义的改革成果，实现了“司法制度日益正式化、程序化，法官日益职业化、专业化”。但是，这些改革从行政审判的效果上来看却不尽如人意，对于解决转型期带来的日益复杂和不断增加的社会纠纷缺乏适用性和有效性，生效裁判难以得到尊重，涉诉信访量依然居高不下。于是，这种以动员原告撤诉的方式化解行政纠纷、在实践中被称作行政诉讼协调和解机制的纠纷解决方式，也被人民法院作为在新的历史条件下完善和创新行政审判方式的成果大力加以推行。而这种审判方式的改革，首先就表现为大量关于行政诉讼和解的指导意见和规定的出台。

（三）人民法院行政诉讼和解相关指导意见概述

2006年以来，各级人民法院出台的有关行政诉讼和解的指导意见中具有代表性的有：2006年6月21日，北京市高级人民法院印发《关于行政案件协调处理有关问题的意见（试行）》，在全市范围内施行；2006年12月8日，广东省高级人民法院印发《关于行政案件协调和解工作若干问题的意见》，自2006年12月25日起在全省试行；2006年12月，山东省高级人民法院《行政诉讼和解暂行规定》开始实施；2007年4月5日，上海市高级人民法院印发《关于加强行政案件协调和解工作的若干意见》；2007年5月18日，辽宁省沈阳市中级人民法院出台了《关于做好行政案件协调和解工作若干意见（试行）》；2007年7月18日，江西省吉安市安福县人民法院印发了《行政案件协调和解工作指导意见（试行）》；2007年11月28日，四川省高级人民法院发布《关于行政案件协调处理若干问题的意见（试行）》；2008年1月14日，最高人民法院发布了《关于行政诉讼撤诉若干问题的规定》，对协调和解活动进行规范；2008年6月17日，浙江省高级人民法院印发《关于加强和规范行政诉讼协调工作的指导意见》；2010年5月5日，天津市高级人民法院印发《关于加强行政案件协调和解工作的若干意见》，等等。从总体上看，这些指导意见和规定大致规定了如下内容：

1. 制定的目的和依据

这些指导意见和规定均从促进社会和谐稳定，妥善化解行政争议的角度说明了制定的目的，并以中共中央和最高人民法院的相关文件和会议精神以及行政诉讼法等规定为依据。例如，较早出台指导意见的北京市高级人民法院在《关于行政案件协调处理有关问题的意见（试行）》中开宗明义地提出："为充分发挥行政审判职能作用，依法稳妥审理行政案件，实现办案法律效果与社会效果最大化，促进社会和谐进步，根据本市法院行政审判实践，现就行政案件协调处理工作提出如下意见。"上海市高级人民法院《关于加强行政案件协调和解工作的若干意见》中明确提出以中共中央办公厅、国务院办公厅《关于预防和化解行政争议、健全行政争议解决机制的意见》为依据，浙江省高级人民法院发布的《关于加强和规范行政诉讼协调工作的指导意见》指出制定该指导意见以贯彻第五次全国、全省行政审判工作会议精神为目的，并根据《中华人民共和国行政诉讼法》《最高人民法院关于行政诉讼撤诉若干问题的规定》制定。

2.基本原则

在这些指导意见和规定中，均确认了自愿、合法为协调和解的基本原则。例如，四川省高级人民法院《关于行政案件协调处理若干问题的意见（试行）》规定：人民法院根据行政案件审理需要组织协调，促成当事人和解，应当坚持当事人自愿的原则；人民法院协调方案和当事人的和解协议不得违反国家禁止性规定，不得损害国家利益、公共利益和他人的合法权益。此外，有的指导意见还提出了有效、公平合理的原则。例如，浙江省高级人民法院《关于加强和规范行政诉讼协调工作的指导意见》第5条规定：人民法院在行政诉讼协调过程中应当坚持有效、合法、自愿、公平合理的原则。

3.可协调和解的案件类型

对于可协调和解的案件类型，指导意见基本上采取了列举式规定，比较具有代表性的案件类型有：被诉具体行政行为违法，但撤销该具体行政行为会给国家、公共利益或者他人合法权益造成重大损失的；被诉具体行政行为不违法，但存在合理性问题的；被诉行政行为涉及当事人基本生产资料、基本生活保障等重大民生权益的；不履行法定职责的；行政裁决案件等。有的指导意见还对不适宜和解的案件类型进行了规定。

4.协调和解的程序

主要包括：(1) 和解程序的启动。例如，浙江省高级人民法院《关于加强和规范行政诉讼协调工作的指导意见》第8条规定，当事人可以以书面或者口头形式向人民法院提出要求协调的申请，人民法院也可以根据案件情况及相关单位的提议，向当事人提出案件协调的建议，在征得双方当事人同意后，启动案件的协调。(2) 适用和解的诉讼阶段。例如，上海市高级人民法院《关于加强行政案件协调和解工作的若干意见》第十二条规定：协调和解工作可以在一审、二审、申诉复查或者再审等案件审理的各个阶段进行。(3) 和解笔录的制作。四川省高级人民法院《关于行政案件协调处理若干问题的意见（试行）》第七条规定，人民法院主持协调工作应当形成书面笔录留档备查。(4) 撤诉申请的审查。最高人民法院《关于行政诉讼撤诉若干问题的规定》第二条规定："被告改变被诉具体行政行为，原告申请撤诉，符合下列条件的，人民法院应当裁定准许：(一) 申请撤诉是当事人真实意思表示；(二) 被告改变被诉具体行政行为，不违反法律、法规的禁止性规定，不超越或者放弃职权，不损害公共利益和他人合法权益；(三) 被告已经改变或者决定改变被诉具体行政行为，并书面告知人民法院；(四) 第三人无异议。"(5) 协调和解的结案方式。例如，浙江省高级人民法院《关于加强和规范行政诉讼协调工作的指导意见》中规定，当事人经协调达成的和解协议已经履行完毕，行政争议得到妥善解决的，人民法院应当根据法律规定及案件的实际情况，分别采取不同的结案方式，并就结案方式进行了详细规定。(6) 和解协议的履行。例如，浙江省高级人民法院《关于加强和规范行政诉讼协调工作的指导意见》第19条规定："和解协议未履行完毕，当事人申请撤诉的，人民法院应当书面告知其诉讼风险，当事人仍坚持撤诉的，根据《最高人民法院关于行政诉讼撤诉若干问题的规定》第五条的规定，人民法院可以裁定准许撤诉，也可裁定中止审理。”

（四）规范分析：行政诉讼协调和解机制的法律缺陷检讨

在和谐理念的指导下，人民法院探索解决行政纠纷的新机制，促进纠纷在当事人之间协调一致的基础上得到解决，从服务经济社会发展大局的角度是值得肯定的。但是，各级和各地人民法院在探索过程中所显现出来的法律缺陷，应当引起必要的重视，从法律的逻辑上对前述人民法院的诸多意见与规定进行合法性与合理性分析，是了解当代中国行政诉讼和解现状的重要方面。充分了解和认真分析各级各地人民法院制定的指导意见和规定在制度逻辑上的缺陷，不论是在宏观法治理念的把握上，还是在微观制度设计安排上对于行政诉讼和解制度的建立和完善，均具有十分重要的意义。

1.文字游戏背后折射出的行政诉讼协调和解机制法律依据的缺失

行政诉讼法第 50 条规定：“人民法院审理行政案件，不适用调解。”也就是说，人民法院审理行政案件只能采用判决或者裁定的方式来解决行政纠纷，这一规定明确排斥了调解手段在行政诉讼中的应用，唯一例外的是《行政诉讼法》第 67 条规定了行政赔偿案件可以适用调解。然而，行政诉讼中禁止调解的规定并没有难倒富于创造和探索精神的人民法院，在构建和谐社会理念的推动下，在人民法院出台的指导意见中，“协调和解”成为“调解”的代名词。虽然有学者认为“我们说行政诉讼不适用调解并不意味着人民法院不能协调行政机关与公民、法人和其他组织之间的矛盾；并不意味着人民法院不能在行政审判中对当事人进行法制宣传、教育，开展疏导工作，缓和矛盾以利于行政争议的解决；也不影响行政机关改变或者撤销自己违法或者不当的具体行政行为”，但是，从实践上看，人民法院在行政审判中开展的行政案件协调和解与诉讼法规定的调解难以划出明确的界限，“将这种解决争议的新方法称为‘协调和解’，实际上与人们耳熟能详的诉讼法专用语‘调解’没有什么区别”。而且，最高人民法院发布的《关于进一步发挥诉讼调解在构建社会主义和谐社会中积极作用的若干意见》也将行政诉讼和解纳入其中，把行政诉讼和解制度作为诉讼调解制度的一个重要方面，并明确规定“人民法院可以根据案件实际情况，参照民事调解的原则和程序，尝试推动当事人和解”。可见，“协调和解”与“调解”的区分，只是一场文字游戏，各地人民法院探索的行政诉讼协调和解机制，实际上就是指导调解活动的指导意见，它与调解的区别只是没有调解书而已。“这种状况，至少在形式上与我国现行行政诉讼法第50条‘不适用调解’的规定是相抵触的。”这种违法并不能以变换表述的方式，用“协调和解”取代“调解”就能使之合法，因为法治首先是“形式法治”。

2.以撤诉方式实现协调和解与立法本意相背离

也许是为了掩饰行政审判中协调和解与调解并无区别的本质，为诉讼和解寻找合法性出路，也为了更好地服务于纠纷解决的需求，人民法院充分发挥自己的想象力，运用司法解释的方法，发展了行政诉讼法第51条的字面含义，将其作为协调和解的法律路径。其实，早在行政诉讼法施行之初，就有学者认为：“不适用调解原则并不意味着不可以在裁决前对双方当事人做思想工作，促使有错误的一方当事人认识自己的错误，如使原告一方认识到自己的诉讼请求错误而申请撤诉，或使被告一方认识到自己的错误，撤销或改变具体行政行为取得原告谅解并申请撤诉，以达到平息诉讼的目的。”

然而，这种认识在和谐理念推动下被无限制地“发扬光大”了，根据最高人民法院提出的“要在查清事实，分清是非，不损害国家利益、公共利益和其他合法权益的前提下，建议由行政机关完善或改变行政行为，补偿行政相对人的损失，人民法院可以裁定准许行政相对人自愿撤诉”的要求，以最高人民法院《关于行政诉讼撤诉若干问题的规定》为代表的诸多协调和解指导意见中，均将促使案件以原告撤诉的方式结案作为达到“协调和解”的目标。

然而，我国《行政诉讼法》关于撤诉的规定并不是为了“协调和解”而设立的。根据《行政诉讼法》第48条和第51条的规定，撤诉分为三种情形，一是人民法院对行政案件宣告判决或者裁定前，原告申请撤诉；二是被告改变其所做的具体行政行为，原告同意并申请撤诉；三是经人民法院两次合法传唤，原告无正当理由拒不到庭的，视为申请撤诉。在上述三种情形下，如果人民法院裁定不准许撤诉，原告或上诉人经合法传唤无正当理由拒不到庭，或者未经法庭允许中途退庭的，依照最高人民法院《关于执行〈中华人民共和国行政诉讼法〉若干问题的解释》的规定，人民法院可以缺席判决。这就强调了法院对撤诉活动的干预性。而关于准许撤诉的条件，在由最高人民法院行政庭法官编写的《行政诉讼贯彻意见析解》中，作者指出了准予撤诉的两条实质性标准：第二，申请撤诉必须是原告真正自愿，对于别人强加违心同意的，人民法院不能裁定准予撤诉……第四，申请撤诉必须在法律允许的范围内，不得损害国家利益、公共利益及他人的合法权益。对于不符合上述条件的，人民法院都不应该裁定准许撤诉。也就是说撤诉申请必须经过人民法院的严格审查，“如果法院不准许撤诉，不管原告是否愿意，也不管被告是否同意撤诉，诉讼都将进行下去”，这明显体现了对于撤诉行为进行必要司法控制的立法意图。

实际上，这种不同于其他国家和地区奉行当事人主义诉讼模式的具有浓重职权主义色彩的限制撤诉制度，是与我国《行政诉讼法》的立法目的相一致的。有不同的行政诉讼目的，就会有不同的行政诉讼受案范围、不同的诉讼程序设置、不同的当事人制度、不同的诉讼模式和判决方式等。根据《行政诉讼法》第 1 条规定，行政诉讼的目的是保护公民、法人和其他组织的合法权益。因此，行政诉讼的具体制度设计，也应当以此目的为根本出发点和指导。由此看来，被法院作为对行政案件进行协调和解的主要法律依据的《行政诉讼法》第 51 条的立法本意，“并不是为了‘协调和解’而设立，相反，它是为了限制原告撤诉，强化法院对撤诉申请的审查、监督而设立”。第 51 条规定是考虑到“原告在行政诉讼中势单力薄，一旦受胁迫而撤诉，行政诉讼就无法进行，行政诉讼关于保护原告权利、监督行政行为的立法宗旨就无从谈起。为此，需要通过第三方

(法院)的干预来平衡原告、被告的实力差距，从而保障行政诉讼进行下去。所以，限制撤诉的主要目的应当理解为保护原告利益"，这正是行政诉讼的目的所在。如果在行政诉讼协调和解过程中，对于原告的撤诉申请不加分析，不进行严格审查，毫无原则地一律准予撤诉，就无法达到充分发挥法院的审查职能，保护相对人合法权益的诉讼目的。

因此，《行政诉讼法》第51条的立法本意，从根本上是为了限制撤诉，强化法院对撤诉行为的干预和监督而非鼓励，将其作为实现协调和解的法律依据来理解，是对立法本意的曲解。如果将第50条"不适用调解"的规定与第51条规定结合起来就会发现，"在行政诉讼中不但禁止调解，同样也禁止无原则的撤诉与和解"，以撤诉的名义所进行的协调和解，与我国行政诉讼法相关规定以及立法的真正意图相去甚远。

3.以抽象的司法解释创制和解制度违反法律保留原则

不可否认，司法解释是法官行使审判职责所必需的，它源于立法者和法律的局限性，立法者与法律适用的分离以及法官拒绝审判案件的禁止，然而，司法解释的权力也不是没有界限的。我国目前实行的多级司法解释体制对于实现法律统一适用，提高审判质量来讲是有利的，但是各级人民法院发布的司法解释往往是一个完整的准法律文件，从内容上看也远远超出了"解释"的范围。从对"解释"一词的理解来看，"'解释'应该有被解释的文本存在，以文本为基础，对文本进行解释和说明，而不是脱离文本的重新创制"。各级人民法院制定的协调和解指导意见对开展行政诉讼协调和解的规则和步骤做了明确规定，而且在形式上表现为法律形式的条款规范，从内容上也看不出是对行政诉讼法或其他法律法规的某一条文或词语的解释，可以说已经完全超出了"解释"的限度而成为完全的"创制"，而"创制"本应是立法权的职责所在。这种抽象的协调和解指导意见，背离了司法解释应当是对具体适用法律进行解释的本意，混淆了立法权和司法权的界限，大有司法权侵犯立法权之嫌。

同时，根据《立法法》第8条、第9条规定，诉讼制度和司法制度都属于法律保留的立法事项。在行政诉讼中以和解方式结案，应当是依据一定的诉讼程序法律制度进行，而诉讼程序法律制度是人民法院行使审判权的基本规范，也就是说，人民法院探索的协调和解机制属于诉讼程序制度，在行政审判中进行的协调和解是司法活动的组成部分，因此，创制行政诉讼和解制度属于法律保留原则的作用范畴，只能由全国人大及其常委会通过行使立法权的方式行使，人民法院在全国人大及其常委会没有对行政诉讼和解制度做出规范之前，不应当自行去“积极探索”这种“新机制”。正如有学者指出：“人民法院工作的一切出发点和归属，都是依照法律的规定从实体和程序两方面独立行使审判权，它绝对没有任何对法院体制和诉讼制度等事项进行改革的权力”，“人民法院的组织和职权以及国家诉讼事项只能制定法律，任何一级人民法院包括最高人民法院都不得染指”。当人民法院在宣传自己的指导意见“设计了许多具有突破性意义的制度”时，不禁会让人产生这种权力从何而来的疑问。

4.以撤诉方式和解在法律程序上存在诸多困境

在行政诉讼法没有规定行政诉讼和解制度的情况下，人民法院借助撤诉的方式实现和解，或许能够在事实上解决纠纷，但是从诉讼法学理论上分析，人民法院“创制”的以撤诉方式结案的和解机制却陷入了法律程序上的困境。

首先，撤诉无法阻断当事人再次起诉。行政诉讼制度脱胎于民事诉讼制度，其特殊性只存在于因公权力的介入而产生的特有制度中，而在行政诉讼中原告方享有的起诉和撤诉的程序权利与公权力无涉，行政诉讼中的撤诉制度安排自然可以以民事诉讼法学理论为根据。在诉讼法学理论上，一项诉讼制度产生阻断当事人再次起诉的效力源于既判力的产生。所谓“既判力是指确定的终局判决所具有的拘束力。按照既判力原理，在民事诉讼中，法院的判决确定之后，无论该判决有无误判，当事人均受判决的拘束，不得就该判决的内容再进行争执。同时作为享有国家审判权的法院当然也必须尊重自己以国家名义所做出的判断，即使是把同一事项再次作为问题在诉讼中提出时，亦应以该判断为基础斟酌当事人之间的关系”。因此，在诉讼程序上就有了“一事不再理”的原则与制度设计，从而阻断了当事人的再次起诉。也就是说，这种阻断当事人再次起诉的程序效力，依赖于法律救济的空洞被填补，法律关系已获定夺，而这是以判决的做出为基础的。如果仅仅是对当事人撤诉申请的审查，而非对争议法律关系的法律判断就阻断当事人再次寻求法律救济的路径，就缺少了阻断当事人再次起诉的正当性，在逻辑上难以与既判力理论相衔接。虽然根据最高人民法院的司法解释，原告撤诉后以同一事实和理由重新起诉，人民法院不予受理，但与其他国家和地区的撤诉制度相比，这样的制度设计是值得探讨和改善的。

其次，对于行政主体改变被诉具体行政行为后当事人申请撤诉的情形，法院审查认可后，当事人当然享有再次起诉的权利，即使按照最高人民法院司法解释关于“原告以同一事实和理由重新起诉，人民法院不予受理”的规定，也无法限制当事人再次起诉，因为此时诉讼标的已经发生了变更。诉讼标的最基本的含义就是诉讼的对象，而不论这种对象指什么(无论是依据实体法说还是诉讼法说)，都无法解释当事人起诉针对的是一个新的行政行为如何能够适用“一事不再理”原则。也就是说，当事人针对新行政行为提起了一个新的诉讼，即使当事人提出的诉讼请求与针对原具体行政行为的诉讼请求完全相同，法院仍应当作为新的诉讼予以受理而不应该限制当事人提起诉讼。但是，在行政诉讼协调和解过程中，这正是需要限制当事人再次起诉的地方。在行政诉讼协调和解过程中，行政主体改变行政行为往往是在与当事人达成一定共识的情况下进行的，例如，行政机关给予一定的行政补偿，原告同意不再纠缠于该行政争议，如果当事人继续对改变后的行政行为提起诉讼，势必会影响行政机关配合协调和解的积极性，而这与协调和解的初衷背道而驰。然而，法院的撤诉裁定由于缺乏既判力并不具有限制当事人提起诉讼的正当性。因此，虽然法院通过协调、沟通的手段看似“摆平”了当事人，但从理论上讲，当事人完全可以就新的行政行为再次提起诉讼，如果有当事人较真的话，法院将不得不面对“案不结、事不了”的尴尬，这成为以撤诉达成协调和解难以克服的硬伤。其次，撤诉裁定中和解协议的履行缺乏程序保障。在协调和解过程中，通常是当事人之间达成一定的和解协议后，由原告向人民法院申请撤诉。法院经审查做出允许撤诉的裁定后，如果和解协议具有给付内容的，当事人应当主动履行。但是，由于行政案件中达成的和解协议并未像民事审判中那样制作具有与判决相同法律效力的调解书，和解协议的履行主要依靠双方的自觉，在实践中并不能排除在撤诉后当事人不履行和解协议的情况发生。如果相对人不按时履行和解协议，行政机关的和解积极性必然会受到影响，如果被告不履行和解协议，例如不改变被诉具体行为或不履行一定的金钱给付义务，相对人的权益实际上就没有得到有效保障。虽然最高人民法院《关于行政诉讼撤诉若干问题的规定》中规定了裁定中止审理的方式来督促当事人履行和解协议，人民法院可以在撤诉裁定中载明行政机关改变被诉具体行政行为的主要内容及履行情况，并根据案件具体情况明确被诉具体行政行为全部或者部分不再执行，但是如果行政机关无限期地拖延履行，即使最后和解协议得到了履行，由于时过境迁，相对人通过这种马拉松式的协调和解而获得的公正要远远低于及时判决所带来的效率价值，如果行政机关拒绝履行和解协议或者再次改变具体行政行为，人民法院亦没有任何有效手段来迫使行政机关按照撤诉裁定中载明的和解协议履行相应的义务。其实，之所以无法避免不履行和解协议情况的发生，归根结底在于撤诉裁定并不具有如给付判决那样的执行力。“所谓判决的执行力，是指判决生效后，在义务人没有履行义务时，权利人可以向法院申请强制执行，法院依法强制债务人履行其义务的效力和作用。”也就是说，撤诉裁定中虽然具有了给付内容，但是这样的裁定却没有像给付判决那样具有通过强制执行手段实现的法律效力，于是，在现行法律和司法解释规定下，原告既无法申请强制执行，也不能以同一事实和理由重新起诉，又不能启动审判监督程序，原告已没有救济途径可循，这种缺乏有效且合法程序保障的和解协议，在实践中的履行状况令人担忧就不足为奇了。

再次，撤诉无法否定被诉行政行为和原审裁判的法律效力。与和解协议的履行缺乏程序保障相联系，如果在原告撤诉后行政机关不履行和解协议，就意味着被诉具体行政行为既未被法院做出评价，也未被行政机关撤销，那么根据行政行为的存续力理论，该行政行为就“对相对人、关系人及原处分机关发生拘束之效力”，这就意味着当事人通过行政诉讼撤销被诉行政行为、维护自身合法权益的愿望并未实现，行政纠纷并未得到解决。而最高人民法院的司法解释又规定当事人撤诉后以同一事实和理由再次起诉的，人民法院不予受理，如果在和解协议得到履行的情况下，这样的规定可以保障协调和解的成果不因原告的反悔而受到破坏，但是在行政机关不履行和解协议的情况下，却使相对人得不到法律救济，也就背离了通过协调和解实现案结事了的初衷，反而使法院陷入了窘境。为了摆脱这种窘境，最高人民法院《关于行政诉讼撤诉若干问题的规定》第6条规定，人民法院在做出一审裁定时，可以在裁定中明确被诉具体行政行为全部或者部分不再执行。但是，这样的设计又与行政行为的执行力理论相冲突：要停止行政行为的执行力通常应循争讼途径提起救济，况且许多国家和地区“凡提起诉愿及行政诉讼均不停止执行”，在法院没有对行政行为的合法性做出评价的情况下，仅仅通过撤诉裁定来否认行政行为的执行力，不知依据何在。

在二审程序中，虽然程序的开始使原审裁判的效力中止，由于达成和解并非法定的结案方式，一旦当事人撤诉，原审裁判即应当发生法律效力；如果当事人申请再审，根据行政诉讼法规定，生效裁判不停止执行，当事人的撤诉对生效裁判的效力亦不会构成任何影响。因此，如果和解协议的内容与原审裁判发生冲突(这基本上是必然的)，当事人将无所适从。为了解决这个问题，有的地方法院进行了“全新的尝试”，广东省高级人民法院《关于行政案件协调和解工作若干问题的意见》中规定了“法院可以裁定撤销原审裁判，以准许一审原告撤回起诉的方式结案”。而根据行政诉讼法规定，裁定撤销原判的条件应当是原审判决“认定事实不清，证据不足，或者由于违反法定程序可能影响案件正确判决”，在没有对原审裁判进行审查并做出评价的情况下就撤销原审裁判，明显违反了行政诉讼法的规定。而且从逻辑上讲，撤诉申请应当在对案件宣告判决或者裁定之前提出，当判决已经做出或者已经生效的情况下，撤回在原审中的起诉就不可能存在了。虽然最高人民法院的《关于行政诉讼撤诉若干问题的规定》中没有要求撤销原审裁判，但是却规定可以在裁定理由中明确被诉具体行政行为或者原审裁判全部或者部分不再执行，这样的设计也明显是站不住脚的：不论是行政行为还是生效判决的执行力都不允许被一纸撤诉裁定任意否定。

最后，和解协议的履行与撤诉程序“貌合神离”。法院通过协调和解是希望双方当事人达成并履行和解协议，并在此基础上向人民法院提出撤诉，也就是说，由于协调和解并非是一套独立的法定制度体系，人民法院开展协调和解工作的效果，最终还要落实到当事人申请撤诉上来，和解的成功离不开以当事人撤诉作为圆满的句号。但是，这并不能排除虽然双方当事人达成了和解协议并且和解协议已经履行完毕而原告拒绝向法院提出撤诉申请的情况发生，导致行政诉讼和解过程中，和解协议的履行与撤诉程序“两张皮”，从而使法院陷入了非常尴尬的境地，之前的和解工作前功尽弃，只得恢复对案件的审理并做出判决。为了解决这一问题，浙江省高级人民法院进行了“积极探索”，在其《关于加强和规范行政诉讼协调工作的指导意见》第20条中规定：和解协议已经履行完毕，原告坚持不撤诉的，人民法院可以根据最高人民法院《关于执行〈中华人民共和国行政诉讼法〉若干问题的解释》第六十三条第（四）项的规定，裁定终结诉讼。但是，参照《民事诉讼法》第137条的规定，诉讼法中终结诉讼的情形应当限于一方当事人死亡或终止的情形，也就是说诉讼已经没有继续进行的必要了才终结诉讼。而在协调和解过程中，由于协调和解与撤诉实际上是分离的，即使被告改变了具体行政行为，原告如果具有确认被诉具体行政行为是否合法的利益需求，法院仍应当按照诉讼请求对行政行为的合法性进行审查，继续进行诉讼的必要性并未因和解的进行而消失，因此，法院在这种情况下裁定终结诉讼，容易造成对诉讼程序的滥用，似有侵犯当事人诉讼权益之嫌。

以上分析了撤诉方式进行协调和解而产生的法律上的困惑与悖论，

这种困境的产生源于在法律规定欠缺的情况下，人民法院为协调和解机制寻找正当性依据的冲动，对法律规定牵强附会的理解，使撤诉制度本身背负了其无法承受之重。这一困境是撤诉制度本身无法解决的，以撤诉来实现协调和解只会导致法律程序在理论上和实践中的混乱。这也再次证明了撤诉制度本身并不是为了协调和解而设计的，二者并没有天然的联系，在建立了行政诉讼和解制度的国家和地区，撤诉制度也是与和解制度相并列的诉讼程序而非和解制度的载体。

5.协调和解机制体系不完整且低水平重复

抛开人民法院是否可以自行探索行政诉讼协调和解机制不说，仅从各地法院制定的协调和解指导意见和规定的文本来看，就存在制度设计不完整、缺乏体系性，且内容低水平重复的问题。在法律上规定了行政诉讼和解制度的国家和地区，行政诉讼和解与行政诉讼撤诉是两个不同的行政诉讼制度，都有各自相对独立的理论基础和制度体系，行政诉讼和解制度不仅以相应的法学理论为基础，以实体法律制度和行政程序法律制度为依托，而且行政诉讼中的和解程序也比较完善，形成一套相对独立的诉讼程序制度。一般来讲，比较完整的行政诉讼和解制度应当包括：对诉讼和解成立要件的规定，包括实体法上的实质要件和诉讼法上的程序要件；诉讼和解的程序规定，包括和解的方式、当事人的参与、和解笔录的制作等；诉讼和解的效力；第三人参与诉讼和解的程序；诉讼和解瑕疵的救济等。反观我国目前人民法院出台的协调和解机制，不仅存在着以撤诉作为协调和解路径的方向性错误，充斥着沟通协调、党委汇报、全员参与的政治性话语，而且就具体的和解制度规定来看，也显得支离破碎，不成体系，对于诉讼和解实体法要件缺乏明确规定，仅仅对适用和解的案件类型做了列举，并未抽象出高度概括性的实质要件，对于司法主持下的和解主体、步骤、阶段、顺序等程序设计过于笼统且体系性不强，没有对当事人资格、庭审方式、和解方式与权限等做出细致规定，而对于第三人利益的保护、和解瑕疵的救济制度则基本上没有涉及。如果将各地法院既有的相关规定进行比较会发现，各类指导意见和规定实际上处于低水平的重复和互相抄袭的状态，没有形成鲜明的特色。这些协调和解的制度设计在体系上和内容上的不足，反映出司法界对于协调和解的认识仍停留在一些粗略的政治与司法理念上，脱离了法学专业立场，忽视了对传统、经典法学理念以及作为其载体的法律规范的思考，“过多地关照了司法工作实际的需要，没有从实际上也无法从更高、更全的角度来设计内容”。

三、行政诉讼和解运行实效探析与考察

从实践的情况来看，从中共中央提出实现社会和谐的要求后，一些地方的基层人民法院就已经开始了行政诉讼协调和解的探索，尝试通过协调和解的方式彻底解决行政纠纷，实现以当事人主动撤诉的方式结案。2006年以后，按照中央文件和会议精神的指示，行政诉讼协调和解工作在各地人民法院行政审判中大规模地蓬勃开展起来，运用协调和解的方式解决行政纠纷成为人民法院行政审判工作的主要任务，各地人民法院在行政审判工作中充分发挥主观能动性和创造性，广泛采用沟通协调、说服教育等多种手段，促使行政争议得到及时、妥善、彻底的解决，各级人民法院纷纷在主流媒体上介绍协调和解的工作经验和成功案例。人民法院的行政诉讼协调和解工作在客观上促进了一定范围内行政争议的及时和彻底解决，许多涉及土地征用、房屋拆迁、劳动和社会保障、企业改制、环境资源保护等关系到人民群众切身利益的、对于社会稳定和谐可能造成不良影响的案件，在人民法院的组织协调下得以化解。可以说，在一个流行“搞定就是稳定，摆平就是水平，没事就是本事”的时代，法院对协调和解机制的重视，正是对其在解决纠纷上存在比较优势的肯定：协调和解的成功基本不会导致申诉、上访，有助于实现案结事了。那么，在司法实践中，行政诉讼的协调和解究竟有没有促进法院解决纠纷能力的提升，其现实的运行状态到底如何呢？

(一)行政诉讼和解的运行实效：以法院纠纷解决能力为着眼点

行政审判方式的改革尤其是对行政诉讼协调和解的探索，包含着对提高人民法院解决纠纷能力的愿景。为了测度行政诉讼协调和解对法院解决纠纷能力的影响，本章主要选取历年全国法院行政一审案件的撤诉率、一审裁判息诉率、上诉率和申诉率四项指标对协调和解的实际效果进行综合测度。

通过数据分析发现，撤诉率从1988年开始逐年上升，到1995年已经达到50%以上，直到1999年都在高位徘徊，这是不是说明这一时段人民法院解决纠纷的能力提高了呢？这要从这一时期的背景说起。从1991年至1993年，行政诉讼受理案件数量一直没有大的增长，在一些基层法院甚至全年没有一起行政案件，个别法院甚至把刚设立不久的行政庭撤销了。为解决行政诉讼受案数量不足，无法充分发挥行政诉讼作用的问题，在1993年10月的第二次全国审判工作会议上，最高人民法院领导要求各地和各级法院要“积极大胆地依法受案，尽快解决行政诉讼告状难的问题”。在政策的推动和激励下，“上立案数”成了各地法院行政审判工作的首要目标，全国法院纷纷“找米下锅”，受理行政案件的数量有了明显的增加，从1994年的34567件一跃升至1995年的51370件。但是，“收进来”容易，“判出去”难，在法院以囫囵吞枣的方式受理的诸多案件中相当一部分是难以下判的。对于无法下判的案件，只好以其他方式消化(例如驳回起诉、终结诉讼等)，而动员原告撤诉就是一种常用的方式，于是1995年以后撤诉率逐步上升，1997年达到了57.3%，而判决的比例据统计也跌入27.4%的低谷。因此，这一时期的撤诉率提高，并不能说明法院解决纠纷能力的提升，而是由于法院受理的案件从数量和种类上都超出了自身的承受能力，只好想尽办法“踢出去”，而被“踢出去”的案件中的纠纷往往并未得到根本解决。同样的道理，虽然1995年至1999年间一审裁判息诉率维持在80%以上，1997年达到峰值85.6%，上诉率维持在20%以下，1997年达到最低值14.4%，也并不能说明法院解决纠纷的能力提高了，而是由于撤诉、驳回起诉、终结诉讼等方式结案的案件多了，判决的比例少了，加上有些案件法院根本解决不了，自然上诉的就少了。

撤诉率高的现象引起了司法机关的警惕，在最高人民法院的指导下，各地法院开始纠正撤诉率偏高的情况，1998年以后撤诉率开始有了明显的回落，但是在“撤诉的门关小以后，驳回起诉、终结审理等其他结案方式的门被挤大了，而判决结案并没有如愿望的那样显著增加”，同时，受理案件数量也开始停滞不前，这充分说明了司法能力在既有行政诉讼制度环境下的有限性，虽然司法政策对人民法院的受理案件数量、撤诉率等能够起到一定的作用，但常常是“按下葫芦浮起瓢”，并没有让司法解决纠纷的能力从根本上得到提升。

从2002年开始，撤诉率在下降到30.7%后逐步开始呈上升态势，这一时期的行政审判方式改革中出现了两个重大事件：一是最高人民法院《关于行政诉讼证据若干问题的规定》开始实施；二是行政诉讼的协调和解开始受到重视。从表面上看似乎是这两个事件促进了撤诉率的提升。从2002年以后撤诉率的变化来看，也出现了变化率加快的年份。同时，《关于行政诉讼证据若干问题的规定》的实施，对于促进当事人之间达成和解并撤诉最为有力的可能就是举证时限制度，这一制度有利于防止举证的拖延和突袭等问题，有利于理性的当事人及早形成合理的诉讼预期，从而有利于达成诉讼和解。别看当事人最可能形成这种诉讼预期的城建与资源案件，其撤诉率的变化在2002年之后并不比受此种预期影响较小的公安、乡政府案件大，而且从2002年到2005年，城建与资源案件的撤诉率还出现过下降的趋势。可见，以2002年出台的《关于行政诉讼证据若干问题的规定》为代表的这一时期的行政审判方式改革并未对撤诉率的上升产生影响。此外，从2006年开始，这四类案件的撤诉率均有总体提升，而且在2008年和2009年，公安和乡政府案件的撤诉率出现了明显高于城建与资源案件的情况，这更说明了此前行政审判方式改革对撤诉率的影响是微乎其微的。此外，2006年至2009年主要有三个大事件发生：一是2006年以来以《关于预防和化解行政争议健全行政争议解决机制的意见》为代表的中共中央、最高人民法院一系列文件出台，充分肯定了行政诉讼协调和解机制对化解纠纷的作用；二是2008年最高人民法院出台了《关于行政案件管辖若干问题的规定》，明确了行政案件提级管辖和指定异地管辖的改革措施，从制度上排除干预行政审判的各种因素；三是2008年最高人民法院出台了《关于行政诉讼撤诉若干问题的规定》，对行政诉讼协调和解机制进行了探索。其中，《关于行政案件管辖若干问题的规定》似乎对于当事人之间达成和解影响不大，而中共中央、最高人民法院一系列文件出台对于撤诉率的影响无疑是巨大的，《行政诉讼撤诉若干问题的规定》的出台更进一步促进了协调和解工作的开展。因此，调撤率在总体上的提升应主要源于政策的调整对行政诉讼协调和解的激励。

关于行政审判方式的改革及协调和解是否提高了法院的解决纠纷能力。首先，从一审裁判息诉率和上诉率两个指标看，在1995年至1996年间分别出现了较其他年份一升一降的情况，但如前所述，这是由于人民法院盲目“收进来”、匆匆“踢出去”造成的，并非人民法院解决纠纷能力提升的表现。一审裁判息诉率并未在1999年、2002年以及2008年这些行政审判方式改革出台的关键年份后出现明显提升，甚至不升反降，2008年的一审裁判息诉率还不如20世纪90年代有的年份高。上诉率的变化同样未跟上行政审判方式改革的步伐，有的年份不降反升，情况与一审裁判息诉率并无二致。也就是说，从一审裁判息诉率和上诉率这两个指标来看，法院解决纠纷的能力并未随着审判方式的改革和协调和解的提倡而提高。其次，从申诉率指标看，虽然整体上呈下降趋势，但是在行政审判方式改革的关键年份，其下降速度并未有较大变化，而且这种下降趋势在重大的行政审判方式改革之前就已经开始了。从法律上说，再审立案的门槛较高，“申诉难”“再审立案难”等问题长期存在且难以解决，这就抑制了当事人申诉的愿望和需求，当事人通过上访等其他手段解决纠纷的可能性也无法排除。因此，行政审判方式改革和协调和解并不是申诉率下降的原因，而申诉率的下降也不能代表法院解决纠纷能力的提高。

以上的分析表明，包括行政诉讼协调和解在内的行政审判方式改革并没有带来法院"案结事了"能力的提高。虽然行政审判方式改革的方向是正确的，但是其实施的效果还是打了折扣。撤诉率上升可能大部分缘于法院通过加大协调和解力度，将假如采用判决方式结案也会实现服判息诉的案件转换为以撤诉方式结案，而对于假如采用判决方式结案就会提起上诉的案件来说，存在着边际效应递减的趋势，协调和解力度的增加所起的作用很小，甚至根本不会起到减少上诉的效果。而且，协调和解投入的增加与判决质量的提高之间可能存在冲突。在司法资源供给总量不变的条件下，"调判结合"下的"调解优先"一定程度上就意味着司法资源的重新分配，即由判决向协调和解转移：就同一个案件而言，协调和解投入精力多了，研究案件证据和法律适用的时间精力就少了；就一名法官甚至一个法院而言，时间精力分配给协调和解的多了，分配给其他需要做出判决的案件就少了。而较低质量的一审判决引发较高的上诉率也就不足为奇了。不仅如此，行政诉讼的协调和解在实践中与民事案件的调解存在同样的弊端，包括"重调轻判""以调代审""久调不决""压迫调解""哄骗调解"等，往往被嘲讽为"和稀泥"(不讲原则的调和折中)，而且由于行政诉讼协调和解过程中行政机关这一公权力主体的介入，导致上述种种弊端变本加厉，从而出现了行政诉讼和解的异化。

(二) 实证调研：高撤诉率表象下行政诉讼和解的异化

由于根据现行《行政诉讼法》规定，人民法院审理行政案件不适用调解，人民法院以协调和解的方式解决行政纠纷，最终要归结到由原告向法院申请撤诉，法院经审查后做出是否准许撤诉的裁定这一法律程序上来，对行政诉讼和解运行状态的探究就转化为对行政诉讼撤诉率及相关数据的分析与审判实践中行政诉讼撤诉运行情况的考察。以下本章将借助有关行政诉讼撤诉的司法数据统计分析、问卷调查、案例分析等方式，对人民法院的行政诉讼和解状况进行实证调研。

1.奇高的撤诉率

撤诉本是原告处分自身诉讼权利的行为，正常的撤诉应当建立在自愿与合法的基础上，一定的撤诉率也是行政诉讼中的正常现象。与正常撤诉相对的是一直以来引起学者普遍关注的非正常撤诉，所谓非正常撤诉是指“在行政诉讼中，原告在自己的合法权益未能充分得到保护的情况下，因受外界的影响或不当干预，被迫放弃自己的诉讼权利而撤回起诉”。在协调和解成为人民法院解决行政纠纷的“新机制”后，2002 年以来全国法院的一审行政案件撤诉率均维持在 30% 以上且有逐步上升的态势，不少基层法院的撤诉率更高；从 2006 年起，在撤诉的案件中，当事人主动撤诉的案件竟然占到了 90% 以上，也就是说，只有不到 10% 的案件是在被告撤销或者改变具体行政行为后原告才撤诉的。撤诉率长期居高不下，当事人主动撤诉比例奇高，这不能不让人怀疑产生这样高的撤诉率是否正常。

2.高撤诉率下行政诉讼和解的异化

我们通过调研，发现在行政诉讼和解实践中主要存在如下问题：

（1）法院对撤诉申请的审查流于形式。

根据我国《行政诉讼法》第 51 条规定，原告申请撤诉的，或者被告改变其所做的具体行政行为，原告同意并申请撤诉的，是否准许，由人民法院审查后做出裁定。由于实践中行政诉讼和解是通过撤诉方式结案的，因此人民法院实际上承担了对和解协议合法性进行审查的职责。但是在对法官的问卷调查中，当问到“对于原告申请撤诉，是否遇到过经审查不准许撤诉的案件”时，选择“没有遇到过，也没听说过”选项的比例为 100%，也就是说，受访的 20 名法官无一例外地均选择了同一答案。在座谈中，法官们表示，自己辛辛苦苦动员当事人撤诉了，哪会再裁定不准许撤诉，如果有当事人主动撤诉，减轻了案件压力，更是求之不得。所以，行政诉讼法第 51 条规定实际上被虚置了。

（2）存在损害原告合法权益的情况。

调研发现至少有 20% 的法官认为行政诉讼和解过程中完全可能会出现原告利益受损的情况。我们通过查阅案卷发现一则案例可以说明此问题：

案例一：某市220KV乐园变电站由电力建设工程有限公司中标承建，该公司又把基建项目分包给建筑安装公司。2006年9月8日18时左右，第三人刘某在该工地上从事石头作业时不慎被铁片击伤左眼，经诊断为左眼球穿通伤。刘某向市劳动和社会保障局申请工伤认定，市劳动和社会保障局认为，刘某是黄某雇来打磨石料以使自己卖的石料符合建筑安装公司的要求，所以建筑安装公司与刘某没有劳动关系，对刘某的申请不予受理。市政府复议认为双方存在事实劳动关系，撤销了市劳动和社会保障局不予受理的决定，建筑安装公司不服，向人民法院提起诉讼。法院在审理本案过程中，多次与建筑安装公司沟通，希望该公司本着体恤弱势群体的理念，承担企业应有的社会责任，最终，建筑安装公司给予刘某一次性补偿金共计6万元。

从本案已经查明的事实来看，没有充分证据证明刘某与建筑安装公司存在事实劳动关系，市劳动和社会保障局不受理刘某的工伤认定申请在法律上并无不当。虽然案件当事人对和解结果满意，但不得不说，建筑安装公司作为原告在法律上可以不作任何补偿，该公司支付给第三人刘某6万元的补偿，等于承担了不应有的义务，事实上对其利益有所减损。

此外，当问到“当事人对于和解协议的履行情况如何”时，选择“双方都能自动履行”的比例为100%，这说明笔者所在地法治环境较好，但据笔者了解，也存在有的地方行政机关不履行和解协议导致原告利益无法实现的情况。

(3) 存在损害公共利益、第三人利益的情况。

实践中，法院通常的态度是只要和解的结果能够使原告利益或者诉求得到实现，都会准许原告撤诉，而不再审查改变后的行政行为是否合法，是否会损害公共利益、第三人利益。笔者也查阅到了相关案例：

案例二：交通大队以妨碍交通为由对刁某处以200元罚款，刁某认为自己当时与另一汽车发生碰撞，正在等待保险公司前来处理事故，无法挪动车辆，以妨碍交通为由罚款不当，于是向法院起诉。法院受理案件后，主审法官联系了交通大队，告知该大队是当年第一次当被告，如果能够与刁某和解，那么就可以实现全年不当被告的目标。交通大队接受了法院的建议，与刁某达成了和解，案件以王某撤诉告终。

本案中，交通大队作为公共交通秩序的维护者，代表的是公共利益，对王某进行处罚也是为了维护公共交通秩序。本案是否如王某所说以及王某是否应受到行政处罚，需要经过法院实体审理后才能确定。交通大队通过改变具体行政行为，换取原告的撤诉，是为了达到全年不当被告的目标，这种无原则的让步和妥协显然是对公共利益的损害。

案例三：王某（案件第三人）2008年在某公司从事木工作业时，不慎被锯伤左手手指，劳动和社会保障局进行调查后，于2008年12月15日做出〔2008〕1384号《工伤认定决定书》。该公司认为与王某之间不存在劳动关系，请求法院撤销工伤认定书。法院经审查后认为，〔2008〕1384号《工伤认定决定书》是合法的。当得知诉讼结果可能不利时，该公司同意参照工伤赔偿标准一次性向劳动者支付赔偿金。而王某经过考虑，原则上同意公司的协调方案，但双方在赔偿数额上争执不下。按照工伤赔偿标准，王某可以得到4万多元的赔偿金。公司提出，受到金融危机的影响，经营举步维艰，随时可能倒闭，如果一次性支付的话，只能承担2.5万元。王某当时急需资金治疗手伤，又担心公司倒闭，最终和公司签订了赔偿协议。

本案当中，和解并未使第三人王某的利益得到充分的保障。

3.行政诉讼和解异化的原因

上述诸多问题，说明行政诉讼和解已经偏离了正当性的轨道而走向异化，那么这种奇高的和解撤诉率是如何形成的呢？如果将和解的过程看作是一场博弈的话，那么三方的较量决定了和解的结果。

（1）原告的弱势。

原告无疑是三方力量中最弱的一方，在调查中笔者也感受到了原告相当复杂的情绪。当问卷中问到原告撤诉的原因时，有21%的原告选择了“考虑可能遭到行政机关的报复”，当问到原告认为法院动员撤诉的动机和理由时，79% 的原告选择了“帮助处于弱势的原告维护其权益”，14% 的原告选择了“偏袒行政机关，避免判决其败诉”，这说明原告对于自己的弱势地位是有认识的，于是，当问到对于法院动员撤诉持何种态度时，21% 的原告选择了“非常支持”，50% 的原告选择了“支持”，实际上，除了接受，原告已经没有选择。在和解过程中，原告的弱势地位也经常成为法院动员其撤诉的理由：

案例四：工商分局以居间人某公司在代理出售涉案房屋的过程中，未如实向买方和卖方告知有关房屋交易的重要情况，采取欺骗的手段获取房屋差价为由，根据相关规定对某公司科处罚款人民币 15000 元。某公司不服，向法院提起行政诉讼。经审查，主审法官认为工商局的行政处罚决定在实体和程序上均没有问题，故建议永信公司撤回诉讼。建议其撤回诉讼的理由主要有：第一，行政处罚决定的事实、法律适用及程序均无问题，赢得官司的可能性很小；第二，作为中介企业，应当营造与行政机关的良好关系，不要既输了官司，又破坏了和被告的良好关系；第三，假设败诉，这起典型案例可能会由于裁判文书的公开以及媒体报道，而对企业信誉产生负面影响。

本案中，承办法官虽然也从法律上对案件进行了分析，但力劝原告撤诉的主要方法还是抓住原告处于“被管理者”的不平等地位。某公司也坦诚不想与行政机关“结怨”，更不想因此影响公司信誉，可以说法院的说法正切中某公司要害。

(2) 行政机关的强势。

当问到行政机关“不愿意和解的原因”时，38% 的行政机关选择了“有损行政权威”，23% 的行政机关选择了“协调和解等于承认行政行为有问题”，这说明，行政机关对于自己的强势地位也是有认识的，如果行政行为没有问题是不会轻易“低下高贵的头”的。当问到行政机关“作为被告，贵单位是否愿意和解”时，67% 的行政机关选择了“行政行为有不当之处才愿意”，这说明，在相当一部分行政诉讼和解案件中，行政行为的合法性是经不起检验的，为了息事宁人，防止违法行政行为影响自己的“政绩”，行政机关往往会利用自己的强势地位努力与相对人达成和解。在和解过程中，损害原告利益、公共利益或第三人利益的情况也就在所难免。虽然在座谈中并未发现有行政机关胁迫当事人接受和解的案件发生，但是行政机关对于原告的压力是无形的，在法治环境不理想的地方，行政权力的横行依然存在。在行政机关看来，法院是为政府分忧的工具，接受法院的和解建议是给法院“面子”。虽然当地市政府早就出台了关于单位一把手出庭应诉的相关文件，但是一把手的出庭率仍然较低，偶有一把手出庭应诉时，该一把手也会阻止媒体对该事件进行报道，这也说明了行政机关“管理者”的观念还未完全转变。在和解过程中，行政机关经常不配合法院的和解工作，对于重大案件的协调，往往需要政法委牵头，仅靠法院的力量是“请不动”行政机关的。

(3) 法院的无奈。

法官们并未对行政诉讼和解产生多大兴趣，在他们心目中，和解并非解决行政纠纷的首选方式，对于和解的效果也是毁誉参半，当问到“您认为行政诉讼和解的效果如何”时，有 50% 的法官认为“使法院疲于搞和解，案件审判效率并不高，案件质量也不能保证，有些协调和解超出了法律规定的限度，有违反法律规定之嫌”。当问到“您认为法官进行协调和解的动力来自哪里”时，80% 的法官选择了“维护当事人的合法权益”，20% 的法官选择了“司法政策和业务考核的激励”。可见，法官选择和解的初衷还是希望尽可能维护原告的利益，尤其是原告属于农民工等弱势群体时，因为判决往往社会效果不太理想。当然，政策激励的影响也很大，开展协调和解被当地法院作为“服务大局”、实施“大调解”的重要方式加以提倡，在 2010 年度广东省法院排头兵达标竞赛活动中，行政案件协调和解撤诉率被作为衡量各地法院行政审判工作质量的一项考核指标，目标值为 30%，这个目标值对于中级人民法院的行政审判庭来说压力较大，因为中级人民法院受理二审案件居多，和解成功的可能性相对较小。在协调和解过程中，法院经常处于非常尴尬的境地，用一位参加座谈的法官的话来讲就是“里外不是人”，一则案件的和解过程能说

明此问题:

案例五：某市国土局做出的《城中旧村房地产权及附属物补偿核定表》中产权人（共有人）一栏记载为鲍某、陈甲和陈乙。该表经2016年4月28日及2016年7月12日两次重大变动后，产权人变为鲍某、陈甲、陈乙、陈丙。陈乙对上述改动不服，先后两次提起行政诉讼。经法院调查，本案的起因表面在于陈乙对国土局做出的产权确认不服，实质则在于陈乙的兄弟姐妹之间对于房屋补偿权益分割存有异议，也就是说案件本质上属于家庭内部财产纠纷。经过法院多次沟通，陈乙及其家人对房屋补偿权益达成了一致意见，并签订了相关协议，市国土局据此确定了房屋补偿权益人，市房地产登记中心也相应地根据核定表等资料文件，为陈乙等人办理了房屋产权证。

在本案协调过程中，主审法官首先要向陈乙及其家人做思想工作，因其兄弟姐妹之间对财产存在争议，法官必须反复沟通联络，和解难度非常大，而且经常被误解。同时，法官还要与国土局、房地产登记中心等部门联系，由于作为被告代理人出庭的经常是行政机关的普通工作人员，加上法官的“行政级别”较低，法官很难与行政机关的一把手直接沟通，即使法官亲自到行政机关也很难见到单位一把手。法官的初衷是为双方当事人解决纠纷，而原告则认为法官“没安好心”，被告也认为自己是给法院“帮忙”，司法的公信力和权威均无从谈起，一个案件的成功和解，需要法官付出巨大的努力。

在调研过程中，我们获知广东省法院2011年度排头兵达标竞赛活动方案出台，其中的竞赛活动考核指标发生了明显变化，除了将行政赔偿案件作为可调解案件纳入调解率指标进行考核外，不再为行政诉讼案件协调和解工作设立考核指标。这一现象表明，广东高院对于行政案件协调和解工作有了重新认识和定位。方案下发后，某市的中院行政庭在一周内迅速将本年度已收的十余宗未结案件合议完毕，并陆续下判，审判效率明显提高。

四、走向重构：当代中国行政诉讼和解的法治化道路

通过以上分析，对于当前我国行政诉讼和解的现状可以得出两点基本结论：第一，行政诉讼和解是和谐理念及相关司法政策的产物，理念倡导的成分多于制度建设。这导致了人民法院在对行政案件进行协调和解的过程中并没有统一的法律规范，做法也多种多样，表现为典型的“四个没有”：“一是它没有统一的法律依据；二是它没有统一的范围；三是它没有统一的程序规则；四是它没有统一的解决方法。”虽然人民法院对行政诉讼和解机制进行了积极的探索，但是这些机制却暴露出了诸多法律上的缺陷，而且在现有的体制和法律制度下，这些缺陷是无法克服与调和的。第二，行政诉讼和解并未提升法院解决纠纷的能力，而且在实践中出现了以非正常撤诉为主要表现的和解异化。在法律规则缺位，行政权力制约缺乏，司法资源有限，法院权威缺失的背景下，被寄予厚望并作为审判方式改革重要步骤的行政诉讼协调和解机制并未带来诉讼指标的总体好转，在政策的激励下，人民法院的协调和解片面追求撤诉率导致了对行政行为的监督流于形式，相对人的合法权益难以得到有效保障，公共利益、第三人利益往往被忽略。在这样的困境下，当代中国行政诉讼和解的出路在哪里呢？

（一）重构正当性：行政诉讼和解法治化的基础

严格来说，行政诉讼和解在我国充其量是一种生发于司法实践中的解决纠纷的方式和司法现象而非法律制度，它的产生并未遵循通常先有理论基础再有制度构建的方式，作为一种法律现象它是先于理论而存在的，其产生和运转均是基于现实层面的需要。在构建和谐社会的背景下，将行政诉讼和解作为解决纠纷的有效方式，以充分发挥其在化解社会矛盾中的作用无疑是正确的选择。但是，从本章的实证调研中可知，行政诉讼和解在化解社会矛盾、解决行政纠纷的同时，也存在着诸多弊端和异化的表现。这似乎是一个矛盾，当然也是行政诉讼和解制度在我国存在和发展必须要面临和解决的问题。本章认为，如果某事物在一定社会

条件下具有存在的合理性和必要性，或者说合目的性和合规律性，就可以认为其具有正当性，当然，这种必要性和合理性并不是无限的，如果该事物的发展变化超越了限度，就会背离历史发展的规律而走向反面或倒退，但是这并不意味着对该事物的绝对否定，只需将其发展变化控制在正当性范围内，合理把握其存在的空间与适用的领域，并以正当性为根据纠正其偏差，就可以保证其继续按照自身规律向前发展，这也是事物发展中波浪式前进和螺旋式上升规律的体现。

行政诉讼和解的发展同样遵循这一规律，而解决上述矛盾的有效方式便是首先从理论层面和现实层面探寻行政诉讼和解存在的正当性究竟为何，只有首先证成行政诉讼和解的正当性，才能为研究如何实现其法治化奠定基础，因为不具有正当性的制度就不会存在法治化的问题。重构行政诉讼和解的正当性一方面为行政诉讼和解的存在和发展提供了根据，另一方面也为分析行政诉讼和解在实际运行过程中存在的偏差提供了标尺，并为通过相关的制度设计建立相应的纠正和预防措施，控制和维持行政诉讼和解在良性发展的轨道上运行界定了限度。例如，对于一些通过判决无法取得良好社会效果的案件，采取和解的方式更有利于从根本上解决纠纷，这就构成了行政诉讼和解的正当性表现。然而，在和解过程中，如果行政机关为了使相对人息诉罢访而违反法律的规定给予其一定利益（如违法发放许可证），行政机关给付行为的违法性就会使和解超越作为纠纷解决机制的正当性限度。为了充分发挥行政诉讼和解解决纠纷的功能，同时又避免行政机关做出违法行政行为，就应当在行政诉讼和解中设置“处分权”要件作为对和解正当性的保障，使行政诉讼和解有效发挥解决纠纷的功能。因此，研究行政诉讼和解的首要任务就是透过行政诉讼和解的实践，为其寻找存在的正当性，而这种正当性并非仅仅是一个化解社会矛盾和纠纷的问题，更是一个涉及理论与现实多方面思考的正当性体系的寻求。也只有具有了正当性基础，行政诉讼和解制度才能成为符合法治要求的良法。

(二)重构和解模式：行政诉讼和解形式法治化的基本结构

1.形式法治理论的界定

这里所说的形式法治并不是指“法治就是法律的统治，而不是人的统治”，“只要法律得到严格的实施，就是法治，而不管它们是什么样的法律”，“法治是一个形式性的概念，与法律的实质内容没有必然的联系”，而是在“二战”后由富勒明确阐释并经拉兹、菲尼斯、萨默斯等思想家不断发展的形式法治理论。按照形式法治理论，法治是法律所固有的美德，这种美德表现为法律体系在法律上达到的一种良好状态，例如法不溯及既往，法律规则要公布，法律规则是明确、彼此协调和稳定的等；法治是一套形式化或程序化的法律原则，并不包括实体化的法律原则，“这套原则仅仅设定了所有法律在形式或程序上应达到的标准，而不干涉各项法律处理问题的实体价值取向”，它所内含的形式上或程序上的正义标准(如法律平等地适用于所有人的原则)能够预防或阻止某些实体上不正义的法律或法律行为的出现，因为如果当权者制定了不合理的法律，他们也要受这种法律的约束；法治是以上述原则为核心建立起来的制度，“一种人们能够据以规划其长久生活、因而使人类生活变得可以预见和可以控制的制度框架”；法治是区别于人治、德治，并以形式化或程序化的法律原则以及体现这些原则要求的法律制度为基础的社会治理模式。

2.形式法治在当下中国语境乃当务之急

经历了近四十年的改革开放，我国的法治建设方兴未艾，从中国当下的语境看，法治建设仍是最为紧迫的任务。在改革开放之初邓小平同志提出的“有法可依，有法必依，执法必严，违法必究”这一形式化法治主张的引导下，我国的法治建设轨迹就是按照形式法治理论者强调的形式性、程序性制度安排，为各种社会问题纳入法制轨道思考和处理创制了制度条件，为法律所追求的实体目标的实现提供了制度保障，防止了治理国家的理想规划由于缺乏切实可行的制度安排和措施而变成空洞的意识形态或政治承诺。在当下中国，各界仁人志士为民族振兴、国家富强出谋划策，法治建设过程中也并不乏对于现代法律的实体性价值、理念的设计与论证，例如以人为本、契约自由、私法自治等，而且像“尊重和保障人权”这种体现现代法治精神的理念和原则亦被写入了神圣的宪法，这不能不令人鼓舞和兴奋。但是，如果没有形式性或程序性的制度体系来建构法治，那么这些实体性的价值、理念和原则就容易变成缺乏载体的法律口号与标语。虽然形式法治没有轰轰烈烈的理想与口号，但是脚踏实地地解决中国法治建设过程中的实际问题要比单纯对法治理想的鼓吹更能树立人们对于法治的信心。

3.形式法治与行政诉讼和解制度的模式重构

在当代中国，随着社会的快速发展而不断增多的行政争议给社会和谐造成了不利影响，在行政诉讼中建立促进当事人之间协调一致、及时解决行政争议、促进官民和谐的纠纷解决机制，是构建和谐社会的必然要求。而和谐社会的根本保证，应当是制度的公正与完善，如果对行政诉讼协调和解机制的探索没有以制度的完善为前提，那么它充其量只能是一种缺乏法律根基的司法现象或司法指导行为。在行政诉讼中，人民法院积极推进的以原告撤诉的名义结案促成当事人之间达成和解的审判方式，被学者归结为行政诉讼和解的“撤诉模式”。但是从法治的意义上来看，由于这种所谓的“撤诉模式”并没有实在法上的明确依据，其实反映了人民法院在行政诉讼和解的法律依据缺失情况下的无奈，这种做法不仅与我国《行政诉讼法》第50条“不适用调解”的规定以及第51条关于撤诉的规定的立法本意相抵触，而且由人民法院进行协调和解机制的探索，违背了“司法部门既无强制，又无意志，而只有判断”的界限，有违“法律保留”原则之嫌，因而只能以“行政审判协调”为名，在“犹抱琵琶半遮面”的状态下进行。同时，由于行政诉讼协调和解机制是理念指导下的产物，有些做法游离于法律规范之外，经不起法学理论上的推敲，虽然各地法院对协调和解的方式、程序等方面做了诸多设计安排，但是也无法从制度上克服“撤诉模式”的理论困境，即撤诉模式的效力安排需要借助当事人之间实际存在合意，但是这种合意有没有确定的法律形式予以安排和表达。因此，与其让司法实践中创造的“撤诉模式”长期游离于法治之外，不如顺应实践的需要，在修改和完善行政诉讼法的基础上，在行政诉讼中建立起表现为“契约模式”的经典意义上的行政诉讼和解制度，不但将行政诉讼和解纳入了法治化的轨道，而且也可以有效解决“撤诉模式”的困境。不可否认，“契约模式”的构建实际上意味着对既往所谓“撤诉模式”的扬弃，需要成熟的行政与司法制度作为保障，但在明确行政诉讼和解法治化的基本结构之后，这些自然就成为行政诉讼和解法治化的发展目标。

（三）重构制度体系：行政诉讼和解实质法治化的理想愿景

1.作为终极法治观念的实质法治观

法治的内涵不能仅仅停留在形式法治的范畴，法治的构成不但包括一系列的形式要件，还应包括一定的实质条件，缺少一定的实质条件，法治将无从实行，即使实行了也不能长久。关于实质法治的最早论述见于亚里士多德的《政治学》，在该书中他对法治的理想状态做出了经典表述：“法治应包含两重意义：已成立的法律获得普遍的服从，而大家所服从的法律又应该是制订得良好的法律。”而所谓的良法，亚里士多德认为是“促成全邦人民都近于正义和善德的制度”。继承了洛克自由主义法治观的哈耶克也对法律的实质内容给予了关注，把法治与人权紧密联系在一起。哈耶克认为，法治不是一条规则，而是一个政治理想。法治是指所有法律必须依从于某些原则，即关于法律应该是什么的原则，法律应该保护个人的私领域不受政府公权力的侵犯。在1959年国际法学家会议上通过的《德里宣言》也集中阐述了实质法治论的观点。该《宣言》把法治界定为“不仅被用来保障和促进公民个人的民事和政治权利，而且要创造社会的、经济的、教育的和文化的条件，使个人的合法愿望和尊严能够在这样的条件下实现”。在当代中国的法治建设进程中，人们呼唤的法治不仅仅是“对秩序的呼唤”，“一种深刻的渴求，渴求社会生活的规则有序”，而是不但注重形式性秩序而且注重实质内容的法治。“我国法治建设的目标不仅是通过完善一套形式性的法律制度以规范和维护社会秩序，而且是通过这套制度以推进国家生活中的民主建设和社会生活中的人权建设，不仅要加强立法、执法和司法等环节，而且要把法律制度建立在不断扩大的民主和人权基础之上，为人们所认可、接受和满意”。也就是说，我国所选择和发展的法治不仅仅是形式法治，更是实质法治，实质法治观应当是法治建设所追求的终极法治观念。

2.实质法治观下行政诉讼和解制度的完善

在形式法治观下，对规则之治的需求使得摒弃行政诉讼和解的“撤诉模式”，并以“契约模式”为目标从法律上建立行政诉讼和解制度成为当务之急，这对于增强行政法在实践上的可操作性不无裨益，然而仅有形式上的法治是不够的，“现代行政法必须具有多重的特殊性质，既是授予行政以权限的法，又是规范（或者制约，但不是单纯抑制）行政权限行使的法；既是使行政的权限正当化的法，又是对既存的行政活动设置范围的法；既是使行政现实的活动正当化的法，又是设定行政应当发挥的全部作用或者功能的法”。因此，在实质法治观下，体现现代行政法治要求的行政诉讼和解制度的价值理念、法律原则与实质规则成为思考的内容，整体行政法治环境的改善成为行政诉讼和解法治化的理想追求。具体来讲，首先应当使行政诉讼和解制度建立在一定的理论基础范畴之上，并且努力使这些理论能够与既存的经典法学理论实现“无缝对接”，融入和发展既存法学理论，从而使行政诉讼和解制度的构建有一个基本的、自治的理论体系为依托。在这一层面上，诸如行政诉讼和解的性质、价值选择、基本原则等都是需要关注的问题。其次，在理论基本范畴的指引下，应当关注行政诉讼和解的具体制度安排与设计，包括实体法上相关制度的完善和程序法上和解程序的构思。在这里，行政诉讼和解的原则、实体法和程序法上的成立要件、行政诉讼和解的阶段、步骤、形式、效力以及行政诉讼和解瑕疵的救济等问题不仅要实现逻辑规则上的圆满，而且在这些制度的价值取向上也应当与实质法治观的追求一致。同时，由于行政诉讼和解制度并非孤立的，而是与相关的实体和诉讼程序制度相联系，其良好运行离不开相关法律制度的完善，因此，与行政诉讼和解相关的配套制度也应当被纳入实质法治化的行列，尤其要结合中国国情针对如何避免实践中行政诉讼和解的异化提出切实可行的对策。再次，在司法实践中存在的行政诉讼和解之异化除了制度缺失的原因外，更深层次地在于宏观法治环境的不理想。行政诉讼和解制度的有效运行，离不开整体法治环境的改善，从长远来看，这构成了行政诉讼和解法治化的发展源泉和根本保证，也为法治理想的实现明确了努力的目标和方向。

综上，当代中国行政诉讼和解的实证现状与问题已经引出，而这也为本章的研究提供了基础和素材。从当前中国法治建设的实际出发，以多方位寻求行政诉讼和解正当性为根基，以发展和完善行政法学研究理论成果为依托，以甄别和借鉴境外先进制度为补充，以大胆假设、小心求证为方法，实现中国行政诉讼和解制度法治化进路的构思与设想，将在下文中一一展开。

第二节　行政诉讼和解的正当性证成

在人类社会中，正当性的追问是一个永恒的话题。本章所研究的行政诉讼和解，是一种人为构建的法律制度，其存在必然会产生正当性问题。“简而言之，正当性就是经过神学、宗教、道德、哲学等论证取得的价值合理性与经过社会认可、经验证实而获得的现实有效性的统一。”而“证成一个对象就意味着它是审慎而理性的，或者具有道德上的可接受性”。“没有评价，法律寸步难行”强调的正是任何制度都应当为自己的正当性辩护，通过一定的方法证成自身存在的正当性。就行政诉讼和解制度来看，证成正当性不仅是为其存在提供根据、奠定法治化的基础，更是对行政诉讼和解制度的价值、目的与功能的定位和作用范围的限定，以及对行政诉讼和解偏离正当性走向异化的预防。

根据美国政治学家戴维·施密茨的观点，当代政治哲学中有两种证成方法：一种是“目的的证成”，另一种是“发生的证成”。根据这一观点，证成行政诉讼和解正当性的“目的进路”所追问的是为什么需要行政诉讼和解制度，为什么行政诉讼和解制度是应当的，换言之，行政诉讼和解制度“作为一个工具或者手段能为公民提供什么样的好处和效用”。而“发生的进路”所追问的问题是为什么行政诉讼和解制度是适当的，或者行政诉讼和解是如何产生的又为什么会产生，是否符合人类行为规律和社会发展规律。本章认为，这两种证成方法在实践中难以划分明确的界限，说到底实际上就是从行政诉讼合理性和必要性或者说“合目的性及合规律性”来说明行政诉讼和解的正当性。而这种说明可以从多学科、多角度、多层面展开。这是因为，“给予法律制度生命和真实性的是外面的社会世界。法律制度不是隔绝的、孤立的，它完全靠外界的输入”，正是有了不同学科理论提供的源源活水，法律制度才得以产生、发展。

一、顺应中国社会结构变迁的发展趋势

行政诉讼和解涉及国家权力与个人权利在行政诉讼领域的划分，而国家与社会二元化的发展演变为国家权力与个人权利在现代社会纠纷解决机制中的划分提供了根据。随着国家与社会权力的划分，国家对社会的管理也不再独断，契约关系开始取代身份关系，“虽然我们还不能说契约已占主导地位，身份的作用已经消失，但历史发展的趋势已经是从身份社会走向契约社会”。

（一）国家与社会的二元化

1.政治国家与市民社会的分离

二元论的世界观是西方社会哲学研究中典型的思维方式。在二元世界观的支配下，国家权力与个人权利之间的冲突与整合，表现为政治国家与市民社会的二元对立与相互关系的发展演变。国家与社会二元论的前身是市民社会理论。“市民社会”的概念早在古希腊时期就由亚里士多德在其《政治学》一书中首先提出，而将市民社会与政治国家相分离的

则是黑格尔，并由马克思予以全面阐释和发展。黑格尔认为市民社会是“各个成员作为独立的单个人的联合，因而也就是在形式普遍性中的联合，这种联合是通过成员的需要，通过保障人身和财产的法律制度和通过维护他们特殊利益和公共利益的外部秩序而建立起来的”，并指出了国家对市民社会干预的界限。马克思认为，“物质生活的生产方式制约着整个社会生活、政治生活和精神生活的过程”。因此，对于市民社会与政治国家之间关系的演变也应当从社会经济形态的发展中来寻求，虽然二者在逻辑上是分离的，但是这并不意味着在现实生活中是始终分离的。正如马克思所言，“中世纪存在过农奴、封建庄园、手工业行会、学者协会，等等，也就是说，在中世纪，财产、商业、社会团体和每一个人都有政治性质；在这里，国家的物质内容是由国家的形式决定的，在这里一切私人领域都有政治性质，或者都是政治领域，换句话说，政治也是私人领域的特性。在中世纪，政治制度就是私有财产的制度，但这只是因为私有财产的制度就是政治制度。在中世纪，人民的生活和国家的生活是统一的”。也就是说，“在前资本主义社会，市民社会创造国家之时即反过来被政治国家所制约，实现了二者的异化和统一，并表现为人治专权、自足经济和宗教权威的统治”，市民社会与政治国家在现实领域是融合的，市民社会被淹没在国家之中。市民社会与政治国家在现实中的分离是在资本主义市场经济发展的基础上，随着文化上的文艺复兴，政治上的宗教改革和资产阶级革命是在资产阶级国家建立后才实现的。

2.国家权力与公民权利界限并非一成不变

在市民社会与政治国家分离的同时，人民根据三权分立原则对国家权力与公民权利的界限进行了划分，使市民社会成为相对独立于国家的自治领域。虽然这种界限划分经历了警察国家时代、市民法治国时代和社会法治国时代三个不同发展阶段的多次调整与平衡，但是限制国家权力的行使范围，对公民权利的领地进行保护，始终是市民社会与政治国家分离的重要理由与内涵，而三个不同时代中国家权力与公民权利的划分也证明了二者的界限并非一成不变。因此，法律尤其是行政法作为界定市民社会与政治国家二者权利领域的界碑，在控制行政权力，防止行政越权的同时，其价值与功能的定位也应当随着国家政治、经济和社会的发展进行必要的调整，“主要之方向，在于机动、灵活、效率效能、事前参与、善用社会力量、强调不同团体之间的沟通整合、国际化、自由化（或可称为法令松绑、解除不必要之管制），而且包括立法面、执行面或甚至司法面”，使国家权力从长期居于政治社会生活的主导地位，转向必要的姿态谦抑与合理的权力让渡，使市民社会的人们可以更多地通过诸如协商、对话等更为缓和的形式解决纠纷，以达到一定程度的自治，实现社会秩序的稳定。

3.行政诉讼和解是行政诉讼中公民权利扩大的表现

随着我国改革开放以来传统计划经济体制和相应的社会单位、身份制度逐渐解体，国家和社会生活一体化的格局开始松动，在社会主义市场经济的推动下，市民社会和政治国家二元对立的格局也开始出现。长期以来政治国家过于强大，市民社会极度萎缩的局面为市民社会的兴起和公民权利意识的增强所取代，利益的分化和社会纠纷主体的多元化使人们认识到公正的实现并非只有国家的强制干预与判断一种方式，纠纷的解决机制应当是民主的、多元的。而行政诉讼和解就是适应市民社会的兴起和公民权利意识觉醒的一种纠纷解决机制。一方面，行政机关不再认为自己是拥有高权的社会管理者，而是将自己与相对人都看作是具有不同利益的、在一定范围内可以讨价还价的权利主体，双方完全可以通过谈判、沟通的方式进行利益的博弈与平衡，使双方都能够通过更便捷、低廉的方式满足利益的需求；另一方面，司法程序的周期长、程序复杂，以及其越来越明显的专业化趋势已经无法满足人们日益增长的多元利益需求，司法机关应顺势而为，让当事人在真相与权益之间自行做出权衡，预防传统的过于刚性的司法裁判造成的两败俱伤的局面；再者，其符合了赋予公民更多纠纷解决自主权，扩大公民权利在行政诉讼中行使范围的现实需求。因此，行政诉讼和解实际上体现了行政诉讼中行政机关和司法机关这两个公权力主体对公民权利的尊重与适度让步，有利于达致国家权力与公民权利双赢的局面。当然，这种让步也仅局限在正当性的限度之内，过度的让步则会使和解走向异化。

（二）公权与私权关系之契约化

1.刑事司法程序中的合意

契约意味着合意，和解作为人们解决纠纷而达成的合意，普遍适用于民事纠纷的解决过程中。刑事诉讼中的和解根据法律规定只能适用于自诉案件和附带民事诉讼，公诉案件则禁止和解。然而，在司法实践中，以和解解决刑事纠纷的方式却早就以不同形式存在了。当刑事案件的加害人和被害人以协商合作的方式通过赔偿、道歉等手段达成谅解后，有关国家机关就不再追究加害人的刑事责任，或者会对加害人从轻处罚。从世界范围来看，20 世纪 70 年代以来，刑事和解的实践就开始盛行。例如，美国印第安纳州的厄克哈特市在 1978 年建立了被害人与加害人和解计划（Victim-Offender reconciliation Program），自此，该和解计划迅速传遍了整个美国和欧洲，目前，美国已有数百个被害人与加害人和解计划；20 世纪 90 年代，法国出现了“和解普遍化运动”。2000 年以来，我国各地实务部门逐渐开始了构建刑事和解制度的尝试。例如，2002 年北京市朝阳区检察院制定了《轻伤害案件处理程序实施规则（试行）》，许多刑事案件以和解方式得到妥善处理，在社会上引起了极大的反响和学界的关注。

案例六：2001 年暑假期间，江西省万安县某高中的七名高三学生在他人唆使下，参与了数起抢劫、盗窃等犯罪活动，获得赃款 5000 多元。当时，这七名学生均在学校参加暑期补课，准备参加高考。案发后，七名高中生主动投案自首，退赔赃款，赔偿了受害人的损失，并且获得了受害人谅解。于是，检察机关对他们做出了暂缓起诉的决定。后来，七人中有三人顺利考上大学。在暂缓起诉期间，检察机关做出了不起诉的决定。

尽管这样的案例并不符合现行法律的规定，却有着一定的现实基础，并包含着纠纷各方的合意以及公权力机关的妥协。此外，在刑事司法中还存在辩诉交易制度。辩诉交易制度是美国刑事司法制度中的一项典型制度，并且在不少国家的刑事诉讼法中都有规定。“辩诉交易是指刑事被告人就较轻罪名或者数项指控中的一项或几项做出有罪答辩，以换取检察官的某种让步，通常是获得较轻的判决或者撤销其他指控的情况下，检察官和被告人之间经过协商达成的协议。”同样在2000年以来，我国法学界开展了借鉴辩诉交易程序可行性的研讨，在司法实践中，司法机关也开始了积极的探索与尝试。2002年8月，黑龙江省牡丹江市铁路运输法院迈出了中国辩诉交易的第一步。

案例七：被告人孟广虎因开车争抢道路与被害人王玉杰发生争执，孟广虎遂纠集同伙，在斗殴中导致王玉杰重伤。公诉机关以孟广虎犯故意伤害罪向牡丹江铁路运输法院提起公诉，由于该案中除孟广虎外其他案犯在逃，无法确定被害人的重伤是何人所为，因此，尽管孟广虎对伤害后果认可，但仍提出事实不清的意见。辩护律师在征得孟广虎同意后，向公诉机关提出辩诉交易申请。经控辩双方达成协议后，由公诉机关向法院提出申请，法院对双方的协议进行审查后，当庭予以确认，并根据刑法规定，以故意伤害罪判处被告人孟广虎有期徒刑3年缓刑3年，并向被害人道歉，赔偿被害人各种费用4万元。此案从开庭到宣判仅用了25分钟。

由此可知，辩诉交易虽然在我国法律中没有明文规定，但已经为我国刑事诉讼实践所承认与吸纳，而且在这起案件中也体现了公诉机关对其职权的处分。对于检察权的性质虽然存在争议，但多数学者认为其属于行政权的范畴。既然行政权力在公权力色彩浓重、对抗性强烈的刑事诉讼中进行处分、参与和解具有可行性，那么在公权力色彩和对抗性相对较弱的行政诉讼中和解更应当具有可行性。

从传统刑事法理论中来看，公权和私权是严格区分的，而刑事和解与辩诉交易则动摇了国家对刑事案件专有的处理权，使原本垄断公诉案件的公权力受到了挑战。但是，从历史的角度来观察，公权力对刑事案件的垄断并不是从来就有的，“在法律学幼年时代，公民赖以保护使不受强暴和欺诈的，不是‘犯罪法’，而是‘侵权行为法’”，只有在随着人类社会的发展，国家逐渐强大起来以后，也就是当不法行为被视为对国家和社会利益损害的时候，侵权行为才与犯罪行为分野，从而使得一些过错行为作为侵权由私人起诉，另一些作为犯罪由国家提起公诉。这就产生了应当如何对犯罪和侵权行为进行区分的问题。虽然刑法理论中存在犯罪构成理论，但是大多数侵权行为实际上也符合犯罪的四个构成要件，犯罪构成理论并没有为犯罪和侵权行为提供理论上的区分标准。实际上，复仇、和解等解决纠纷的方式被禁止和国家刑罚制度的确立源于统治者认识到强制性、垄断性的公权力对于秩序、财产的保护作用。虽然历经数百年后侵权行为和犯罪行为之间已经完成了分离，但是许多犯罪行为仍然首先属于侵权行为。也就是说，公权力对于刑事案件的垄断是随着国家机器的日益强大和完备及其对于维护统治的需要而形成的，国家并非天然地享有对犯罪行为的处置权。随着社会文明的进步，国家和公民都意识到公权力的权威不在于强制性手段的运用和实施，而在于“政治的和文明的协商、讨论和妥协艺术获得了运用”，“秩序是协商而定的，而非通过服从赢得的”，公权力的要义已经不仅在于强制，更在于人们的信服与遵守。

2.服务行政与契约精神

(1) 行政模式的转变与非强制性行政行为的兴起。行政权作为公权力的一种，在近代以前的社会形态中是作为专制统治的工具存在的，这一时期的行政也被称为统治型行政。在统治型行政模式下，社会的行政与政治不分，行政权居于国家生活的重心地位，行政权的本质在于维护王权的统治，目的在于维护既存的统治秩序，与此相适应，统治者为了维护社会基本的统治秩序，主要依靠高成本、高代价的暴力和强制性的行为方式来增强自身的统治力。而当统治者认识到强制力对于统治的重要性之后，被统治者的意志和利益就成为公权力意志下的附属品，要公权力主动与私权利妥协仿佛是天方夜谭。随着整个人类社会迈向近代社会，行政权力从政治权力中分离出来，行政模式也从统治型向管理型转变。在管理型行政模式下，法律获得了正统地位，行政权力被限制在法律规定范围内，“依法行政”被理解为消极的依法管理，如果行政机关对行政权力任意处分，似乎将是对国家社会和人民的灾难。在这种情况下，政府承担的是“守夜人”的角色，政府的作用主要表现为对人民发号施令、实施强制，高权行政大行其道，行政机关以“便于管理”为原则，以“命令”和“强制”为手段，凭借单方意志支配相对人的行为，政府与公民之间的关系表现为命令与服从关系，几乎不存在合作与协商。可见，在管理模式下，行政权力虽然有限，但是依然以强制性为特征，以管理为本质，依然没有走下神坛，低下高贵的头颅。

20世纪50年代以来，随着现代市场经济的发展，政府的行政管理职能全面扩展，政府在增加就业、改善公共设施、促进社会公平等方面发挥着越来越积极的作用，而人们对于政府的依赖也日益增强，对权利和自由、平等的追求从经济领域向政治、文化等社会领域全面扩张。在这种趋势下，机械地依法行政理念已经无法适应不断增长的人们对政府社会管理职能的需求，单方性的高权行政已经无法完成社会管理的任务，积极主动地为公民提供服务成为现代行政的必然要求，让作为被服务对象的公民满意成为政府的工作目标，一种新型的服务行政模式也随之诞生。在服务型行政模式下，政府的权威不再基于权力，而是来自于公民的满意和令人信服，政府奉行权力本位已经没有必要，政府与公民之间建立的是新型合作关系，行政行为成为行政机关在公民的参与下所做的一种服务行为，而政府行政行为的方式也从局限于单方性的高权行政向非强制性的建议、指导、协商等方向扩展。于是，在行政模式转变的历史过程中，公权力不可处分的理念已经随着社会经济的发展而失去存在的基础和自身的价值。我国目前正在从计划经济向市场经济转型，这必然要求政府适时转变行政模式、拓展行政行为方式以回应经济体制的改革对政府职能的需求。于是，在《国务院全面推进依法行政实施纲要》中，实现政府的社会管理和公共服务职能基本到位成为建设法治政府的目标，在诸多非强制性行政行为中，能够充分体现行政相对人参与和意思自治的行政契约受到了学界的关注，契约精神也随之被引入行政法中。

(2) 契约精神的引入与高权行政的淡出。

在以支配和服从为特征的传统高权行政下，对于在行政法领域中能否存在契约的问题是持根本否定态度的。但是，随着服务行政的兴起，作为更加柔和、富有弹性的行政手段——行政契约代替传统高权行政应运而生。不论在英美法系还是大陆法系国家，虽然“二战”以后行政契约已经开始在行政领域得到广泛运用，甚至在行政程序法中对行政契约作了专门规定，但是，这并没有消解理论上能否将契约移植到行政法领域的疑惑。由于在英美法系国家原则上不存在公法和私法的区分，将私人间缔结契约的行为方式引入公共行政中并不存在问题，政府契约上发生的争议也能寻求普通法院的救济。但是在实行公法和私法划分的大陆法系国家，“契约上的平等观念在以支配与服从关系为特征的行政法领域到底能否有生存的空间，却颇成问题”。我国在政府职能转变的过程中也逐渐开始采取合同的方式来完成行政任务，而学者们在讨论行政契约问题时，将行政契约理论作为先验的假设在研究中直接运用，并未对行政契约能否在行政法上成立进行专门论证。在公权力不可处分的理论假设下，传统的高权行政中行政机关和相对人之间是命令和服从的关系，行政权力的强制性决定了行政法律关系的形成是由行政机关的单方意思决定的，而契约的本质是双方的合意，因此在公法领域不存在契约成立的可能性。然而，现代服务行政的出现带来的行政法的发展，为行政契约的成立提供了理论支持。

随着服务行政的发展，高权行政运用的领域大为缩小，学者们对行政契约的思考也逐渐跳出了公法关系必然是命令—服从关系的思维定式，开始认可在公法关系中也存在协商、合意的非权力行为方式。“也就是说，国家在实现行政目的的方式上完全可以是多样化的，这不取决于原有理论是否承认，而取决于有没有这种现实需要以及国家法律有没有规定。”即使是在权力（利）义务不对等的法律关系中，相对人也只在法律规定的范围内有服从的义务，如果政府未经法律授权而不能采取高权行政，为了实现行政目标，自然可以采取与相对人协商的方式通过缔结契约来达致行政目的。甚至有学者认为，“当国家站在优越的意思主体的地位而对付人民的场合，两者间法律关系之形成，亦不是绝对不允许人民参加意见的。当必要时，国家固然可以单方的意思去命令和强制人民，但在事件的性质上没有违反对方的意思而加以命令强制之必要，或违反对方的意思而加以命令强制为不适当时，尊重对方的意思之自由，依同意而构成国家与人民之一定的公法关系，亦当然不能说是违反公法关系的性质”。因此，在公法关系中成立契约是完全可能的。而行政契约在现代服务行政中的引入，意味着行政过程中的强制性色彩逐步淡化，围绕权力支配关系建立的高权行政开始逐渐从公共行政历史的主角转变为配角，带有协商、合作精神的新型公权力观念得以发扬光大。相应地，在行政诉讼中也应当吸收服务行政中的契约精神，在当事人双方地位平等的基础上，充分调动当事人参与解决纠纷的积极性，为当事人在行政诉讼中达成契约建立相关程序制度，增加判决以外的结案方式。

二、符合诉讼经济原则

诉讼经济原则是指以较小的诉讼成本，实现较大的诉讼收益，该原则是由西方经济分析法学派提出的。20世纪60年代以来，经济分析法学首先在美国兴起，进而传到其他西方国家，并逐步形成了以波斯纳为代表的经济分析法学派。在经济分析法学看来，以价值极大化的方式分配和使用资源是法的宗旨，所有法律活动和全部法律制度都是以有效利用自然资源、最大限度增加社会财富为目的，他们主张运用经济学尤其是微观经济学的观点分析和评价法律制度及其功能和效果，从而朝着促进经济效益的目标改革法律制度。经济分析法学产生以后，迅速侵入了几乎所有的法学领域，那些表面上看起来与经济现象并不明显相关的诸如财产法、合同法、侵权法、程序法等部门法都被经济分析法学的集大成者波斯纳运用经济理论和市场经济原理进行了效益分析和评价。随着研究范围的扩大和研究方法从纯分析方法发展为分析和评价并重，经济分析法学的范畴、定理、分析框架和理论体系逐步确立，从而成为理论法学中的一种新学说。经济分析法学的产生源于20世纪50年代以来西方资本主义国家对经济效益政策和社会福利政策选择的困境，它促使西方国家的法学家开始关注和思考法在经济生活中的作用以及因经济生活而产生的法的问题，特别是法与经济效益的关系，这样一来，法律和经济就被紧密地联系在一起了。在我国，随着经济体制改革的深入，法律作为政府宏观调控的重要手段在促进经济发展、实现社会公平与效率方面的作用日益增强，如何使法律为现实服务，最大限度地提高经济效益，成为与经济体制改革相配套的法律制度改革的目标，鉴于这样的任务，我国法学界近年来也开始对经济分析法学进行介绍和研究，对法律进行经济分析的方法也成为学者们研究法律问题的新视角。

在经济分析法学中，“经济人”假设是对法律进行经济分析的基本假设。在经济学说史上，一般认为是由英国经济学家亚当·斯密最早设计并运用了“经济人”假设，而“经济人”概念正式引入经济学是由意大利经济学家维尔弗雷德·帕累托完成的。所谓经济人是指具有利己心的，以追求利益最大化为终极价值追求的主体。经济人的假设强调人依理性行事，认为“所有的人类行为都可以被视为包含着这样的参与者，他们(1)最大化他们的效用，(2)来自一个稳定的偏好集合，(3)在不同市场积聚最佳数量的信息和其他投入”，并且人们的任何一种行为都包含着获取收益和付出成本两个方面，人们选择和不选择什么行为，取决于人们对于该行为成本与收益之间的权衡，如果做一件事情的成本大于收益，人们就不会去做这件事情，反之，人们就会选择这种行为，这就是诉讼经济原则的要求。当然，经济效益原则只是分析人们行为的一个角度，实际上由于人的认知能力的有限性，经济人假设只生活在理论家们虚构的“空中楼阁”里，在现实中，人们往往寻求的不是最优化解，而是满意解。

(一)行政诉讼和解当事人的成本收益分析

分析当事人的行为是否符合诉讼经济原则，是建立在当事人双方博弈的前提下的。事实上，“博弈论来源于一切通过策略进行对抗与合作的人类活动和行动”，任何存在相互对抗或者合作的行为都可以用博弈论的方法进行研究，行政诉讼和解作为行政机关和相对人处理纠纷的活动，需要当事人在诉讼过程中面对冲突的局面做出最佳选择，因而也可以运用博弈论来分析。诉讼是昂贵的，除了直接的法律费用等物质成本支出外，还要消耗当事人的时间和精力，因此，理性的当事人可能会发现和解符合他们的利益，而博弈论则可以对行政诉讼当事人所花费的成本和带来的收益进行分析和评价，从而说明当事人为什么选择和解。

行政诉讼和解可以理解为原告和被告之间的交易，双方都希望通过讨价还价来获得最高的收益，或者经济学意义上的“消费者剩余”。和解的前提是双方都有一个能够接受的价格，如果原告愿意接受的最低价格高于被告愿意支付的最高价格，和解就不会达成，取而代之的则是判决；如果当事人在各自保留的价格之间有一个重叠范围，和解就是可能的。一般情况下，诉讼双方如果对判决的预期都不理想，并且认为诉讼需要的成本很高，双方当事人会选择和解，当然，和解也是要支付成本的，如果和解超越了他们预期的合理价格范围，当事人也不会选择和解。

为了便于对当事人的选择进行分析，这里将当事人通过行政诉讼所争议的人身权、财产权及其他利益统称为收益，并且将这种收益用可量化的金额来代表，在此基础上将当事人对于诉讼的预期分为如下三种情况：

一是原告预期通过判决会获得较多的金额，被告预期会判决较少的金额；二是原告预期通过判决会获得较少的金额，被告预期会判决较大的金额；三是原告和被告对判决金额预期相同。这样一来，原告的诉讼预期净收益就是胜诉判决的金额乘以其预期胜诉的概率然后减去诉讼以及其他相关成本。而被告的预期损失就是其败诉的判决确定的金额乘以预期败诉的概率（或换言之为原告胜诉的概率）再加上诉讼成本，当事人的最低和解价格都取决于他对诉讼的预期如何，并且和解价格将随和解成本而为原告上调和为被告下调。如果用 P 表示判决原告胜诉确定的金额，用 GP 表示原告预期自己胜诉的概率，GD 表示被告预期原告胜诉的概率，

用 LC 表示诉讼成本，用 CC 表示和解成本，并且假设双方当事人都是风险中立，而且案件中的利益、诉讼成本和和解成本都是双方对等的，于是纠纷通过诉讼解决的条件为公式一：

$$GP \times P - LC + CC > GD \times P + LC - CC$$

公式一经推导可变为公式二：

$$(GP - GD) \times P > 2(LC - CC)$$

根据上述公式，在第一种情况下，双方都存在完全乐观的态度，此时原告预期所对应的和解结果是一个较大金额的和解结果，而被告要求一个较小的和解金额，这样的双方预期下就无法形成和解，进而导致诉讼走向判决。第二种情况下，原告和被告都存在相对悲观的态度，如果原告对自己的胜诉概率估计较低，而被告对此概率估计较高，则 $GP - GD$ 为负数，案件就会通过和解解决，也就是说原告预期能够通过判决获得的金额少于被告的预期的话，双方的和解就会变得容易。第三种情况下，原告与被告的诉讼预期相同，则公式二就变成 $CC > LC$，那么，如果实际中的确是预期的和解成本大于预期的诉讼成本，那么双方会选择诉讼，否则相反。也就是说，无论当事人采取诉讼或者和解都能带来相同的价格结果时，当事人的选择会取决于不同方式下预期交易成本的高低。

通过上述分析可知，当事人是否选择和解实际上取决于当事人对诉讼结果的预期以及诉讼成本与和解成本之间的比较。而人们的预期是建立在对信息的获取和分析基础上的，如果诉讼制度可以促进信息流畅传递，例如引入了证据的强制开示制度，当事人的诉讼预期就能够最大限度地趋于一致。在理想状态下，现代诉讼制度设计能够完全保证信息的传递，具有理性经济人属性的当事人是否选择和解的分析就可以简化为诉讼成本与和解成本的比较。一般来讲，行政诉讼案件发生后，不论是行政机关还是行政相对人，都会有较高的成本支出，不仅包括诸如案件受理费、律师费、鉴定费、差旅费等各种物质成本支出，而且还会带来各种隐性物质损失，包括误工损失以及丧失经济、社会活动机会而发生的潜在损失，以及诉讼引起的名誉、待遇上的损失，此外还包括诉讼程序的冗长带来的时间、精力的损失和生理、心理上的压力。程序越复杂，当事人的花费越大。如果当事人选择和解，首先可以有效减少进行正常诉讼所要花费的时间和金钱，节约当事人的物质成本；其次可以迅速缓解双方因为诉讼而产生的精神压力，减轻行政案件对行政机关绩效的影响和相对人对遭到报复的担忧。甚至有时候，和解成本中的物质成本几乎可以忽略，而且随着案件的推进，双方掌握的信息越来越具有共同性，如果双方为了赢得诉讼仍然继续投入更多的诉讼成本，就会导致诉讼成本开始高于和解成本，双方都会得不偿失，理性的经济人这时会停止追加诉讼成本投入并选择和解。由此看来，当事人进行和解的成本要明显低于诉讼成本，和解应当是理性经济人的选择。

(二) 行政诉讼和解的立法与司法成本收益分析

国家作为“经济人”，除了需要在行政诉讼过程中与相对人进行博弈之外，在行政诉讼的立法上是否确立和解制度，在行政诉讼司法程序中是否采用和解程序，也取决于国家在立法和司法过程中对成本和收益的权衡。

1.从哈佛校园草坪上的小路说起

有位学者在哈佛大学做访问学者时说，哈佛给他印象深刻的不是校园的雕塑和传奇的建筑，而是那些穿越在校园草坪上纵横交错的小路。这些小路完全没有美感，把一个偌大的草坪分割成若干不规则的三角形和多边形，而他们恰好是人们想要走的捷径。这些小路为每天穿越草坪，奔走在各个校门和功能楼之间的教授、学者和学生们提供了最大的便利，不仅使他们以最短的时间走完这段必经的路程，还保证了草坪不受践踏。由此联想到国内的一些城市广场前的草坪，虽然每每都有“芳草萋萋、何忍践踏”的提醒，虽然管理部门在草坪的“路口”设置了路障，却无法抗拒人们继续穿越的冲动，这正是因为人们从中获得的收益（节省了时间）大于了自己所付出的成本（踩坏了一些草坪）。

立法与管理草坪的道理相同。如果不考虑实践的需求而将某些行为划入法律禁止的范围，就如同在草坪旁边竖起了禁止通行的警示牌。然而，当人们发现禁止通行的地方正是捷径时，他们就会不理会警示牌而在草坪上走出一条路来，而这条路往往会比已经修好的路更便捷。同样，如果立法的禁止性规定不合理，人们从趋利避害的本能出发，就会做出符合自身利益的规避法律行为。此时，国家不仅要付出一定的成本来惩罚违法者以恢复受损的法律秩序，而且要加大对违法行为的监督，但是这种惩罚和监督往往又不奏效，也就是说不但没有取得什么收益，反而增加了物质和非物质上的各种成本支出。因此，对法律规定的“警示牌”做出适当调整要比恢复受到损害的法律秩序节约成本，也能够获得法律得到普遍尊重和遵守的收益，如果一味地“禁止通行”，只会人为地造就更多的“违法者”。我国司法实践中的“协调和解”实际上就是立法与社会需求相矛盾的表现。

法律对行政诉讼和解的禁止还会导致两种后果，一是破坏当事人之间自行解决纠纷，增加了当事人双方的成本支出和司法成本的支出；二是由于法律禁止诉讼和解，导致实践中已经开展的“协调和解”难以得到审查和规制，既削弱了国家对社会的控制能力，也使得一些因“协调和解”而产生的争议无法解决，从而引发新的纠纷。这样一来，社会控制的总成本就大大增加了，法律实施的净收益也将随之大幅削减。因此，从经济学的角度来看，如果惩罚违反法律禁止性规定的行为的成本超过了惩罚的收益，那么放纵这种违法行为反而会提高整个社会的福利水平，这也成为虽然我国行政诉讼和解于法无据，但是“协调和解”广泛存在的经济原因。从国家的长远利益来看，对行政诉讼和解一律禁止在成本效益分析上是得不偿失的，与其禁止，不如将其纳入法律框架进行引导和规制。当然，如果行政诉讼和解完全由当事人的意志决定，就会脱离国家的控制，使国家维护公共利益的职能受到损害，因此，明确行政诉讼和解的范围也十分重要。

2.有限司法资源的合理配置

司法机关解决纠纷离不开司法资源的投入，司法资源通常来源于国家财政预算的核拨。在一定时期内，国家的司法预算是有限的，如果单位案件消耗的司法资源过多，那么势必会减少法院解决案件的总体数量，影响司法解决纠纷的效益，也就是说，只有最小化单位案件成本才能够最大化总体效益。在行政诉讼中，法院对司法资源的消耗体现为诉讼程序的消耗，“就像任何其他工具一样，程序被看作实现某个目的的过程中发生的一种费用，因此目标就是要最小化该费用。不正确的决定的成本被称作错误成本，而做出决定的成本被称作直接成本”。在诉讼程序中，影响单位案件司法资源消耗的因素主要有：

（1）诉讼周期的长短。司法实践中案件往往从一审程序到二审程序历时数月，久拖不决，消耗了大量司法资源，加大了成本的投入。（2）诉讼程序的繁简。复杂烦琐的诉讼程序必然会增加司法资源的消耗。（3）裁判结果的公正与否。裁判公正会减少当事人的上诉、申诉，从而节约不必要的司法成本。其中，前两项即属于直接成本，而第三项则属于错误成本，诉讼程序的目标就是要最小化直接成本和错误成本之和。

行政诉讼和解以行政机关和相对人合作解决纠纷为前提，和解可以在诉讼的任何阶段进行，不论是在开庭前的证据交换阶段还是在案件的法庭辩论过程中，只要双方达成和解协议，行政诉讼程序即宣告终结，避免了反复庭审，缩短了诉讼周期，自然也节省了不必要的司法成本。同时，由于纠纷解决方案是在双方当事人自愿充分协商的基础上达成的，因而会比判决更容易得到执行，避免了当事人的上诉和申诉，此时司法程序的错误成本几乎是可以忽略的。于是，在社会转型期，法院在面对迅速增长、类型繁多、日趋复杂的行政机关和相对人之间的纠纷时，如果一味坚持僵化严格的司法程序，只会带来司法成本的增长和司法资源的浪费，对于那些矛盾突出、社会影响较大的案件，法院的判决往往容易导致纠纷进一步激化，不仅再次增加了司法资源的投入，而且也无法迅速有效地回复社会管理秩序。如果国家合理地设置了达成和解的司法程序，并根据案件的情况进行合理分流，对适宜和解的案件当事人进行必要的引导，而双方当事人也有意愿来通过协商化解纠纷，那么国家将会以同样的司法成本取得更多的收益，在行政机关和相对人的和解使各自获得了所期望的收益的同时，也节省了国家的司法资源，修复了因纠纷而破坏的社会关系，而这却不是盲目增加司法投入所能达到的。因此，与审判程序相比，行政诉讼和解“是一种重建任何冲突可能打乱的平衡的代价低廉的方式”，只要“有当事者的合意这一绝对的正当化原理作为保障，有‘只要不服就可以不从’这条后路，相应地在程序规定上就有了更大的自由，对解决方案正确性的要求也可以相对降低，从而使费用等代价大幅度削减成为可能”。虽然司法资源的有限性不能成为将纠纷排除在司法保护大门之外的借口，但是，更加灵活、更加经济的司法资源配置方式却应当成为符合我国实际情况的理性选择。

（三）经济人和真实的人

1.有限理性

上述建立在“经济人”假设前提下的成本收益分析只是说明人们如何做出决策和选择的一个角度，实际上，对于经济人所具有的“效用最大化、稳定偏好、理性预期和信息的最优化处理”均存在疑问，真实的人所表现出来的可以说是有限理性。有限理性的思想最早由美国经济学家赫伯特·西蒙提出，指的是人们认知能力并非无限这个明显的事实。当人们在做出决策时往往会发现，由于需要分析的信息量过大或者获取信息的成本过高，要实现效益最大化是不可能的或者做出理性选择的成本是非常高的，如果要将全部的选择一一列出并分析它们的优点和缺点，会消耗大量的时间和其他资源。因此，人们获取和处理信息的能力是有限的，加上决策所面临的环境是不断变化的，导致人们的理性往往是有界限的，所以真实的人不是“经济人”，而是“管理人”。人们只能在相对较窄的范围内，在满足一系列条件的行为中做出最佳选择，这种选择并不是建立在理性基础上的最佳选择，而是建立在人类心理上的“第一满意选择”。从我国行政诉讼的现实情况来看，双方当事人的理性都是有限的。行政机关执法人员的素质参差不齐，行政执法中法律程序意识不强，行政相对人与行政机关相比处于实际的弱势地位，获取信息的能力往往会明显低于行政机关，均说明了双方当事人理性的有限；如果行政诉讼制度本身存在缺陷，也会阻碍信息在当事人之间的传递，而且在诉讼过程中，外部的客观环境处在不断变化之中，对诉讼当事人的选择造成不可避免的影响，所有这些都决定了诉讼当事人只能在有限的信息和计算中，寻求满意的、足够好的解决方案。如果和解是令人满意的，和解就会成为当事人的选择。

2."社会人"

马克思主义的经典作家也十分重视对人的研究，我们可以将其概括为"社会人"的思想。马克思主义认为，人的本质是社会关系的总和，人的本性主要是指人的社会属性，是由其所处的一定社会关系及其地位决定的，分析人性应从一定的社会历史发展阶段出发。马克思主义所研究的人是现实的、社会的、具体的、处在历史发展中的人，相比之下，"经济人"则是虚幻的、先验的、孤立的人，仅有追求财富最大化或满意化的唯一动机，而这种人在现实中是不存在的，也不能说明人的本质特征。同时，马克思主义在人的本质是社会关系总和的基础上，进一步把社会关系归结于生产关系，指出生产方式从根本上决定着人的本质，决定着人将采取什么手段来满足自己的需要，决定着人的思想、思维方式。所以，从由一定社会的生产方式所决定的"社会人"出发，不仅可以很好地说明人们进行各种法律活动的最深层次的经济原因和动机，也可以更深刻地认识各种法律制度和研究者所关注的公正问题。从我国的生产方式发展的情况来看，绵延千年的封建生产方式造就了与之相应的头脑中充斥着中国传统文化和官本位思想的中国人。虽然改革开放以来市场经济的发展推动了新型政府与公民关系的建立，但是传统社会的影响无法在短期内完全消失。在"民告官"的行政诉讼中，处于弱势的相对人为了避免在今后的生活中被行政机关"穿小鞋"，自然会背离"经济人"的理性而主动放弃一部分利益，以换来今后和行政机关"打交道"的便利。从行政机关的角度来讲，也并非生活在真空中，除了依法行政之外，还必须关注中国的传统观念和社会现实，努力塑造政府的良好形象和"官民和谐”的氛围，以换得相对人在今后社会管理工作中的积极配合，促进行政目标的顺利实现。因此，从“社会人”的意义上来看，行政诉讼制度的发展与和解制度的良性运转从根本上取决于现代市场经济的发展和成熟。

综上，经济学的研究虽然为法律问题的分析提供了有益的视角，但是不能把任何法律活动都理解为只是个人在追求经济利益，在实践中完全排除人的社会心理需求、动机和目的的决策和选择是不可取的。下一节要探讨的行政诉讼和解与社会文化也说明了“经济人”假设的局限性。

三、与中国传统社会文化相容

文化原本是社会学中的术语，“指的是一个社会的成员或者一个社会群体的生活方式”。文化的区域性、整体性和传播性的特点决定了只有深入、客观地研究每个民族的文化，才能建立严谨的科学。随着对文化研究的深入，“文化”一词逐步向包括法学在内的诸多学科扩张，从而使我们从文化形成的心理倾向性和对人们生活方式的影响中发现了行政诉讼和解抽象法律关系背后的社会学根据。同时，在法律出现后，原本的法律关系与社会关系出现分离，但这并不能否定人作为“社会人”的本质，从纠纷的本质上看，实际上就是人与人之间的纠纷，在这种情况下，人们在选择解决纠纷的方式时，就不得不考虑当事人之间原本的社会关系，这种原本的社会关系往往在关键的时刻凸显出来，并对纠纷解决的结果起到决定性作用。因此，理解行政诉讼和解的产生必须要考虑作为和解的主体所处的社会及其对人们行为产生的影响。

(一) 和合观念与传统诉讼文化

中华传统文化在时间上的延续性和空间上的广袤性，赋予了中国法律文化包括诉讼文化“蕴含深邃、悠久绵长的秉性”。虽然今天人们的生活与传统法律制度处于不同时空，但是这并不能割断传统法律文化与现实的联系，数千年的文化浸渍已经使得古人的人生哲学与价值观念深深地沉淀在了中国人的民族性格之中，理解和把握中国传统诉讼文化的特质，在今天仍可以加深对于人们在处理纠纷过程中行为方式的理解。

（二）宗法制度与熟人社会

1.宗法血缘关系为基础的熟人社会变迁

在古代中国，以自给自足的自然经济为基础，以父家长为中心，以嫡长子继承制为主要内容的宗法制度绵延数千年。以宗法血缘关系为纽带的家族关系构成了古代中国社会的基础，儒家宗法观念占据主导地位。“血缘是人类最原始、最自然的结合方式，不论在哪种社会或文化中，都占有极重要的地位。在中国传统社会中，分量更重。中国人的人际关系讲究五伦，即君臣、父子、夫妇、兄弟、朋友，五伦中血缘居其三，另外两伦，君臣拟父子，朋友拟兄弟，广义地说，都是属于血缘的。离开宗族亲戚，中国社会便没有着落，中国人的人伦道德也无从说起”。在血缘关系的纽带下，宗族往往聚族而居，一个村落往往由一个或多个宗族构成，宗族或村落内部，生产生活交往频繁，使得地方社会成为乡土意识浓厚的熟人社会。不仅如此，“血缘关系可能具有的充满想象力的无限边界”，还使得传统的熟人社会出现了不断扩大的趋势，使人们不得不以九族五服制度来明确这种几乎无限的社会关系中人与人之间的远近关系。在历史上，以收养为典型的拟制血缘关系在血亲、姻亲、宗亲之外创制了新的亲属形式，扩大了熟人的范围，“有朋自远方来，不亦乐乎”表明人与人之间产生的“朋友”关系成为扩展熟人社会的途径，“远亲不如近邻”表达了人们对拟制亲属关系扩大的愿望，各种形式的社会团体也无疑成为扩展熟人关系领域的重要手段。于是，“从生育和婚姻所结成的网络，可以一直推出去包括无穷的人，过去、现在和未来的人物。我们俗语里的‘一表三千里’，就是这个意思”，“血缘关系的陌生化和陌生关系的血缘化”使得血缘关系呈现出无限放射的状态，推动社会向一个更加宽广的熟人社会发展。如今，传统的熟人社会特征依然存在，各种职业和非职业团体中的熟人现象相继出现，建立在大工业和社会分工基础上的经济协作和利益交换不但没有使人与人之间变得陌生，反而增进了人们之间的相互了解和信任，使交易主体成为彼此的熟人，人们不仅在熟人社会中生活，而且在熟人社会中交易，传统的熟人社会依然在继续扩展之中，新的熟人社会也正在形成。

2.传统熟人社会观念对现代法治理论与实践的影响

虽然在中国现代化的过程中，随着社会结构的变迁，人们已经逐步摆脱了个人对组织的依附性而成为独立的主体，但是传统熟人社会中的亲情、人情观念依然在中国人的脑海中根深蒂固。虽然我们正在努力建设社会主义法治国家，但是这并不意味着法治与情理的必然冲突，相反，只有融入中华民族传统和社会大众判断是非的普遍心理标准和价值观的法律，才能更容易为人们广泛接受、认同和信服，从而真正在人们内心深处形成对法治的信仰。我们这里暂且抛开行政诉讼协调和解在实然状态中存在的异化问题，以我国山东省和广东省为例，通过比较分析两省的行政诉讼协调和解状况来寻找传统熟人社会对行政诉讼和解造成影响的根据。

在宗法血缘关系和熟人社会观念得以保留的地域，人们在社会交往中不可避免地受到亲情、人情观念的影响。虽然行政诉讼和解的双方为行政主体和相对人，但是行政机关的工作人员和相对人往往都是“低头不见抬头见”，同龄人可能是总角之交，年轻人也是长辈们看着长大的，赵本山的小品《拜年》中“小米饭把你养大，胡子里长满故事”的台词就是这种人际关系的真实写照。在熟人社会中，人们也更倾向于喊着执法人员的“小名儿”以平等的姿态来讨价还价、解决纠纷而不是忍气吞声，这也部分解释了山东省行政诉讼收案数量高的原因。进而在解决行政纠纷的过程中，任何一方的“据理力争”或“机械执法”都会被当作不讲人情，在今后的社会生活中也会“抬不起头来”。而离开了亲情、人情，个人也将无法在熟人社会中继续生活下去，因为“亲密的共同生活中各人互相依赖的地方是多方面和长期的，因之在授受之间无法一笔一笔的清算往回……亲密人群中既无法不互欠‘人情’，也最怕‘算账’。‘算账’‘清算’等于绝交，因为如果相互不欠人情，也就无须往来了”。因此，带有“人情味”的行政权力往往容易获得人们的支持与配合，不伤和气的协商谈判成为解决纠纷的首选方式，而能够包涵传统价值观念的法律也更容易得到人们的普遍遵守。

3.新熟人社会中追求和解的思想基础与动力

不可否认的是，现代民主革命和改革开放带来了市场经济的发展和公民权利意识的增强，人口的大量流动不可避免地增加了人与人之间的陌生感，以至于出现了所谓的与传统熟人社会相对的陌生人社会。在陌生人的社会中，当纠纷发生时，早以形同陌路的人们将切身利益的实现作为第一要务，维护自己正当权益而非妥协的观念更容易被人们接受。随着现代行政国家的兴起，行政权力变得比以往任何时候都要强大，它所具有的强制性使得现代人承受了更多的危险与伤害，公民与行政权力的心理距离也日渐疏远，纠纷中的合作似乎成为奢侈品。由此看来，在摆脱传统熟人社会生活圈的束缚后，陌生人社会中的人们，选择以和解解决行政纠纷的倾向性不可避免地降低了。

在主要由职业群体构成的熟人社会中，社会的分工导致人们之间形成了功能上的互补，不论是在正常状态还是在纠纷状态，人们都努力追求利益递增的双赢局面，避免利益互损的结果。而要达到这样的局面和结果，对已经处于纠纷状态的当事人而言，则必须摆脱敌对或陌生的观念，否则不仅对解决纠纷无益，而且会适得其反。于是，熟人和陌生人的界限被打破，新的熟人社会将人们重新置于了“家”的范畴之内，人们之间不仅相互结成了新的共同体，而且在其中形成和感受到共同的感情或信念，同时，这些相同的意识也会相互融合、层层堆积，转化为新熟人社会的活力。从广义来讲，行政机关和相对人同样属于新熟人社会分工下的不同主体，行政机关希望得到相对人的配合以换取社会管理的秩序与和谐，而相对人也需要从行政机关处获得相关服务与稀缺资源，双方都具有建立合作关系的欲求，而双方长期的合作与顺利交往也在彼此心目中逐渐形成了共同的秩序道德观念。当纠纷不可避免地发生时，为了在将来的交往中继续保持良好的互动关系，达致各自近期和长远利益的最大化，合作与和解自然会成为双方共同的选择。

（三）文化传统的扬弃

当代的中国虽然受到了西方思想文化的冲击，但是仍然保存着和合的文化观念和熟人社会的本色。中国人之间注重血缘关系，注重血缘之外的同乡、同窗等熟人关系，遇事讲究和为贵，“饿死不当贼，屈死不告状”成为古代流行的诉讼观念，地方官员在调处纠纷时，适时对双方进行说教，解决纠纷首先想到的是情理，“法律的作用不是为人们满足私欲提供合法的渠道，恰恰相反，它是要尽其所能抑制人们的私欲，最终达到使民不争的目的”。这样的文化与习俗，对于维护社会关系稳定，节约当事人的经济负担等都起到了积极的作用，但是问题在于，不论是家族首领的调解还是官方的调处，都不可避免地带有一定的强制性色彩，并非以当事人自愿为原则。可以说人们选择以和解的方式解决纠纷的动因很大程度上来自于官方的影响和教化，在官方理念的挤压和指引下，当事人的和解虽然包含了出于自身利益考虑而灵活选择的因素，但是不可避免地带有官府高压下被动、适应，以求自保的文化基因。因此，传统文化一方面给我们提供了和解的文化基础，另一方面古代官方文化的影响在今天亦未完全消除。也正是在传统文化的影响下，人们往往会带有“官官相护”的心理预设，倘若在行政诉讼和解程序进行中，行政机关的胁迫与司法机关的强制同时指向弱势的相对人，那么这种所谓的和解虽然可能在文化内因和外部影响下达成，但是却分明是对当事人权利与主体性的蔑视。于是，当人民的意愿与国家秩序的维护二者相冲突时，对人民自由的尊重应当是首要的价值选择与制度构建的指导。

第三节　行政诉讼和解的基础范畴

范畴是哲学和科学的基本概念，马克思主义认为，范畴是对事物本质属性和普遍联系的反映，是人们在实践基础上认识成果的结晶，是人类认识和掌握自然和社会现象之网的纽结。任何一门学科都有其一系列范畴，而基础范畴是对事物最基本联系和规律的概括和反映，是认识事物的最初梯级。当代中国的法学和法制沿袭了大陆法系的概念法学风格。从法学方法论的角度来看，概念法学关注的是法律在逻辑形式上的理性，强调并注重法律的体系化、技术化和形式上的完善。现代行政法经历百余年的发展，完成从“国家学”向“法学”研究方式的转变也得益于德国法学家奥托奥·迈耶从个别的行政管理分支、繁杂的法院判例中总结、分析出法的一般范畴，从而实现了以“法学方法”研究行政法学、行政法体系。这对于高度抽象化的行政法学科体系建设和实现法治国家是非常重要的，它使行政活动具有了外在的规范性，抽象的法律形式为行政权力赋予了强制性的法律约束，使行政行为具有可预见性并有利于接受司法审查。研究和构建行政诉讼和解制度同样应当从分析行政诉讼和解的基本概念入手，对行政诉讼和解进行界定，从而为构建逻辑清晰、内在一贯、理论严密的行政诉讼和解制度体系提供基本法律概念支持。当然，仅仅有了法律概念上的周延只能带来形式上的法治，因此，在界定行政诉讼和解概念、性质等基本问题的同时，还应当着重关注行政诉讼和解的价值、基本原则从而实现对概念法学的超越，为行政诉讼和解制度的构建提供宏观理论支持，为法制的变迁奠定相对正确、系统化的理论基础。因此，行政诉讼和解的概念、性质、价值和原则构成了行政诉讼和解制度的基础范畴。

一、行政诉讼和解的应然界定

在当代中国行政诉讼和解的实证研究过程中，对于行政诉讼和解的界定是从实然的角度进行的。实然状态下的行政诉讼和解被归结为“撤诉模式”，其所具有的法律逻辑上的缺陷及其在司法实践中的异化决定了行政诉讼和解应当向“契约模式”转化，这是实现中国行政诉讼和解法治化的必由之路。千里之行，始于足下，对于“契约模式”下行政诉讼和解的应然界定是实现当代中国行政诉讼和解模式转型与制度构建的第一步。而如果从概念法学的研究方法出发，对于行政诉讼和解的研究，首先需要明确的就是行政诉讼和解的概念。

（一）行政诉讼和解的含义

1.行政诉讼和解的概念

我国行政诉讼法中并未规定行政诉讼和解制度，但是通过前文中对法律上和解类型的分析可以知道，行政诉讼和解发生在诉讼过程中，也就是说行政诉讼和解以行政纠纷进入司法程序为前提，并且在成立的时间上是从法院立案时起，至法院做出判决之前；同时，行政诉讼和解是为解决行政机关和相对人之间的行政争议而达成的协议。关于行政诉讼和解制度，德国和台湾地区的法律规定较为详尽，日本在行政诉讼实践中亦承认了和解的容许性，这些国家和地区对行政诉讼和解的研究比较深入。有学者认为，行政诉讼和解系指诉讼当事人于诉讼系属中，在法院之前，以终结诉讼全部或一部为目的，而约定相互让步以终止就一个法律关系所生之“争执”的合意行为。也有学者将行政诉讼和解表述为“指当事人在法院面前，就诉讼物的全部或部分，以终结诉讼为目的而缔结的和解”。这些定义说明，和解可能是当事人之间自行协商的结果，也可能是在法院的引导和帮助下达成的，但必须是在诉讼过程中达成的，和解的内容应当是双方所争议的权利义务关系，和解需要双方相互让步，并且和解是以全部或部分终结诉讼程序为目的的。因此，行政诉讼和解的概念可以表述为：在行政诉讼过程中，当事人双方通过自行协商或者在法院的引导和帮助下，为解决行政争议所涉及的权利义务关系，互相让步达成协议，以终结行政诉讼为目的的活动。

2.关于行政诉讼“和解”与“调解”的区别与选择

虽然上文已经对行政诉讼和解的概念进行了阐释，但是在最高人民法院发布的《关于进一步发挥诉讼调解在构建社会主义和谐社会中积极作用的若干意见》中提出“人民法院可以根据案件的实际情况，参照民事调解的原则和程序，尝试推动当事人和解”，这一规定，实际上将行政和解机制纳入了诉讼调解制度的范畴，对“和解”与“调解”并未进行明确的区分。同时，学界在对行政诉讼和解进行研究的过程中，对于行政诉讼和解的称呼并未统一，而是同时使用着“行政诉讼调解”的概念。在许多学者的著作中对于行政诉讼和解与行政诉讼调解的概念多是在同一意义上使用，在研究国外诉讼和解制度时，对于相关法律条文的翻译也未把握住“和解”与“调解”的真正区别。不可否认的是，虽然用文义解释方法对“和解”与“调解”本身所代表的意义进行区分是可以的，但是从实践上来看，却很难将二者明确区分开来。问题在于，如果仅仅限于将行政诉讼和解作为一种活动或者现象来描述的话，对于“和解”还是“调解”的区别意义并不重要，但是，如果将行政诉讼和解作为制度来研究的话，那么，在行政诉讼调解与行政诉讼和解二者之间做出选择，则是对行政诉讼和解进行研究不可逾越的基本起点和必要步骤。这不仅是因为概念是构成制度的基本单位，而且在这一选择背后是“和解”与“调解”所代表的立法理念的不同，而这种理念必然会在具体制度中体现出来。从域外的法律规定情况来看，不论是大陆法系还是英美法系，都不约而同地将“调解”的概念归于诉讼外的纠纷解决制度中，而“和解”概念则专属于诉讼制度范畴。例如，法国的民事调解制度、行政调解专员制度，德国的诉前强制调解制度，都属于诉讼外纠纷解决制度，而在民事诉讼法、行政诉讼法中则根据需要规定了诉讼和解制度；在英美法系国家也不例外，通常将调解制度纳入 ADR 纠纷解决机制中，而和解制度则属于诉讼法的范畴。这样的选择并不是仅仅为了区分的方便，也不是纯属巧合，而是体现着不同的概念背后蕴含的立法理念。虽然说从各国诉讼的实践状况来看，似乎有越来越多的法官把和解看成他们审判工作的有机组成部分，但这并不意味着对司法中立原则的放弃。在诉讼和解制度下，和解被定位于当事人之间的合意，法官的和解工作无论多么积极主动，都应当被视为当事人合意之外的因素，当事人应当成为和解制度设计的核心。而在诉讼调解制度下，调解被定位于法院的依职权行为，当事人被视为调解工作的对象，法官在调解过程中起到了主导、推动作用，调解的制度设计也是围绕如何充分发挥法院的调解职能来设计的。

在我国的民事诉讼中，不论是从立法上来看还是在司法实践中，法院调解所具有的突出地位是任何一个国家的诉讼和解制度所不可比拟的。调解制度不可避免地使得法官强制调解的可能性扩大，民事诉讼调解中的诟病一直以来遭受了众多非议和批评。由于行政诉讼中双方当事人实际地位的不平等，如果在行政诉讼中建立调解制度，那么法官超越职权调解可能形成的危害无疑会比民事诉讼更加严重，这已经为我国法院“协调和解”的实践所证实。实际上，不论是“和解”还是“调解”，其首要价值都应当是自由，都属于以当事人合意解决纠纷的制度，是对当事人意思自治和程序权利的尊重。只是由于我国调解制度构建在职权主义的基础上，调解制度中的自愿原则往往被过于积极主动的法院依职权调解所掩盖，当事人的自主性往往在调解过程中被忽略或压制。而“和解”不仅在文义上排除了第三方过多介入干涉，而且有着司法中立原则与当事人主义理念的支持，更能反映法院的这种活动本应具有的素质，也比“调解”更能体现制度中的自由价值，更能体现对当事人自由、自愿的尊重。因此，选择“和解”无疑是更合适的。

（二）行政诉讼和解的性质

关于行政诉讼和解的性质，德国学者认为，诉讼和解“除实体法上的效力以外，诉讼和解对行政诉讼本身具有直接效力。法庭和解的达成，使参加人得以通过相互妥协终结法律纠纷的全部或者部分。因此，诉讼和解既是一种诉讼行为，又是一种公法合同”。日本的判例和学说也认为行政诉讼和解“具有诉讼行为及公法契约之两面性，故行政诉讼上和解一方面为诉讼行为，另一方面则具备公法契约之性质”。台湾学者认为，行政诉讼和解“一方面属于以终结行政诉讼为目的之诉讼行为”，“另一方面，行政诉讼上和解系经由双方相互之让步，就实体法而言，双方当事人系缔结行政法上之和解契约”。从行政诉讼和解的概念中可以看出，行政诉讼和解具有三个方面的特征：第一，与行政诉讼程序相关联。行政诉讼和解所要解决的纠纷处于司法管辖范围，且发生于行政诉讼程序进行中，诉讼外的和解与执行中的和解都不属于这里要探讨的和解的范畴。第二，体现当事人之间的合意。和解协议是当事人双方通过协商、让步所达成的意思表示一致的结果。达成诉讼和解协议的过程，就是当事人合意解决纠纷的过程，法院应当充分尊重双方的合意，不应过度介入协商过程中。第三，包含行政因素。缔结和解协议的一方主体是行政机关，依据的是行政法律法规，和解协议生效会导致行政法上权利义务关系的变更。由此观之，行政诉讼和解的性质具有两重性：从实体法上看属于行政契约，从程序法上看属于诉讼行为。也正是从此双重性质出发，行政诉讼和解的应然状态归结为“契约模式”。

(三) 民法原理在作为行政契约的行政诉讼和解中的适用

民法原理在行政诉讼和解中的适用，从根本上说是公法能否适用私法规律的问题。从历史的发展上看，自罗马法以来，整个大陆法系的传统基本上是体现在私法中的，而行政法直至19世纪才产生。行政法产生后，随着研究与规范的领域逐步拓展并开始向私法领域渗透，私法领域的一般原理自然也随之被运用到行政行为过程中。也就是说，随着公法的发展，私法与公法实际上有了共同适用的一般法理，只是因为私法发达较早，于是被认为属于私法所特有，这些法理其实可以直接适用于公法。虽然公法与私法有着各自的特殊性，但这并不排除在行政法所调整的特定社会关系或个案中存在的问题与民法问题的相似性或共通性，而在相似性或共通性的限度内，当然可以适用共同的规律。

行政诉讼和解在实体法上属于行政契约，自然应当适用公法的原则和法律规定，但是对于行政契约并不存在专门的行政契约法，更没有对于准用民法的一般性规定，于是，行政契约应当如何借鉴民法中的原理就成为问题。根据上述分析，判断行政契约援用民法规定的范围与限度的标准是：行政法未作特别规定，且与行政性相容，而行政契约关系所依据的法理与民法原理有着共同性，此外，在从民法原理中抽出可以适用于行政诉讼和解的规范时，“必须检讨是否会失去民法固有的机能性效用，并且有必要对其实体性内容加以修正”。据此，行政诉讼和解除了应当遵循行政法上的基本原则外，与成立契约的要件及效力有重要关系的意思自治原则、情势变更、邀约与承诺、行为能力、代理、法律行为的无效、撤销等均可以适用于行政诉讼和解。此外，行政诉讼和解是在争议双方“互相让步”的基础上达成的，因此，“互相让步”的概念也是需要采用的，只不过对于“互相让步”可以进行必要的修正并对其作广泛的解释。而这些原理和制度都成为构建行政诉讼和解制度必要的素材。

二、行政诉讼和解的基本原则

作为行政诉讼和解制度的重要组成部分，行政诉讼和解的基本原则是贯穿于行政诉讼和解过程始终，对行政诉讼和解起支配作用并为人民法院、行政机关、相对人和其他诉讼参与人所必须遵循的基本行为准则。行政诉讼和解的原则在行政诉讼和解制度的构建中具有根本性，是行政诉讼和解的价值在行政诉讼和解制度中的体现和相对具体化，是确保各项价值目标在行政诉讼和解制度中得以实现的重要保障；行政诉讼和解的基本原则一般来讲对于行政诉讼和解活动具有普遍的指导和规范作用，但不能拘泥于此，如果那些只适用于某一阶段或只适用于某一环节的原则，对于规范行政诉讼和解的运行、保护公民合法权益、解决行政纠纷具有十分重要的作用，也应当提升为基本原则；行政诉讼和解的基本原则是构建行政诉讼和解具体制度的基本标准，行政诉讼和解制度设计和实施都应当围绕行政诉讼和解的原则进行。

目前，学界对于行政诉讼和解基本原则的论述总体来讲包括两种思路：一是将行政诉讼和解的基本原则概括为自愿、合法两大原则，这也是目前学界的通说；二是采取多原则的归结方式，在自愿、合法两大原则之外还有学者又提出了社会效益原则、效率原则、有限原则、利益平衡原则、诚信原则、公开原则、当事人启动原则、外部审查原则等观点。

以上两种思路可以说基本上表达了行政诉讼和解所应遵循的原则，其中不乏真知灼见，但是这种对于原则的列举主要来自于对民事诉讼法调解原则的借鉴和实践中行政诉讼协调和解现状的反思，多限于单纯的建议，往往缺乏具体的理由说明和一定的方法论根据，导致行政诉讼和解的基本原则未能实现良好的类型化。可以说，自愿与合法原则是学界公认的原则，而在这两个原则之外还需要哪些原则与之并列，是需要研究的问题。要建构行政诉讼和解的原则体系，首先应当以行政诉讼和解的价值作为制度设计的基本准则，将自由、效率、正义和秩序等价值目标体现和贯彻在行政诉讼和解的原则当中，而不是将法律价值本身作为行政诉讼和解的原则。上述原则中的“社会效益原则”“效率原则”即存在这样的问题，显然不能作为行政诉讼和解的基本原则。其次，要将行政诉讼和解的基本原则与行政诉讼和解的具体规则区分开来。规则是关于行政诉讼和解中某一事项规定的陈述，通常比原则详细和具体，能够直接调整法律关系主体的行为，体现了原则的基本要求，使原则得以具体化，因而不能将具体制度等同于原则。“当事人启动原则”实际上是行政诉讼和解程序的一个制度环节而已，它主要体现了行政诉讼和解应当遵循自愿的原则，并不是作为行政诉讼和解的原则而存在的。再次，要将实体法与程序法的原则结合起来探讨。行政诉讼和解具有公法契约和诉讼行为的双重性质，从公法契约的角度来看，行政诉讼和解应当在受到行政法上依法行政原则支配的同时，寻求与契约概念中所包含的自由、诚信等理念相调和；从诉讼行为的角度来看，行政诉讼和解应当体现程序法上自然公正原则的要求以及行政诉讼法特有的合法性审查原则。也就是说，行政诉讼和解的原则体系中应当包含实体法原则和程序法原则。复次，虽然有些原则只是行政诉讼和解某一阶段或某些规则应当遵循的基本准则，但是对于保护相对人合法权益和解决纠纷具有重要意义的，也应当纳入行政诉讼和解的基本原则当中。最后，应当避免各个原则的内容之间交叉与重复。当然，对于一些可以包含在其他原则中的内容，为了充分阐述该内容并强调其重要性，也可以将其作为一项独立的原则。例如

"有限原则"可以为合法原则和外部审查原则分别从实体和程序上所吸收，而"利益平衡原则"虽然可以从"合法原则"中找到其内涵，但是如果不将其作为原则加以强调，就无法保证将其蕴含的价值判断和法律方法良好地运用到实践中去。

因此，行政诉讼和解的基本原则可以归结为：自愿原则、合法原则、利益平衡原则、诚信原则、公开原则、参与原则、及时原则、外部审查原则，行政诉讼和解的具体制度设计就是以这些原则为根据引申出来的，以下分述之。

（一）自愿原则

通俗地讲，自愿原则是指和解的达成要依据双方当事人的意思而定，和解协议应当完全是双方当事人真实意思表示的体现。自愿原则是行政诉讼和解应遵循的核心原则，是衡量和解是否有效的标尺，这是由契约自由的理念决定的，也是行政诉讼和解的自由价值在行政诉讼和解基本原则上的落实和体现。所谓自由就是"有决定和选择的权力和能力"，"有质量的合意需要当事人在充分意思自治基础上通过真诚对话与妥协才有可能"，没有自愿原则，就无法达成真正的和解。自愿原则的本质是始终尊重当事人的意志，它包含实体和程序上的双重含义。从实体上看，当事人达成和解，应当是出于当事人真实的意愿，和解协议的内容是当事人相互让步、充分协商的体现，而非强制、胁迫的结果。从程序上看，当事人有对达成和解的选择权和启动权，是否选择和解以及在诉讼过程中何时启动和解均应由当事人自主决定，即使法院认为案件适宜和解，也仅可以向当事人提出试行和解的建议，只要一方当事人拒绝和解，法院就不得强迫当事人进行和解；当事人还应当具有退出和解程序的权利，在和解的过程中，只要当事人还未签署和解协议，就有权根据协商情况做出符合自己权益的判断，随时选择停止达成和解，转入普通诉讼程序解决纠纷；在法院对行政诉讼和解协议进行审查时，也需要判断和解是否出于当事人的真实意思表示，和解协议违反自愿原则的，对其效力不予确认；对于违反自愿原则达成的和解协议，应当允许利害关系人对其提起诉讼，通过相应的诉讼程序获得救济。

自愿原则的现实意义在于，民事诉讼调解过程中，法院违背当事人意志强制调解的现象成为一大诟病，诉讼调解甚至被认为是法院行使审判权的方式，而非审判权的谦抑和对当事人处分权的尊重，这一弊端应当在行政诉讼和解过程中避免。由于我国的行政诉讼制度脱胎于民事诉讼制度，行政案件和民事案件均由普通法院管辖，民事诉讼司法实践中强制调解的方式和法官依职权调解的习惯性思维难免会对行政诉讼和解的运行造成影响，加上行政诉讼中原告和被告实际力量对比的悬殊，如果不强调和解的自愿和法官的中立，行政诉讼和解也难免会如民事诉讼调解那样出现偏离正常运行轨道的现象而变成法院和行政机关一起压制原告。如此一来，当事人的意志就无法得到尊重，行政诉讼和解也会超越必要的限度而失去正当性。

（二）合法原则

合法原则是一个具有普适性而又不可或缺的原则，行政诉讼和解同样也应当遵循该原则，因为“有效的对话和交涉必须以对原则和规则的认同和尊重为基础”。

广义上讲，行政诉讼和解的合法原则包含自愿原则在内，但是为了体现行政诉讼和解所具有的契约上的合意性，这里的合法原则取相对狭义的理解。合法原则同样包含实体与程序两个层面的含义。实体合法是指和解的内容不得违反实体法律规定和法律的一般原则、精神，不与法律的禁止性规定相抵触，不得损害公共利益和他人合法权益。具体来讲，它包括形式合法与实质合法两个方面。形式合法是指当事人进行和解应当符合法律、法规的具体规定，和解的事项应当在行政机关的职权范围内，或者行政机关具有裁量权。实质合法是指和解应当具有合目的性或者说应当成比例，和解不仅要解决纠纷，而且要保护当事人的合法权益，双方当事人在和解过程中的让步幅度不能显然不成比例，公民基本权利、公共利益和第三人的合法权益均不得任意处分和放弃。需要强调的是，对于行政诉讼和解的合法原则应当从有利于保护和促进相对人合法权益的目的出发而灵活理解和掌握。如果和解协议的内容是行政机关给予当事人一定的利益，只要这种授益性行政行为不违反法律的强制性规定和公共利益、不损害他人合法权益就可以成立，对于合法原则不宜作过于严格的解释；如果行政诉讼和解会造成相对人利益的减损，则行政机关根据和解协议做出相应的行政行为必须有明确的法律依据，且这种相对人利益的减损应当在合理的范围内，和解协议既要合法又要合理。也就是说，在这两种情况下，行政行为受到依法行政原则的约束程度是不同的，这也符合现代行政法的理念和公共行政发展的趋势。程序合法是指和解程序应当符合自然正义的价值要求，符合诉讼法的相关规定，依照制度设计中规定的步骤、方式、时限、顺序进行。首先，不论法律是否有明文规定，不论国家权力如何广泛，也不论它们授权如何广泛，都要求权力以程序上公正的方式行使，法律程序都应当满足自然正义所要求的基本规则：任何人不能在自己的案件中作法官；人们的抗辩必须公正地听取。也就是说，在行政诉讼和解过程中，法官应当是中立的，不能成为任何一方当事人利益的代表，法官提出和解的建议或方案应当建立在听取当事人对案件事实和法律的意见的基础上。其次，应当将符合客观规律的、合理的行政诉讼和解的程序纳入行政诉讼法当中，实现和解程序的统一化和标准化，从而增进当事人对行政诉讼和解过程的信任，减少和解过程中的障碍和当事人事后提起争议的可能性。

（三）利益平衡原则

实际上，从合法原则中也可以推导出利益平衡的要求，但是如果将利益平衡的问题停留在法律的一般原则、精神层面，在我国现阶段法律实践水平下是难以被充分理解和关注的。为了有效平衡协调诉讼和解中各方的合法权益，有必要将利益平衡作为独立的原则加以强调。具体来说，在行政诉讼和解过程中，和解协议虽然在表面上看来是双方做出一定行为的合意，但是由于行政诉讼和解协议“背后的法益关系至少形式上是公共利益，也有可能涉及第三人合法权益保护问题。一个重要的行政行为常常牵涉面较广、产生重大的社会影响”，如果任由双方达成和解协议，则有可能导致行政机关为达成和解协议而牺牲公共利益或第三人合法权益，这必然会造成对依法行政的破坏。利益衡量原则在实体上要求对行政诉讼和解过程中涉及的公共利益和第三人合法权益与当事人的合法权益进行衡量，防止行政机关和相对人为了解决纠纷而放任公共利益和第三人利益受到损害。利益平衡原则为下文确定行政诉讼和解实体法的成立要件以及和解的范围提供了依据。根据该原则，和解协议的达成不仅需要建立在当事人自愿的基础上，而且该合意也不得为他人创设额外负担，尤其是不得违反公共利益，如果和解内容涉及第三人利益，则应当征得第三人同意，否则当事人无权处分他人的合法权益。在考量行政诉讼和解的范围时，是否符合或有利于实现公共利益应当作为确定契约自由限度的重要因素。

这种对于公共利益和第三人利益的保护不仅需要通过司法经验的逐步积累而形成一定实体法上的利益衡量规则，还需要为相关利益主体介入和解过程提供相应的途径，使公共利益和第三人利益在程序上得到落实和充分表达。由于司法机关是国家公权力机关，因而可以由法院作为代表以弥补公共利益代表的缺失并由其对公共利益做出判断，这在程序上就表现为法院对和解协议的合法性进行审查，对违反公共利益的和解协议不予确认。对于第三人而言，如果和解内容涉及其合法权益的，就特别需要考虑给予第三人介入和解程序的机会，通知其参加和解或允许其申请参加和解。有必要指出的是，由于一项行政诉讼和解协议的安排可能不限于诉讼标的，因而当事人的和解完全有可能产生新的利害关系，为此，一方面在和解过程中，第三人的范围应当不限于作为当事人的第三人，以保证利益受到影响的人都有表达立场的权利，另一方面，由于第三人可能并未参与普通诉讼程序，只是作为和解过程中的参加人出现，为了保护其程序利益，还应当为其设置区别于当事人的救济程序。

(四)诚信原则

诚信原则原本是私法原则，在政府与公民之间关系由过去的二元对立转化为一体包容的现代社会，行政任务的完成离不开相对人对行政机关的自觉配合与彼此间的相互信任。目前，无论在理论界还是实务界，都对诚信原则在公法领域的适用持肯定态度，德国的行政法院也通过判例确定了诚信原则适用于公法领域。行政诉讼和解作为典型的行政契约更应当遵循诚信原则的要求，在和解过程中，无论是行政机关还是相对人都应当信守自己的承诺，没有承诺，“社会成员就不能签订并执行协议，就不能从事制度化的合作，而这种合作正是社会生活的要素之一”，一旦和解协议生效，双方当事人就必须按照协议的内容履行各自的义务不得反悔。和解协议的成立还意味着当事人双方争议的完结和对救济权的放弃，除非有和解协议无效或撤销的情形，否则不得就和解协议提出异议，一方不履行和解协议的，另一方可以申请人民法院强制执行。此外，人民法院对和解协议的认可也可以视为一种承诺，和解协议在日后将不会被人民法院任意推翻。可以说，和解协议不仅是当事人之间的法律，“契约应当遵守”的格言应当为当事人所信仰，而且这种行政契约在得到了司法的确认后，就获得了公法上的效力。行政诉讼和解在实体法和程序法上的各种效力都是为了防止和解当事人对和解事项再起争执，保证和解协议所确定的权利义务的实现，只有出现了情势变更，当事人才可以请求法院对和解协议进行变更；同时，法院也因为和解协议的成立而负有在此后的裁判中受到先前和解协议约束的义务，以便维护诚信的和解当事人的合法权益，保障和解协议确立的法律秩序的安定。虽然从基本内容上看，行政诉讼和解与行政诉讼判决具有同一法律效力，但是行政诉讼和解所具有的行政契约的性质决定了诚实信用原则构成了行政诉讼和解效力的典型根据。

(五)公开原则

公开原则是程序法上的重要原则，它要求行政诉讼和解的依据、过程和结果向当事人和社会公众公开。和解公开既可以防止行政机关强迫相对人和解，保护相对人的合法权益，也可以避免当事人恶意串通达成和解损害公共利益或第三人的合法权益，还可以有效督促人民法院依法行使审查权，防止人民法院受到外界的不当干预。与民事诉讼和解的不同之处在于，民事诉讼和解可以根据当事人合意不公开进行，而在行政诉讼和解过程中，除涉及国家安全、影响行政效率或涉及个人隐私、商业秘密外，和解的各个阶段、整个流程均应当公开进行，和解应当建立在双方当事人充分了解对方所占有的资料信息的基础上，一方当事人或人民法院在提出和解方案的同时，应当向另一方或双方当事人说明提出该方案的理由。考虑到在行政诉讼协调和解实践中，和解的时间、方式等具有较大的灵活性，当事人在庭外协商的过程完全充分公开存在难度，因而需要强调的是，作为行政诉讼和解结果的和解协议的内容必须通过一定的形式公开。

实际上，关于行政诉讼和解是否应当遵循公开原则，学界存在争议。有学者认为，行政诉讼和解应当以不公开为原则，以公开为例外，所谓的不公开原则主要是指和解对当事人公开，对当事人以外的公众不公开。该观点认为，公开原则是专门为审判程序而设计的，为了寻求双方都能够接受的和解结果，往往需要当事人披露案件的细节和必要的信息，不公开的协商，更符合当事人的意愿。本章认为，不论是审判还是和解都是在诉讼过程中进行的，都属于司法活动范畴，而司法公开是宪法上的知情权在司法过程中的体现，是满足公民对信息需要的必然要求，和解不公开不但容易让人产生法官违反中立要求的嫌疑，也不利于提升司法的公信力，况且，遵循司法公开原则也并非不存在例外情形。此外，由于行政诉讼和解不仅是诉讼行为，而且具有公法上行政契约的性质，因此，行政诉讼和解作为一种行政行为还应当受到行政程序法的约束。在行政程序法上，行政公开是一项基本原则，行政机关通过公开行政行为的依据，说明做出决定的理由，满足了公众知情的权利，有利于增强行政行为的透明度，体现行政过程的民主，这就从根本上决定了行政诉讼和解应当以公开为原则。

（六）参与原则

根据参与原则，行政诉讼和解应当是受到和解影响的人充分参与的结果，它是对行政诉讼和解在程序上合法性的强调和相对人在和解过程中主体地位的体现和尊重。从根本上说，相对人主体地位的确立源自于市场经济条件下利益驱动和公平竞争机制对市场主体积极性、主动性的调动。随着经济社会的发展，人们逐步意识到人不仅仅是作为个体存在的自然人，作为类存在的人类，更是作为社会关系承载者的社会人，“真正的主体只有在人与人的主体间的交往关系中，即在主体与主体相互承认和尊重对方的主体身份时才能真正地存在”。在现代社会的行政程序和司法程序中，国家权力的扩张导致人的主体性萎缩和异化的问题由来已久，如何改变公权力面前人民的无力状态，发挥人民在法律实施过程中的能动作用，在法学家中主要存在着两种主张：一种是非法化主张，强调利益妥协型的合意；一种是法治民主化的主张，表现为参与决定过程的当事人主义。对于行政诉讼而言，如何充分发挥当事人主体性的问题，主要存在于行政诉讼的原告即行政相对人一方，而在行政诉讼和解中确立参与原则能够使两种主张都在相对人的身上得到体现。一方面，参与原则使得行政诉讼和解在当事人之间建立起了合作关系，缓和了行政过程中行政主体与相对人之间的紧张对峙关系，使得行政相对人以合作者的身份参与到行政纠纷解决过程中。在这一过程中，相对人是一个自主、自愿、有目的的参加者，意在通过与行政机关的协商、沟通使自己提出的事实证据和法律意见被行政机关采纳从而影响行政行为结果的形成，在某种程度上达到自己的目的，而行政机关充分听取相对人的意见，体现了对相对人人格尊严的尊重，保障了相对人在和解过程中的主体地位和行政程序的公正。另一方面，行政诉讼和解程序要求相对人作为一方主体参与到纠纷解决中，促使法院放下权威主义的架子，亲近群众，进行必要的规劝、说服和引导，通过组织和主持行政机关和相对人开展协商对话，禁止行政机关单方面接触法院，并以中立、客观和专业的第三方身份来说服、劝导当事人达成共识，有效弥补了在原具体行政行为做出过程中参与的不足，确保了相对人有充分参与行政行为的机会，而相对人有效参与行政诉讼和解的过程，也成为人民法院审查行政诉讼和解合法性的重要方面。

可以说，参与原则把当事人的主体性与现实的诉讼程序结合起来，把诉讼程序的重心从当事人和法官之间的纵向沟通转移到了当事人之间的横向沟通上，其中包含了促进双方当事人的对论或辩论、使诉讼程序更符合个人朴素的正义感的建设性设想。如此一来，在相对人的主体性得到充分实现的情况下，行政相对人与行政主体在行政程序中的交涉自然延伸到了司法程序中，双方自主的法律议论获得了含义上的连贯性与统一性，相对人的权利主张也得到了迅速而合理的答复。

（七）及时原则

及时原则体现了行政诉讼和解对效率价值的追求，是指行政诉讼和解的程序应当及时、迅速地进行，使纠纷在合理时间内得到解决，从而尽快实现当事人的合法权益，有效节约司法资源。“及时是过快与过慢之间的一种状态”，如果行政诉讼和解程序过快，相对人就无法有效参与到达成和解协议的过程中，行政机关也没有充分的时间进行考虑，容易导致行政机关做出错误的决定，和解过程的草率，反而影响了纠纷解决的效率。而和解程序过慢，也会损害程序的正义，因为正义之中包含了效率的要求，正如英国法谚所云：迟来的正义为非正义。及时原则包含了对于和解程序运行时间合理和程序迅速、简便的要求。首先，和解的期间应当受到控制。和解的过程不仅是诉讼程序的推进，同时也是行政机关做出行政行为的过程，而及时原则同样是行政程序法上的基本原则，这决定了和解协议必须在合理的时间内达成，使当事人的权利义务能够及时得到确定，防止因案件时过境迁，而使和解失去实际意义。因此，和解的达成必须有时限的规定，既要防止时限过短导致和解难以达成，又要防止案件拖延时间过长影响司法效率。其次，和解的节奏应当提升。

从普通诉讼程序进入和解程序应当是一个连续和动态的过程，两种程序之间的转换应当迅速。只要当事人愿意，在诉讼过程中可以随时启动和解程序，达成和解协议的，人民法院应当及时对和解协议进行审查确认，如果和解失败，人民法院则应当立即转入普通程序审理，避免案件久拖不决。当然，从效率价值的要求出发，在适用及时原则过程中，还需要着眼于纠纷解决的一次性，避免司法资源的浪费，如果通过和解的方式更有利于彻底化解纠纷，和解的时限可以适当延长，因为从长远来看，此举更有利于节约有限的司法资源。最后，和解的程序应当简化。和解的程序不必像审判程序那样复杂，只要法院保持中立地位，并给予当事人充分参与和表达自己意思的机会即可。例如，人民法院可以用简便的方式通知和组织相关人员进行和解，对于案件事实和法律关系清楚的案件，人民法院可以随时提出进行和解的建议，没有必要再经过复杂的审理程序，当事人的协商也可以不受时间、地点的严格限制，从而加快诉讼进程。

（八）外部审查原则

外部审查原则是指和解协议达成之后，必须由人民法院进行合法性审查，虽然外部审查原则实际上可以包含在合法原则之中，并且只是在行政诉讼和解协议达成之后才存在对其进行合法性审查的问题，但是对于和解协议的合法性审查是“契约模式”下行政诉讼和解程序的必经环节，其特殊地位不仅仅在于它是实现司法权力介入当事人合意的正式途径，更在于它是实现行政诉讼目的之必然要求。在作为实然状态存在的行政诉讼和解“撤诉模式”下，人民法院对于当事人撤诉申请的审查，理论上并不能阻断当事人再次起诉，这一缺陷导致“撤诉模式”实际上无法真正实现法律秩序的安定性。在“契约模式”下，行政诉讼和解作为诉讼法上的行为，首先是作为一种纠纷解决方式存在的，因而需要通过一定的法律程序将和解协议中确立的法律关系固定下来，并使之产生相应的法律效力来约束当事人和法院，也就是说，行政诉讼和解协议一旦产生法律效力，当事人原则上就不得再对纠纷起争执。在弥补“撤诉模式”的固有缺陷，实现定纷止争的同时，为达到保护相对人合法权益的行政诉讼目的，保证纠纷解决的合意性和正当性的平衡，监督行政机关依法行政，防止行政机关为了达成和解而损害公共利益，有必要将外部审查作为行政诉讼和解的一项独立原则加以强调。从我国台湾地区的行政诉讼和解实践来看，虽然法律对于和解协议出现的瑕疵安排了救济程序，但是在“当事人你心甘、我情愿的情况下”，救济程序的启动“可能是百分之一都不到的罕见情况”。因此，对于和解协议的事前合法性审查就变得格外重要了。在人民法院对和解协议进行审查过程中，应当以自愿、合法等原则为指导，以行政诉讼和解的成立要件为标准，对合法的和解协议及时确认其效力，对违法的和解协议则依法不予确认，防止我国行政诉讼和解超越必要限度出现实践中的异化现象。

以上是对行政诉讼和解基本原则的总体概括和界定，这些概括和界定自然是开放的，随着行政诉讼和解制度在我国建立和逐步发展，对于行政诉讼和解的原则也需要进行更多的反思和完善。就当前构建行政诉讼和解制度的目标来看，以上八个基本原则是建立行政诉讼和解具体规则在实体和程序上的基本要求。

行政诉讼和解是一种以双方合意为基础的纠纷解决机制，它在本质上属于行政机关和相对人在诉讼过程中就行政法律关系达成的行政契约，它相对于对峙型的诉讼而言，更有助于消除当事人之间的对抗与敌视，促进纠纷的彻底解决。不仅行政诉讼不适用和解的说法已经被司法实践所打破，而且司法实践又反过来促进了行政诉讼法学理论的发展，这使得行政诉讼不适用和解的理论基础也随着现代行政的发展而变得不合时宜，与此同时，行政诉讼和解制度存在的正当性也得到了多方位论证。然而，行政诉讼和解并不是毫无原则的任意妥协与退让，达成和解必须是当事人的真实意愿，必须依法进行，和解如果超越了必要的界限，将丧失其正当性基础而走向反面。

由于我国行政诉讼和解的开展，更多依靠的还是人民法院自身司法能动性的发挥，尚未形成完善的和解法律制度，因此，司法实践中行政诉讼和解的开展和良性运行，还需要建立在立法逐步完备的基础上。对于行政诉讼和解在实体法和诉讼法上的成立要件，行政诉讼和解的效力及其瑕疵救济等都需要在立法上做出规定，可以预见在不久的将来，于我国行政诉讼法修改过程中，应当将行政诉讼和解作为独立的章节进行具体制度设计。需要指出的是，行政诉讼和解制度的构建不仅仅需要在行政诉讼法上承认和解的合法性，并对和解相关制度做出明确规定，鉴于行政诉讼和解的双重性质，行政诉讼和解制度的建立和完备，还需要以行政法上行政契约及其相关制度的完善为前提。从德国和我国台湾地区的情况来看，行政契约及其相关制度已经在行政程序法中做出了规定，在行政诉讼和解过程中，对于和解的成立要件、适用范围和效力、合法性审查等直接准用相关规定即可。我国要建立行政诉讼和解制度并保证其良性运行，从长远来看，必须要为其提供实体法上的制度根据，这就需要我国加快行政程序法的制定进程。此外，在行政诉讼和解制度在法律上确立之前，借鉴日本法院行政判例的经验，充分发挥案例指导制度的积极作用，通过发布判例解释的方式确认和规范行政诉讼和解，待实践经验成熟时再适时上升为法律制度，不失为一种推动行政诉讼和解制度构建的有效途径。从我国目前的司法实践状况来看，在行政诉讼法上建立行政诉讼和解制度，为法院对和解协议的审查确立明确的标准，是对实践中和解任意性的限制和正当性的保证。然而制度的良性运行离不开宏观上社会法治环境的逐渐向好，由居高不下的撤诉率折射出的问题，除了需要完善行政诉讼的相关法律制度来弥补外，还更深层次地依赖于整个司法环境的改善和司法权威的提升，这不仅需要继续在司法体制、机制与工作方式上分层次、有步骤地推进司法改革，以司法改革为切入点带动行政管理体制乃至整个政治体制改革的逐步深化，而且需要行政机关随着各项改革的推进逐步提升依法行政的理念和行政管理水平，作为相对人的公民作为独立社会主体的权利意识逐步觉醒，这是一个远远超出构建和完善行政诉讼和解制度，乃至行政诉讼制度的课题。

总之，行政诉讼和解制度的构建和在司法实践中的运行及其生存的社会背景仍有待日后进一步深入探讨，在实现行政诉讼和解形式法治化的基础上逐步推进其实质法治化进程，应当是努力的方向。

第四章

行政诉讼判决研究

第一节　行政诉讼判决种类之界定

一、行政诉讼判决种类的概念与价值

对概念的准确把握是完成研究的重要基础。理解“行政诉讼判决种类”的概念可以从两个基本概念——“行政诉讼”和“判决”入手，进而准确把握行政诉讼判决种类的概念。

《行政诉讼法》第二条规定了行政诉讼的基本概念，即行政相对人认为行政机关的行政行为对其合法权益造成伤害，向人民法院提起的诉讼。判决是法院诉讼结果的最终形式之一。个体意义上，判决是原被告博弈的法律结果。宏观上，判决体现了国家对于诉讼纠纷的态度，是国家司法权威的体现。判决种类指法院根据现有法律的规定，依法对案件进行审理后，对特定行为是否合法以及原告的诉讼请求是否可得以支持做出判决的表现形式。

综上可以总结出，行政诉讼判决种类的概念即为：人民法院在审理行政案件终结时，根据审理所查清的事实，依据法律规定对行政案件实体问题做出的结论性处理决定的分类。

行政诉讼的价值就在于监督行政机关依法行使职权、保护行政相对人合法权益。如果在行政诉讼最终呈现环节——行政判决中，由于法官无法适用合适的判决种类而不能有效保护行政诉讼当事人，就无法实现行政诉讼的价值，司法权对于行政权的有效监督也必将受到质疑，中国法治进程也会因此受阻。所以行政诉讼的终极目的就是法院通过对行政行为的监督和审查，以达到维护行政相对人的合法权益。只有科学地设计行政诉讼判决种类才能使法院更加方便地、恰当地做出判决，才能更好地实现行政诉讼的价值。

二、行政诉讼判决种类与诉讼类型的关系

行政诉讼类型与行政判决种类之间的联系十分紧密。行政判决种类与诉讼类型是从不同角度的分类，但他们之间存在一定的关系。诉讼类型与判决种类并不是一一对应的关系，同一种诉讼类型可能出现多种不同的判决种类，同一种判决种类也可能出现在不同的诉讼类型中。行政判决种类的研究应当包含在行政诉讼类型研究中，因为只有阅遍了所有诉讼类型才能发现现有的判决种类制度的缺陷。同时，有效地区分不同判决种类的适用在行政诉讼类型化的基础上确立行政诉讼判决种类制度，对我国行政诉讼判决的完善有重要意义。了解行政诉讼判决种类与诉讼种类的关系，有利于厘清我国行政诉讼判决种类的应然设置，科学构建我国行政诉讼判决种类。

行政诉讼类型与原告的诉讼请求相对应，据此可以大致将行政诉讼类型划分为如下分类：撤销诉讼、课予义务诉讼、一般给付诉讼、确认诉讼、预防性停止作为诉讼以及公益诉讼等类型。

撤销诉讼是行政相对人要求人民法院撤销行政机关已经做出的行政行为的一种诉讼类型。撤销诉讼是一种形成之诉，其诉讼目的是通过司法救济的形式，使已经生效的行政行为溯及既往地失效，恢复到行政行为生效前的状态，以维护行政相对人的合法权益。

课予义务诉讼是行政相对人要求人民法院责令行政机关做出特定内容的行政行为的诉讼类型。课予义务诉讼前提是行政机关有义务做出某一行政法律行为，但是却怠于或拒绝做出，使得行政相对人处于不利情境，只得通过司法途径强制性要求行政机关做出某一行政行为。

一般给付诉讼是除了课予义务诉讼以外的要求行政机关给付金钱、做出行政事实行为等相关义务的诉讼类型。具体而言，其适用于以事实行为为履行标的的行政协议、一般行政事实行为以及履行内容为给付金钱的行政纠纷等。

确认诉讼是行政相对人要求人民法院将与其相关的处于不稳定状态

行政法律关系确认下来或者要求人民法院对行政行为进行法律评价的诉讼类型。单纯的行政确认诉讼不涉及改变行政行为，仅在法律上评价行政行为。

预防性停止作为诉讼是针对正在做出或者将要做出的行政行为，行政相对人请求人民法院做出判决制止行政行为的继续做出并发生效力的诉讼类型。这一诉讼类型是一种预防性的事前保护诉讼，我国目前尚未规定这一诉讼类型，但出于更全面和及时地保护行政相对人合法权益，应当增加这一诉讼类型。

除了以上主要的诉讼类型外，随着行政诉讼理论的发展，还出现了行政公益诉讼、行政机关诉讼等类型。行政诉讼类型是构建行政判决种类的基础，在本书构建我国行政诉讼判决种类体系一节，笔者将据此提出各主要诉讼类型对应判决种类，进一步阐明其实质联系。

第二节　行政诉讼判决种类的分类

任何种类的设定都需要一定的分类标准，分类标准不同，设定的种类就有所差异。行政诉讼判决种类亦是如此，按照不同的划分标准，可以将行政诉讼判决种类划分如下：

在程序上，可以按照审级划分，可以按照双方当事人是否到庭参加庭审划分。

在实体上，根据原告诉讼请求是否被人民法院支持可以分为否定判决、肯定判决及情况判决；根据法院对双方当事人争议的行政行为是否全部做出判定，可以分为部分判决和情况判决。

以上判决种类的分类标准是一般诉讼所共有的标准，行政诉讼根据其特点，可以根据《行政诉讼法》条文及相关司法解释等划分为更为丰富的判决种类。一般学界将行政诉讼判决种类以此为分类标准，将行政判决划分为撤销判决、撤销重作判决、变更判决、履行职责判决、给付判决、确认违法判决、确认无效判决、情况判决、驳回原告诉讼请求判决以及部分判决、补正判决、禁令判决等学界讨论的判决种类。本书采用的亦是一般学界的分类标准。

第三节　我国行政诉讼判决种类的立法分析

一、我国行政诉讼判决种类的历史沿革

新中国成立以来，我国行政诉讼判决种类经历了从无到有，从参照民事诉讼到自立门户，从旧到新的曲折过程。

(一) 雏形阶段

新中国成立后到1982年，我国没有建立行政诉讼制度。1982年《中华人民共和国民事诉讼法（试行）》颁布实施，其中第三条第二款规定了行政诉讼参照该法适用，这标志着我国虽然没有成文的行政诉讼法，但是已经存在了行政诉讼制度。行政诉讼判决种类也参照了民事诉讼，即判决支持原告的诉讼请求和驳回原告的诉讼请求。显然，这样简单的适用无法实现司法权对行政权的司法监督和制约，也无法有效保护行政相对人的合法权益，行政诉讼的功能受到了严重制约。

(二) 确立阶段

为了适应社会日益发展的需要，尤其是为了满足行政相对人对于行政机关违法行为寻求司法保护的需要，经过几番起草与讨论，1989年《行政诉讼法》颁布，1990年实施。1989年《行政诉讼法》的颁布实施意味着我国三大诉讼程序法的立法完成。1989年《行政诉讼法》自实施以来，加深了行政机关依法行政观念，为行政相对人敞开了司法救济的大

门。1989年《行政诉讼法》创立了四种法定的行政诉讼判决种类：

第一，维持判决。1989年《行政诉讼法》第五十四条第一款规定了维持判决。维持判决是人民法院认为被诉行政行为合法，做出维持行政行为效力的判决种类。第二，撤销判决。1989年《行政诉讼法》第五十四条第二款规定了撤销判决。撤销判决是人民法院认为被诉行政行为违法，全部或部分撤销被诉行政行为的判决种类。撤销判决也包括了撤销并且要求行政机关重新做出行政行为的撤销重作判决。第三，履行职责判决。1989年《行政诉讼法》第五十四条第一款第（三）项规定了履行职责判决。履行职责判决是人民法院要求负有法定履行义务的行政机关履行职责的判决种类。第四，变更判决。1989年《行政诉讼法》第五十四条第（四）项规定了变更判决。变更判决是人民法院认为行政机关做出的行政处罚违法，直接变更行政行为的判决种类。

为了适应行政司法实践的需要，2000年《若干解释》中又对确认判决和驳回诉讼请求判决进行了规定：

第一，确认判决。确认判决包括了确认合法、确认有效判决和确认违法、确认无效判决。2000年《若干解释》第五十七条第一款规定了确认合法、确认有效判决，第五十七条第二款规定了确认违法、确认无效判决。综合而言，确认判决是指人民法院确认行政行为合法、有效或违法、无效的判决种类。

第二，驳回诉讼请求判决。2000年《若干解释》第五十六条规定了驳回诉讼请求判决。驳回诉讼请求判决是人民法院对于原告诉讼请求的否定，做出不支持原告诉讼请求的判决种类。

（三）完善阶段

2014年新《行政诉讼法》出台，2015年5月1日起施行。2015年4月20日，最高人民法院审判委员会第1648次会议通过新的《最高人民法院关于适用〈中华人民共和国行政诉讼法〉若干问题的解释》（以下简称2015年《若干解释》）。新行政诉讼法和2015年《若干解释》对于行政判决种类进行了完善。条文数目上，1989年《行政诉讼法》仅有第五十四条规定行政诉讼判决种类，而新《行政诉讼法》第六十九条至第七十八条都是行政判决种类的相关规定。实质内容上，新法充分体现了保护行政相对人合法权益的行政诉讼目标，对原有的行政诉讼判决种类进行了增删，对一些判决种类适用条件进行完善。具体而言，新《行政诉讼法》在行政诉讼判决种类上的创新主要体现在：

第一，判决种类更加全面。有学者研究指出：实践中行政诉讼受案范围整体呈不断扩大的态势，但效果不如预期明显；行政诉讼立法对受案范围的规定，特别是抽象行政行为不可诉之规定，在一定程度上妨碍了民众的权利救济。新《行政诉讼法》在受案范围上的一个重要变化即以“行政行为”代替“具体行政行为”扩大了行政诉讼的受案范围，同时对于规章以下的规范性文件和涉及行政协议和民事争议的处理进行了明确规定：新《行政诉讼法》第七十八条第一款对于行政协议的争议规定人民法院可以判决行政机关承担继续履行、采取补救措施和赔偿损失的责任；第六十一条第一款规定对于当事人对行政机关处理的民事争议不服，人民法院可以一并审理，其裁判方式适用民事判决的裁判方式。行政诉讼受案范围是影响行政判决种类的一个重要因素，因此受案范围的扩大必将带来行政判决种类的更加全面。新《行政诉讼法》已经将行政诉讼判决种类扩充为：驳回原告诉讼请求判决、撤销判决、部分撤销判决、重作判决、履行职责判决、一般给付判决、确认违法判决、确认无效判决、变更判决、情况判决。

第二，判决方式上有所创新。新《行政诉讼法》和2015年《若干解释》对原有的判决种类进行了创新，表现在：其一，将饱受学界争议的维持判决取消，扩大驳回原告诉讼请求判决的适用范围，并在新法中以法条形式确认这一由司法解释创立的判决种类。这一做法说明立法机关认可了学界关于维持判决异于其他判决种类以原告诉讼请求为出发点的观点，使得驳回原告诉讼请求判决能够涵盖所有原告败诉的情形。其二，细化了履行判决，分为履行法定职责判决和履行给付义务判决。这一做法体现了在福利国家背景下，我国顺应了世界行政法学普遍将政府作为划分为行为作为和金钱给付作为的做法，是与时俱进的立法创新。其三，为了对接新《行政诉讼法》中将行政协议纳入行政诉讼受案范围的变化，新《行政诉讼法》及2015年《若干解释》中将情况判决予以完善，以法律条文的形式确定下来，这一做法为司法实践中出现行政协议争议及行政赔偿、行政补偿的处理提供了判决依据。

第三，判决条件更加科学。新《行政诉讼法》和2015年《若干解释》对于人民法院做出行政判决适用的具体情形也做出了更为科学的规定。比如驳回原告诉讼请求判决，新法在原法的适用情形基础上新增了“或者原告申请被告履行法定职责或者给付义务理由不成立的”之情形，这一规定使得驳回原告诉讼请求判决的适用情形更加周延。再比如确认行政行为无效判决，新法首次明确规定了适用条件，规定程序上行政行为实施主体不具有行政主体资格或者实体上没有行为依据等重大且明显违法情形，原告可申请确认行政行为无效，这一规定填补了原法中的空白。

二、我国行政诉讼判决种类的立法内容

根据我国现行的行政诉讼法，以判决内容为标准，可以分为撤销判决、履行职责判决、给付判决、变更判决、确认违法判决、确认无效判决、驳回判决、情况判决，以下将简单介绍各判决种类的立法内容。

（一）撤销判决

撤销判决是人民法院认为被诉行政行为违法，全部或部分撤销被诉行政行为的判决种类。撤销判决作为行政诉讼中基本的判决种类之一，在行政诉讼实践中使用十分广泛。根据是否全部撤销涉诉行政行为，可以分为部分撤销判决和全部撤销判决；根据是否含有要求行政机关重新做出行政行为的内容，可以分为一般撤销判决和撤销并重作判决。我国有关法律和司法解释对于撤销判决的规定如下：

《行政诉讼法》第七十条规定了撤销判决及其适用的积极条件，2000

年《若干解释》第五十七条第二款中规定的确认违法、确认无效判决的适用条件以及第五十八条中规定的情况判决的适用条件是撤销判决限制适用条件。2000年《若干解释》第五十四条中规定了撤销重作判决的判决效力。

撤销判决所撤销的必须是已生效的行政诉讼受案范围内的行政行为，意味着不包括《行政诉讼法》第十三条规定的受案范围的排除情形。根据上述法律和司法解释条文的规定，撤销判决的积极适用条件包括以下六种情形：

第一，主要证据不足。《行政诉讼法》及有关司法解释没有具体列举何谓“主要证据”，一般而言对于行政机关做出行政行为起主要作用的证据为主要证据，相对于次要证据，主要证据是行政机关据以作出行政行为的最重要依据。这一依据如果不充分，做出来的行政行为就没有说服力，难以认定为合法的行政行为，成为人民法院做出撤销判决的理由之一。

第二，适用法律、法规错误。此种情形一般包括两种：一种适用了错误的法律法规以及适用了法律、法规中错误的条款；另一种则是适用已经废止的法律、法规。

第三，违反法定程序。程序合法是实体公平正义的保证，只有按照法定程序做出的行政行为才是合法的。具体而言，违反法定程序一般包括违反了行政法规定的做出行政行为的方式、时限、手段等。

第四，超越职权。超越职权是指行政主体越过了法律授予行政主体的行政权力范围，这意味着行政主体做出的行政行为没有法律依据，属于无权行使行政权力的情况。具体包括了超越管辖级别、超越管辖范围、超越行政权力边界、超越行政权时限等情况，凡是以上情况做出的行政行为都属于超越职权的行为，是人民法院做出撤销判决的理由之一。

第五，滥用职权。滥用职权不同于超越职权，是行政主体仍然在其行政权力范围内行使行政权，但是做出的行政行为违背了公平正义原则，过度地行使行政权力，给行政相对人合法权益造成损害。

第六，明显不当。“明显不当”作为新《行政诉讼法》撤销判决的新增情形，是《行政诉讼法》针对中国行政执法现状的制度回应。这一增加解决了之前变更判决的局限，一些不适用于法院变更的如行政许可等行政行为，如果出现明显不当的情形，法院可以采用撤销判决。新法中“明显不当”的加入将使部分行政行为的合理性接受司法审查，这将会极大地促进行政机关合理使用自由裁量权，进一步增强行政机关合理行政、比例行政的自觉性，对行政相对人合法权益的保护具有不可估量的意义。

撤销判决的限制适用条件即不能适用撤销判决，而应该适用确认判决或情况判决，主要包括了不具备可撤销内容和撤销行政行为会给国家、公共利益带来重大损害的情形。

撤销重作判决做出后，原行政行为失效，行政主体应当重新做出不同的行政行为，例外情况是因程序违法被撤销或新行政行为虽然结果不变但改变主要事实依据、理由。如果行政主体仍然做出了相同的行政行为，人民法院可以依法提出司法建议。

（二）履行职责判决

《行政诉讼法》第七十二条规定了履行职责判决。履行职责判决是人民法院要求拒绝履行或怠于履行法定义务的行政机关履行法定职责的判决种类。

法律要求行政机关履行法定职责不仅要正确，而且要及时有效。行政机关怠于或者拒绝履行其法定职责同样会给公民的合法权益带来损害，为了防止行政机关以怠于或者拒绝履行法定职责作为规避行政问责的手段，应当重视治理行政不作为，这也就意味着履行法定职责判决将成为行政诉讼判决的一种重要形式。

据统计，2010 年全国法院一审判决责令行政机关履行法定职责的案件达 1142 件，占以实体判决方式结案的 3.8%，相对集中在土地管理、劳动和社会保障、城市规划和拆迁、房屋登记等领域。

新《行政诉讼法》完善和发展了处理行政不作为的诉讼规则：

第一，明确规定了行政机关不作为属于行政诉讼的受案范围。《行政诉讼法》第十二条第六款规定了不作为的情形。这款规定一方面明确了什么是行政机关不作为，一方面确定了行政相对人可以据此向人民法院寻求司法救济。

第二，明确了此类诉讼的诉讼时效起算点的问题。第四十七条规定了此类诉讼的起算点是行政机关在接到申请之日起两个月后，法律、法规对行政机关履行职责的期限另有规定的，从其规定。同时第二款规定了紧急情况下不受该起算点的规定。

第三，明确了行政不作为案件的证据规则。第三十八条规定了行政不作为案件原告举证的例外，第二款规定行政赔偿、补偿案件原告举证的例外。

新法在此三方面对于行政不作为案件做出的明确规定，是为了应对司法实践中行政不作为案件越来越多的，行政相对人更多的就此寻求法律救济的现状，这也意味着履行法定职责判决在行政诉讼判决中的比例将继续上升。履行判决的做出要同时满足以下几个条件：

第一，法律规定行政主体负有履行职责的义务。这一义务既可以是行政相对人申请后产生的，也可以是行政主体应当主动履行的。

第二，行政主体无正当理由拒绝或怠于履行职责。拒绝履行即行政主体不主动履行职责或对于行政相对人的申请不答复。怠于履行职责即行政主体超出法律规定的履行期限后履行职责。因无法抗拒的客观情况导致行政主体无法或不能及时做出行政行为，属于正当理由，是此条件的豁免情形。

第三，行政主体的履行职责义务是在行政相对人申请后产生的情况，行政相对人已经按法律规定向行政主体提出了申请。这种情况下，行政相对人的申请是行政主体履行职责义务的前提条件，如果没有这一前提条件，行政主体就没有履行职责的义务。

第四，判决行政主体继续履行职责仍有意义。一些行政行为的做出有较强的时效性，超过一定期限继续履行已经没有意义，人民法院应当按照法律规定做出确认违法判决或情况判决。

履行判决中应当附有履行期限，行政主体应当在判决规定的期限内按照法律规定和行政相对人的申请，履行法定职责。

（三）给付判决

《行政诉讼法》第七十三条规定了给付判决。服务型政府是现代政府的一个重要特征，中国政府也在努力转变政府职能，以行政给付为代表的受益性行政行为越来越多。《行政诉讼法》第十二条第（十）款将“认为行政机关没有依法支付抚恤金、最低生活保障待遇或者社会保险待遇的”之情形列入行政诉讼受案范围，是对行政给付行为日益重要的立法回应。

广义上的给付诉讼是当事人要求法院判令被告履行给付义务，这一义务包括了金钱和行为，对应着一般给付判决和课予义务判决。后者即履行职责判决，判决内容是要求行政机关做出一定的行政行为以履行职责。

区别于广义的行政给付诉讼对应的判决，我国行政给付判决是狭义的行政金钱给付判决，不包括履行行政行为或要求行政机关不作为的情形。《行政诉讼法》第七十二条规定了履行职责判决，第七十三条规定了给付金钱判决，这两条规定组成了我国给付诉讼对应的判决种类。

（四）变更判决

《行政诉讼法》第七十七条规定了变更判决。新《行政诉讼法》关于变更判决的规定有三处变化：第一，增加了其他行政行为涉及对款项的认定有错误的适用情形，扩大了变更判决的适用范围；第二，为保护行政相对人的合法权益，增加了诉讼禁止不利变更的条款；第三，使用“明显不当”替换原法的“显失公正”，统一了适用条件的用词。

变更判决是人民法院行使司法变更权，对行政主体做出的涉诉行政行为直接做出变更的判决形式。1989年《行政诉讼法》规定变更判决仅适用于行政处罚这一行政行为，这种规定是出于对司法变更权的谨慎考虑，但是从《行政诉讼法》保护行政相对人合法权益的目的来看，这一适用范围比较局限。鉴于此，新《行政诉讼法》将其他行政行为涉及对款项的认定有错误的情形列入适用范围，这一变化对于保护行政相对人合法权益、节约司法资源以及监督行政主体依法行政都有积极意义。这一修改限定了款额确定、认定有误的情形，可以看出立法者的谨慎态度，对此我们应当理解为涉及金钱的羁束行政行为，这应该也是立法者既想扩大变更判决适用范围以保护行政相对人合法权益，又要考虑防止司法权越位而做出的权衡考虑。

变更判决一经做出，原行政行为失效，行政诉讼当事人按照生效判决中的内容产生新的权利义务关系。

（五）确认违法判决

确认违法判决最早规定于2000年《若干解释》第五十七条，是最高人民法院为了满足行政诉讼实践发展的需要而确立的一种判决种类。在修改后的《行政诉讼法》中采纳并完善了这一判决种类。

司法实践中，为了应对一些被诉行政行为违法但不宜或者不能适用撤销、履行职责等判决的情形，创设了确认违法判决。新《行政诉讼法》第七十四条规定的确认违法判决分为两款，同为确认违法判决，但效果不同。第一款中的确认违法判决，又称为情况判决，被诉行政行为虽违法，但考虑其他法益，该行政行为仍然有效，不予撤销。第二款的确认违法判决中被诉行政行为虽违法，但客观上不需要撤销，只需宣告该行政行为违法。

在某种意义上，确认违法判决是对违法行政行为的“宽容”和妥协，需要严格适用，不能任意解释。适用确认违法判决需要坚持两个原则：一是确认违法判决是撤销判决、履行职责判决的补充，不是主要的判决形式；二是确认违法判决必须符合法定条件，法定条件要严格把握。适用确认违法判决的情形有：

第一，行政行为依法应当撤销，但撤销会给国家、社会造成重大损害。撤销一个行政行为意味着否定一个已生效的行政行为，而基于该违法行政行为，行政机关或第三人已经做出了某些行为。如果撤销违法行政行为，会给国家利益、社会公共利益造成更大的损害时，就无法适用撤销判决，只能退而求其次，适用确认违法判决。

第二，行政行为程序轻微违法，但对原告权利不产生实际影响。行政行为的做出往往需要行政机关利用行政资源主动做出或者行政相对人耗费时间、金钱等申请做出，因此对于程序轻微违法，且不影响行政相对人的实体权利的违法行政行为，可以不做出撤销判决。对于何种情况属于程序轻微违法在各个国家中规定不一，我国《行政诉讼法》也没有做出明确规定，需要依靠审判者根据案件具体情况判断。《行政诉讼法》中规定此类情况应当做出确认违法判决，但笔者认为可以做出补正判决，在论述补正判决时将做详细说明。

以上两种情形，做出确认违法判决后，行政机关应当采取补救措施，对于原告的损失应当承担赔偿责任，被诉行政行为继续有效。还有三种情形属于客观上不可继续履行或者撤销，人民法院应当判决确认违法：

第一，行政行为违法，但不具有可撤销的内容。有的行政行为一经做出即成事实，不具有撤销的内容。比如政府违法公开了涉及原告商业秘密或者个人隐私的信息，这些信息一经公开既成事实，不具有撤销的可能。对此，人民法院只能判决确认违法。

第二，行政机关改变原违法行政行为，原告仍然要求确认行政机关违法的。显而易见，行政机关已经改变原行政行为，原行政行为已经被新行政行为所取代，如果原告仍然要求撤销原行政行为或者确认原行政行为违法，人民法院只能判决确认违法。

第三，行政机关不履行或怠于履行法定职责，判决履行已经没有意义。某些行政行为的做出有较强的时效性，如果错过合适的时机，再履行已经不具有条件或意义，此类情况适合判决确认违法。

确认违法判决可以理解为其他判决种类的一个补充，是在无法做出其他判决的情况下，给行政相对人一个法律结果。新《行政诉讼法》第七十四条、第七十六条在2000年《若干解释》的基础上完善了确认违法判决的相关规定，主要表现在：

第一，取消了确认合法、确认有效判决。这两种判决种类是原《行政诉讼法》维护行政机关依法行使行政职权立法目的的体现。然而这两种判决种类本身很容易混淆，又难以和驳回原告诉讼请求判决区分。新《行政诉讼法》去除了维护行政机关依法行使行政职权的立法目的，回归了保护行政相对人合法权益的价值追求，取消了这两种确认判决种类。

第二，细分了确认违法判决的适用情形。第七十四条第一款规定了本应撤销，但考虑到国家利益、社会公共利益以及行政资源不予撤销，做出确认违法判决。

第二款规定了本应判决行政机关履行职责或撤销行政行为，但基于无撤销内容、不具有继续履行的意义等情况的考虑，做出确认违法判决。这两种分属于权衡利益和考虑客观情况的情形比2000年《若干解释》的规定更加清晰，更方便审判人员的运用。

（六）确认无效判决

新《行政诉讼法》第七十五条规定了确认无效判决。新《行政诉讼法》明确了确认无效判决的适用条件。2000年《若干解释》第五十七条第二款第（三）项规定行政行为依法不成立或者无效是确认无效判决的适用情形，这一规定模糊笼统，司法实践中很难据此做出确认无效判决。而新《行政诉讼法》明确了重大且明显违法的适用条件并且列举了“实施主体不具有行政主体资格”和“没有依据”两种情形，使得确认无效判决的适用条件更具可操作性。

增加确认无效判决的必要性如下：

第一，完善行政诉讼制度的必然要求。行政诉讼的最终目的是以司法途径解决行政争议，能否实现这一目的很大程度上取决于行政诉讼程序是否完备，尤其是行政诉讼判决种类的设置是否科学。对于无效行政行为和普通违法行政行为，司法实践中采用撤销判决的方式无差别处理，这一做法没有体现出无效和普通违法程度上的差别，不符合细化法律制度的要求，也无法满足司法实践中的需求。因此增加确认无效判决是完善行政诉讼制度的必然要求。

第二，可以更好地解决行政争议。司法救济作为行政争议最终的救济途径，应当力求实质性地解决行政争议，达到定纷止争的效果。确认无效判决的引入可以将重大违法的行政行为纳入行政诉讼的受案范围，使其受到司法审查和制约，防止将争议扩大化，引发社会矛盾。

第三，反向激励行政机关依法行政。将重大明显违法的行政行为与普通违法行为区分，进行更为严厉的判决，让行政机关承担更为不利的后果，可以让行政机关感受到司法压力，注重做出行政行为的质量，提高依法行政的意识。

第四，将推动我国行政立法和行政法理论的发展。对比我国关于民事行为的规定，《中华人民共和国民法通则》中早已规定民事可撤销行为和民事无效行为。行政行为违法同样亦可根据程度不同分为普通违法和严重违法行为，对其判决也应该区分为撤销判决和确认无效判决。在很多国家立法中和我国地方性法规中均做出过类似区分规定，但直至新《行政诉讼法》出台才最终得以以法条形式确认。这无疑是我国行政立法的一大进步，也将会推动我国行政立法和行政法理论的发展。

（七）驳回判决

驳回诉讼请求判决是人民法院经过审理，认为原告诉讼请求不能得到法院支持，做出的否定性判决。2000年《若干解释》第五十六条规定了驳回原告诉讼请求的具体情形，在新《行政诉讼法》出台之前，我国司法实践中驳回原告诉讼请求判决长期使用该司法解释作为判案依据，这也是迫于《行政诉讼法》中没有条文规定这一判决种类。新《行政诉讼法》第六十九条规定了驳回判决。从此，驳回判决正式成为法定的行政判决种类。

新《行政诉讼法》取消了维持判决这一判决种类，同时扩大了驳回原告诉讼请求判决的适用范围。维持判决一直是行政诉讼法学界质疑和批判的行政判决种类，1989年《行政诉讼法》第五十四条第一款规定了维持判决的适用情形。对比驳回判决的适用情形，两者无非是从两个角度论述相同的判决结果：维持判决是认为行政机关做出的行政行为程序合法、适用法律正确，是合法的行政行为；驳回判决是法院认为原告诉讼请求不成立。两者是对同一结果的正反论述。

维持判决作为我国特有的行政诉讼判决种类，是1989年《行政诉讼法》维护行政机关依法行使职权立法目的的产物。这一偏离保护行政相对人合法权益立法价值的判决种类饱受争议，学界对维持判决的争议主要集中在：第一，维持判决不符合现代行政法理念保护行政相对人合法权益的价值理念，是行政强权体制下的产物；第二，行政行为具有公定力，一经做出即被推定为合法有效，只有否定行政行为效力时才需要司法判决的介入，而维持判决却重新确认了行政行为的有效性，显然与行政行为效力理论相互矛盾；第三，维持判决违背了诉请一致的诉讼理论。立法者在新《行政诉讼法》中回应了学界关于取消维持判决的呼声，在新《行政诉讼法》第六十九条以驳回判决取代了维持判决，这一改变与新《行政诉讼法》去除“维护行政机关依法行使职权”的立法目的相对应，使得人民法院以原告诉讼请求为出发点审判案件，同时避免了诉请不一致和维持判决致使行政行为难以变更的问题。

总结新《行政诉讼法》第六十九条和2000年《若干解释》第五十六条的规定，驳回诉讼请求判决的适用条件为：第一，起诉被告不作为理由不能成立的。可能是行政主体没有法定履行职责的义务或行政相对人未提出申请等情形。第二，被诉具体行政行为合法但存在合理性问题的。司法权仅对行政行为合法性进行审查，对于涉及行政自由裁量权的合理性审查，仅在明显不当的情况下才会审查。第三，被诉具体行政行为合法，但因法律、政策变化需要变更或者废止的。这一条件可以总结为政策性因素。第四，行政行为证据确凿，适用法律、法规正确，符合法定程序的。这一条即为维持判决的适用条件，在新《行政诉讼法》中被列入驳回判决的适用范围。第五，原告申请被告履行法定职责或者给付义务理由不成立。第六，其他应当判决驳回诉讼请求的情形。鉴于驳回判决是一种广泛适用的否定性判决，因此需要设置这一兜底条款。

（八）情况判决

新《行政诉讼法》第七十六条、第七十八条是情况判决在新法中的条文体现。情况判决并非新法规定的新判决种类，在2000年《若干解释》第五十八条的规定是情况判决的法律渊源。此次修法将情况判决的规定上升为法律条文，体现了立法者对于情况判决的重视和对司法实践中情况判决被大量应用的回应。有学者亦称"情况判决"为"补救判决"。其具有以下特征：

第一，情况判决属于从判决。从判决必须依附于特定的主判决种类，情况判决以确认违法、确认无效或撤销判决的做出为前提。

第二，情况判决的做出是为了追求行政法律关系的安定。在确认违法、确认无效或者撤销判决的情况下，人民法院为了国家利益或公共利益做出的行政判决虽然对行政行为作了法律上的评价，达到了司法权对行政权的监督，但是行政相对人基于信赖原则而造成的损害没有消除。这种情况下，为了防止行政法律关系继续处于不稳定状态，有必要附加情况判决。

新《行政诉讼法》虽然将情况判决以法律条文的形式确定下来，但在具体适用条件上仍缺少明确规定，补救期限上也未能完善，存在着不足。

三、我国行政诉讼判决种类的立法缺陷

1989年《行政诉讼法》和2000年《若干解释》确立的行政诉讼判决种类制度曾经填补了我国行政诉讼的空白，发挥过积极作用。但是随着行政诉讼实践的发展，原法已经不能满足行政诉讼实践的要求，其缺陷日益显著。2014年我国《行政诉讼法》进行了修改，2015年发布了最新的司法解释。新修改的《行政诉讼法》对行政诉讼的很多方面都进行了

完善，对于行政诉讼判决种类有针对性地进行了增减和修改。以前被学界诟病的立法缺陷很多也得到了修正。但存在一些需要深层改革的立法缺陷。

（一）与行政诉讼类型相脱离

我国现有的行政诉讼判决种类是以判断行政行为是否合法来设定的，忽视了原告诉讼请求这一诉讼源头的因素。原告诉讼请求决定着行政诉讼类型，忽视原告诉讼请求意味着行政判决种类与行政诉讼类型相分离，这种仅判断行政行为是否合法而不考虑原告诉讼请求的做法不仅不科学而且无益于保护行政相对人合法权益。行政诉讼源于原告的诉讼请求，在对行政行为进行合法性审查时，为了了解行政行为的完整过程可以突破原告诉讼请求的界限，但是在结案时应当回归原告诉讼请求，不仅要考虑行政行为是否合法，而且应当考虑原告的合法权益是否得到了司法救济。因此我国行政诉讼判决种类的设定应当考虑原告诉讼请求这一因素，即应当将行政诉讼类型与行政判决种类结合起来。

行政诉讼判决种类的确定前提是行政诉讼类型的确定，两者有先后逻辑顺序，即要先确定行政诉讼类型，再在此基础上构建行政诉讼判决种类的体系。这一点英美法系和大陆法系国家都予以认可。我国《行政诉讼法》中以分散的条文规定判决种类，与行政诉讼类型联系不够紧密，没有顾及两者的逻辑关系，使得我国的行政诉讼判决种类没有根基，成为无本之木。这是我国行政诉讼判决种类体系不严密的重要原因之一。

（二）判决种类设置不科学

我国行政诉讼判决种类缺少事前及诉讼中的救济途径，缺少辅助判决种类：

一方面，我国目前行政诉讼判决种类都是针对已经发生效力、对行政相对人已经产生影响的行政行为，对于正在做出和将要做出的行政行为缺少司法救济途径。对比英美法系和大陆法系的典型国家，英国的禁令判决、禁制令判决和宣告令判决都可以针对正在做出或将要做出的行政行为以及诉讼中正在做出的行政行为进行救济。德国的预防性确认判决和预防性停止作为判决，也可以对生效前的行政行为进行司法审查。我国缺少此类判决种类，在行政行为做出之前，行政机关往往先行采取扣押、查封等手段控制行政相对人的财产甚至限制行政相对人的人身自由，而此时处于不利地位的行政相对人只能等到行政行为做出以后才得以通过司法途径寻求救济，此时，行政机关的先行行为已经对行政相对人产生了不利影响，行政相对人却无法提起行政诉讼。这显然不利于全面、及时、有效地保护行政相对人的合法权益。从司法审查效率和司法资源的角度考量，缺少此类判决种类也是一大缺憾。

另一方面，缺少辅助判决种类。我国目前规定的行政判决种类多为主要判决种类，缺少部分判决、补正判决这样的辅助判决种类。如果在行政诉讼中，可以查明一部分事实，有做出判决的条件且对于案件整体结果没有影响的，即可不必等到全部事实查明再做出判决，可以先行做出部分判决。对于符合程序轻微瑕疵，不影响行政相对人实体权利的，可以不必撤销，这样既浪费了行政资源，也影响了行政效率，可做出补正判决。辅助判决可以提高司法效率，也有助于行政相对人尽快得到司法救济，我国应当考虑设立辅助判决种类。

（三）判决适用条件不完善

我国部分行政判决种类适用条件不甚完善，以驳回诉讼请求判决、确认违法判决和履行职责判决为例：

驳回诉讼请求判决应适用于所有否定原告诉讼请求的情况。虽然新《行政诉讼法》中，驳回判决已经取代维持判决，但对于确认违法判决，也是否定原告诉讼请求的判决种类，无论是出于权衡利益考虑还是客观情况的考虑，原告的诉讼请求也未能得到法院的支持，从诉判一致原则考虑，亦应当做出驳回判决。

确认违法判决未能考虑个人利益。确认违法判决是一种利益权衡后的妥协判决种类，这一判决种类需要权衡国家利益、社会公共利益和撤销行政行为的利弊。然而司法实践中，社会公共利益被扩大化，众多案件判决结果所谓的“社会公共利益”其本质就是个人利益。确认违法判决考虑个人利益是司法实践的现实需要，也是现代行政法治理念的需要。

履行职责判决适用条件前后不一致、阻却事由不明。新《行政诉讼法》第七十二条规定履行职责判决的适用条件为“不履行法定职责”，相比1989年《行政诉讼法》第五十四条第三款“不履行或者拖延履行法定职责”删除了“拖延履行”，这显然并非是要缩小履行职责判决的适用范围，立法者本意应当是使用广义的“不履行”概念来涵盖“拒绝履行”和“拖延履行”两种情况。但在新《行政诉讼法》第七十四条第二款第（三）项却又规定了“不履行与拖延履行”，这里的“不履行”应当狭义理解为“拒绝履行”，在一部法律中，一个概念前后应当一致，而关于“不履行”这一概念却出现了前后矛盾的情况。在2015年《若干解释》第二十二条中规定了逾期履行的阻却事由为正当理由，但是没有对正当理由做出更为详细的规定或列举。

除此以外，在判决种类适用条件中出现了很多难以准确界定，可操作性不够的词语。如“滥用职权”“明显不当”“社会公共利益”等。司法实践中，案件情况千差万别，需要赋予法官一定的自由裁量权，一些概括性的词语也无法完全列举。但法官自由裁量权过大也会导致相似案情处理结果的不一致，从而影响司法权威，同时也会给公民在理解《行政诉讼法》上带来偏差。

（四）判决效力的规定缺乏

行政判决做出后，对行政诉讼的两方均会产生不同的法律效力，这一效力决定着判决执行情况，而判决的执行决定着能否达到诉讼的终极目的——定纷止争。

如果判决缺乏效力，行政相对人不得不再次寻求救济，对司法失去信心，影响司法权威，司法权对行政权的监督也成为空谈，行政机关也会失去对司法判决应有的敬畏感。

遗憾的是，我国目前很多行政判决种类缺乏判决效力的内容：法官在履行判决中仅判决行政机关应当履行法定职责，但未明确履行期限和履行方式等涉及判决具体执行、影响判决效力的内容。在撤销重作判决中，法官仅在判决中判决行政机关应当重新做出行政行为，但也没有规定重新做出行政行为的方式和时限。这些缺乏执行效力内容的判决会使行政关系再次不稳定，而行政相对人如果再次选择司法救济，又会陷入同样的循环中。这是目前我国行政诉讼的顽疾，其重要原因就是《行政诉讼法》规定判决种类的条文中缺乏判决效力的内容。

（五）判决瑕疵的补正不明

行政判决书一经做出即终结了诉讼争议，产生了既判力。正常情况下，双方应当按照判决内容履行判决书中的义务或者由执行机构强制履行义务。对于出现认定事实错误或者程序违法等错误判决可以通过审判监督程序进行补正。但司法实践中会出现由于判决本身的瑕疵，如判决书中有误写、误算以及其他类似的显然错误，而阻断了履行行为。这种判决瑕疵情况使得本身应该确定了的权利义务关系再次不稳定，对维护司法权威和保护权利人合法权益都会产生不利影响。

我国《行政诉讼法》中没有明确规定判决瑕疵的补正，根据《行政诉讼法》规定参照《民事诉讼法》的规定，《民事诉讼法》仅在第一百五十四条中规定“补正判决书中的笔误”适用裁定。这样的规定过于笼统，对于启动补正判决书裁定的主体没有明确规定，缺乏对于补正判决书裁定的救济途径，对于适用补正判决书裁定的范围缺少统一标准。面对我国司法实践中行政判决书中存在的瑕疵情况，亟须对行政判决的瑕疵补正做出统一详细的法律规定。

本节作为我国行政诉讼判决种类的立法分析，首先以雏形阶段、确立阶段、完善阶段介绍了我国行政诉讼判决种类的历史沿革，然后介绍了我国撤销判决、履行职责判决、给付判决、变更判决、确认违法判决、确认无效判决、驳回判决、情况判决的主要立法内容，最后分析了我国目前的行政诉讼判决种类制度的一些缺陷。

第四节　我国行政诉讼判决种类的实践分析

对行政诉讼判决种类进行数据统计，可以通过数量关系体现行政判决种类在一段时间内的变化，帮助预测未来行政诉讼判决种类的发展趋势，辅以验证和补充学术理论观点。对具体行政判决的分析和对从事行政诉讼审判人员进行访谈，可以从个例出发，以小见大，审视我国行政诉讼判决种类制度。

一、样本选择与调查设计

本次研究收集的案例为广东省 Z（地级）市 A 基层法院 2005—2013 年和山东省 R（县级）市 B 基层法院 2006—2013 年的行政案件。因此数据及案例都是 2014 年《行政诉讼法》修改之前的，鉴于实践中新修改的法律往往需要一段时间才能落实到位，本书写作也集中在 2015—2016 年，数据和案例收集集中在 2014 年，因此本章部分数据和案例存在滞后性，但也可从侧面反映出实践中存在的问题有一些已经在 2014 年的修改中得到解决，有一些仍然需要进一步完善。后续笔者从中国裁判文书网上选择了四川省 C 市 C 基层法院和 Q 基层法院、湖北省 W 市 J 基层法院、上海市 X 基层法院作为西部、中部、东部省市的代表法院，选取了这几个基层法院的 2015 年 5 月以后的 30 份一审行政判决作为研究对象。

Z 市和 R 市分别为我国南方沿海城市和北方沿海城市，Z 市是我国不设区的地级市之一，R 市为 1993 年新成立的县级市。通过表 4.1 关于 A 基层法院行政案件分析和表 4.2 关于 B 基层法院行政案件分析可以较具代表性地反映出我国行政诉讼一审案件的情况。需要指明的是，A 基层法院2008年第90—132号案蒲某不服房地产登记备案诉Z市国土资源局、第166—216号案叶某不服国土行政登记诉Z市国土资源局等案件情况特殊，这94个案件由于当地社会关注度较高，已经延期审理，在调研时并未看到案件判决结果。除去这94个未反映是否判决结案的案件，2008年行政判决占比为62.21%。

表4.1　A法院2008—2016年行政案件数量概况

年份	行政案件总数(件)	行政判决总数(件)	行政判决占比
2008	122	81	66.39%
2009	114	84	73.68%
2010	187	113	60.43%
2011	311	135	43.41%
2012	229	163	71.18%
2013	216	137	63.43%
2014	353	177	50.14%
2015	235	131	55.74%
2016	297	152	51.18%

表4.2　B法院2009—2016年行政案件数量概况

年份	行政案件总数(件)	行政判决总数(件)	行政判决占比
2009	12	7	58.33%
2010	57	4	7.02%
2011	74	17	22.97%
2012	115	28	24.35%
2013	52	21	40.38%
2014	61	16	26.23%
2015	92	13	14.13%
2016	60	19	31.67%

分析比较以上关于行政案件数量概况的图表可以看出：

第一，行政案件的数量在近年来平稳上升，由于行政案件多与当地行政环境因素密切相关，因此在某些发生群体事件的年份，会出现数量上的激增，但在 B 法院，行政案件需要行政庭领导先于立案庭审查立案条件，经过行政庭领导签字批示后，立案庭才予以立案。这种严苛的立案条件使得 B 法院的行政案件数量上变得更少。

第二，以行政判决方式结案的比例总体呈现下降趋势，这在 A 法院可以更好地呈现。B 法院行政案件一直不是很多，并且这一比例平均也只有 20%~30%。这与 B 法院行政立案制度有关系。行政案件数量的激增并不代表行政判决数量的激增，分析原因可能是群体事件最终的解决方式多以原告撤诉或其他非判决方式解决。

此次关于行政诉讼判决种类的实证研究作为本研究的一部分，主要是从实践的角度以两个法院行政案件的判决为样本进行分类数据分析，分析两个法院的行政判决文书中反映的问题，针对典型的行政诉讼判决进行案例分析，对部分一线行政庭法官进行访谈的形式了解司法实践中行政诉讼判决种类的现状。

二、调研数据之分析

将不同种类行政判决进行比较可以看出实践中哪一行政诉讼判决种类应用的最为广泛。表 4.3 和表 4.4 反映的是 A 法院和 B 法院各行政判决种类占比情况，表 4.3 和表 4.4 可以反映出 A 法院和 B 法院各行政判决种类的变化趋势。由于此为 2014 年《行政诉讼法》修改之前的数据，因此仍然存在维持判决，笔者也对此进行了统计。由于实践中很多判决中存在两种判决种类并存的现象，比如维持判决与驳回判决、确认判决与驳回判决，笔者在统计的时候采取的做法是重复计入了不同的判决种类，因此判决种类占比可能并非 100%。

表 4.3　A 法院 2005—2013 年各行政判决种类占行政判决百分比

年份	撤销判决	驳回判决	维持判决	履行判决	确认判决	变更判决
2005	4.94%	24.69%	81.48%	0.00%	3.70%	0%
2006	0.00%	45.24%	72.62%	0.00%	4.76%	0%
2007	0.00%	39.82%	59.29%	0.88%	0.00%	0%
2008	0.74%	51.85%	70.37%	0.74%	0.00%	0%
2009	1.23%	66.87%	44.17%	0.00%	0.00%	0%
2010	1.46%	80.29%	18.98%	0.00%	1.46%	0%
2011	2.82%	85.88%	11.86%	0.00%	0.00%	0%
2012	3.82%	91.60%	4.58%	0.00%	0.76%	0%

表 4.4　B 法院 2006—2016 年各行政判决种类占行政判决百分比

年份	撤销判决	驳回判决	维持判决	履行判决	确认判决	变更判决
2006	42.86%	28.57%	0.00%	0.00%	28.57%	0%
2007	0.00%	50.00%	25.00%	25.00%	0.00%	0%
2008	41.18%	0.00%	23.53%	35.29%	0.00%	0%
2009	7.14%	10.71%	78.57%	3.57%	0.00%	0%
2010	66.67%	4.76%	23.81%	4.76%	0.00%	0%
2011	56.25%	6.25%	37.50%	0.00%	0.00%	0%
2012	23.08%	0.00%	61.54%	15.38%	0.00%	0%
2013	52.63%	21.05%	26.32%	0.00%	0.00%	0%

从以上分析数据可以看出：

第一，驳回判决与维持判决是司法实践中主要应用的判决种类，这一点在 A 法院表现尤为明显。A 法院驳回判决比例自 2008 年以后均在 50% 以上，2012 年更是高达 91.6%，维持判决比例在 2008 年以前均在 50% 以上，若按照 2014 年修改后的《行政诉讼法》，驳回判决的比例在行政判决种类中占有绝对的比例。履行判决、确认判决较少被应用，这可能与行政诉讼中，原告胜诉率总体较低有关。B 法院的判决种类比例没有 A 法院明显，但驳回判决与维持判决总和还是占据着一定的比例。B 法院的情况可能与其行政诉讼立案情况有关，能够立案的行政诉讼案件基本都是行政机关有明显违法情况存在，因此有较高的撤销判决比例。

第二，驳回判决比例与维持判决比例此消彼长。从 A 法院的行政判决分类比较折线图可以看出，驳回判决的比例呈上升趋势，最高的 2012 年达到 91.6%，而维持判决比例呈下降趋势，最低的 2012 年仅为 4.58%。这一趋势与学界所建议的取消维持判决和 2014 年《行政诉讼法》修改的做法一致，因此，维持判决的取消既是学界提议的结果，也是实践中的反映。

第三，两个法院近几年都没有做出变更判决。一方面可能与变更判决本身仅适用于行政处罚类案件，适用范围过窄有关；另一方面可能与司法机关本身不愿意行使司法变更权有关，拒绝行使司法变更权的原因可能有多方考虑。

新修改的《行政诉讼法》于 2015 年 5 月 1 日开始实施，为了补充调研数据，我们在中国判决文书网上从 J、X、C 和 Q 基层法院中随机选取 30 份 2015 年 5 月 1 日后宣判的行政一审判决进行了判决种类数据统计，J 法院是我国中部某省份的基层法院，X 法院为我国东部某直辖市的基层法院，C 法院和 Q 法院为我国西部某省份的基层法院，由于该省份一个基层法院一审行政判决数量较少，因此选择两个该省份基层法院随机选择案例。统计表格如表 4.5。

表 4.5　X、J 和 CQ 基层法院各行政判决种类占行政判决百分比

基层法院	履行判决	驳回判决	确认违法	撤销判决
X 法院	0%	100%	0%	0%
J 法院	20%	70%	10%	20%
C 法院和 Q 法院	70%	40%	10%	40%

从以上数据可以看出，撤销判决、履行判决、驳回判决和确认判决作为主要的判决类型没有改变，驳回判决仍然占有较高的比重，在随机抽取的案例中 X 法院更是 100% 的驳回判决比例。这与 A 法院调研数据的趋势一致，驳回判决在维持判决取消后，成为统一的原告败诉的判决种类。

X 法院 100% 的驳回判决比例比较 C 法院和 Q 法院判决种类多样，笔者猜想这种判决种类多样性的变化可能与行政案件数量有关，尤其是行政判决数量。东部省份行政判决数量本身较多，叠加驳回判决占据比例较大的因素，所以容易出现随机抽样恰好全部为驳回判决的情况。C 法院和 Q 法院的比例比较准确地反映出行政诉讼法修改后司法实践中行政判决种类的情况。

三、存在问题之分析

这一部分将通过一线办案人员的陈述和一审行政案件判决书的节选来分析判决种类在实践中存在的问题。

(一) 审判人员的裁判标准不一

经过对 R 市 B 基层法院的两名行政庭一线审判人员的访谈，可以看出他们在行政审判实践中行政判决种类的使用上的一些困惑。

访谈的主要问题是：你在行政审判中是如何把握各行政判决种类的？助理审判员 A 回答如下：我们在行政审判过程中会根据事实首先判断原告的诉讼请求是否能够得到支持，如果原告诉请能够得到支持，再在撤销判决、确认判决、履行判决以及赔偿判决等几类判决中根据案件具体情况选择，这几种判决的选择当然也是按照行诉法中的适用情况选择。实践中有些原告对于判决结果会感到不解，比如最后判决结果确认违法，因为出现了不能撤销或者不能要求被告履行的情况，这时候有些原告无法理解，我们也会给原告解释原因。反过来，如果说原告的诉请不能得到支持，那么就在驳回判决、维持判决等几类判决中根据案件具体情况选择。一般而言，我们是根据原告诉讼请求来决定使用哪种判决种类，比如原告的诉讼请求较多，除了要求确认行政行为违法，还要求确认另一项行政行为有效，还要求行政机关履行某一行政行为以及一些其他的诉讼请求，如果根据案件事实，认为原告诉请不能得到法律支持，我们会使用驳回判决一并驳回原告多个诉讼请求。维持判决一般是针对原告要求撤销某一行政行为的时候，如果原告诉请得不到法律支持，我们就会使用维持判决来维持行政机关的行政行为。当然，这也不是唯一的标准，不同的审判人员对这几种判决种类把握的标准也是不一样的。

助理审判员 B 回答如下：在审理行政案件的时候，法院首先会协调双方当事人，一般来说先是安抚原告，然后联系被告行政机关，了解其中的详情。如果行政行为确有错误，会看行政机关是否会积极与原告沟通并妥善解决事情，如果是的话又会协调原告撤诉。如果是原告的诉请明显无法律依据也会协调原告撤诉。这也是降低行政判决率的一种方式。如果最后案件到了需要判决的阶段，基本上是一样的，就是开始分大类，看看原告的诉请能否得到支持，然后再依据具体情况适用不同判决种类。实践中确实在有些判决种类适用上要考虑各方面因素，比如履行判决是否要明确一个期限，这个期限是否合理？维持判决和驳回判决是不是一样的适用条件？我们在这些问题上有时候还是比较困惑。

通过以上两位助理审判员的回答可以总结如下：在行政审判实践中，存在着审判者放弃法律监督权，或迫于政治任务等因素，人为降低行政案件数量及行政判决数量。在行政判决中，行政判决种类适用出现了行政诉讼法中未提及的问题。维持判决与驳回判决的适用问题已经因为维持判决的取消而解决。

(二) 裁判文书援引依据混乱

判决节选一，节选自 (2010) 乳行初字第 52 号：

主要案情：2010 年 5 月 26 日，六名原告书面形式以特快专递的方式向镇政府邮寄一份告知书，反映 R 市 H 镇 X 村村委村集体账目不公开，账务管理混乱，要求镇政府责令X村村委公开现任村主任于某上任以来的账目及村务（包括土地转包、工程发包、修路等），接受群众监督。被告R市H镇人民政府收到告知书后，于2010年6月3日向H镇X村下发了通知书，对于原告反映的问题通知X村进行自查，并要求将自查结果报告镇政府经管站，X村于2010年6月7日向镇政府经管站出具了书面自查报告，镇政府经管站于2010年6月9日出具了“关于X村部分群众反映财务不公开问题的调查结果”。

依据《最高人民法院关于执行〈中华人民共和国行政诉讼法〉若干问题的解释》第五十六条第（一）项、第六十条第二款之规定，判决如下：

一、被告R市H镇人民政府于本判决生效之日起两个月内依法对R市H镇X村村民委员会成员进行任期经济责任审计，并公布审计结果。

二、驳回原告赵某要求被告R市H镇人民政府恢复职务的诉讼请求。

三、驳回原告赵某要求被告R市H镇人民政府对R市H镇X村村民委员会成员进行离任经济责任审计的诉讼请求。

案件受理费50元，由原告赵某与被告R市H镇人民政府各负担25元。

判决节选二，节选自（2008）中法行初字第286号：

主要案情：被告Z市公安局辅警于2008年8月25日11时许在Z市某车站附近执勤时，认为原告驾驶粤J134C7两轮摩托车搭载两名乘客、乘客未戴安全头盔，且原告未穿标识营运资格的制式服装，涉嫌非法营运和道路交通违法，遂将原告带至附近的公安执勤点交由民警处理。民警依据《中华人民共和国人民警察法》第二条、第六条第（三）项、第七条，《公安机关办理行政案件程序规定》第三十八条、第三十九条第一款第（六）项、第八十八条第一款的相关规定，开具了编号为0008410号扣押物品清单（原告住址登记为江西某村），对原告的摩托车予以扣押，并将原告交由交警处理。交警对原告进行了处罚，同时，被告Z市公安局在执法现场对原告和其搭载的乘客进行了询问，认为原告涉嫌非法营运，遂根据《公安机关办理行政案件程序规定》第四十一条、第九十三条规定，于当日将扣押的摩托车及相关材料移交被告Z市交通局处理。被告公安局与被告交通局在编号为0001701号的《Z市公安局随案移交物品、文件清单》上签名盖章后，移交了上述摩托车。随后，被告Z市交通局开展调查审核工作。2008年8月26日，被告中山市交通局做出编号为12012535号的《交通违法行为通知书》。被告Z市交通局认为原告留下的地址是其原家乡地址且不确切详尽，准备采取公告送达方式进行送达。2008年10月21日，原告前往被告中山市交通局要求放车，但未签收《交通违法行为通知书》。原告不服行政强制并要求行政赔偿。

依照《最高人民法院关于执行＜中华人民共和国行政诉讼法＞若干问题的解释》第五十六条第（一）（四）项、《最高人民法院关于审理行政赔偿案件若干问题的规定》第三十三条之规定，判决如下：驳回原告刘某的诉讼请求。案件受理费50元，由原告刘某负担。

以上两个案件涉及驳回诉讼请求判决和行政赔偿判决的判决依据均是最高人民法院的司法解释。驳回诉讼请求判决和行政赔偿判决都是司法实践经常要援引的判决方式，但是由于原《行政诉讼法》对此规定的不完善导致相关裁判文书在援引时只能援引司法解释。

《最高人民法院关于司法解释工作的若干规定》第十四条规定："司法解释与有关法律规定一并作为人民法院判决或者裁定的依据时，应当在司法文书中援引。援引司法解释作为判决或者裁定的依据，应当先引用适用的法律条款，再引用适用的司法解释条款。"以上文件规定本身说明，最高人民法院混淆了法院适用中的法的规范与裁判依据的本质区别。最高人民法院显然将法律文书中引用的法的规范与裁判依据画上了等号，而裁判依据只能是法律。司法解释在法律效力位阶上低于法律，可以在判决案件中予以适用，但不能成为审判依据。即使援引也应当先引用法律条款再引用司法解释，而行政判决的一些种类根本没有明确法律规定，只出现在司法解释中。

(三) 行政判决种类应用不当

据上文分析的行政判决种类数据比较，司法实践中应用最为广泛的是驳回判决和维持判决，而撤销判决、履行判决、变更判决、确认判决应用少之又少。在撤销判决中一些应当判决撤销并重作的情形，仅被撤销。

案例节选自 (2011) 乳行初字第 17 号：

原告于 A 不服被告 R 市住房保障和房产管理局为第三人于 B 颁发乳房字第 010028 号房屋所有权证的具体行政行为，向 R 法院提起行政诉讼。

法院查明：1968 年原告在 R 市 X 镇 D 村建农房四间，后离家到东北生活，将该房借给第三人于 B 居住，1999 年于 B 找到该村负责农房管理的大队会计于 C，要求将原告所有的房屋过户到其名下，于 C 便为第三人提供了办理房产登记所需的相关手续，2011 年 4 月份原告得知被告将其房产登记到第三人名下，原告认为被告为第三人颁发乳房字第 010028 号房产证的具体行政违法，要求法院予以撤销。本案中负责办理村农房登记手续的大队会计于 C 明确表述涉案房产系原告所建并办理了房产登记手续，后第三人要求将原告的房产过户到其名下，该房产系产权转移，而被告提供的房屋登记档案中却显示该房系初始登记。房产登记是对当事人重大权益的法律处分，房产管理部门应当进行必要的审查。本案中，被告在为第三人颁发乳房字第 010028 号房屋所有权证时，没有尽到必要的审查职责，程序违法。

法院判决：撤销被告 R 市住房保障和房产管理局为第三人于 B 颁发乳农房白字第 010028 号房屋所有权证的具体行政行为。

此案例中，原告虽然胜诉，但其权利仍然得不到有效救济，涉案房屋仍然得不到确权。我国《行政诉讼法》中规定“行政行为有下列情形之一的，人民法院判决撤销或者部分撤销，并可以判决被告重新做出行政行为：…… (三) 违反法定程序的……”，显然该案中，被告在为第三人颁发房屋所有权证时，没有尽到必要的审查职责，程序违法，属于可以判决撤销并重作的情形，对于原告而言，其起诉的最终目的是维护自己的合法权益，确认自己的房屋所有权，而仅仅判决撤销，并不能达到原告的最终目的，原告在另行申请登记时可能遇到后续判决执行困难等阻碍。如果能够直接使用撤销并重作判决，从救济相对人权利的有效性和实效性上会更为明显。

本节主要是通过 A 法院和 B 法院以及从中国裁判文书网中寻找的案例的数据分析，总结实践中各行政判决种类的应用情况。从判决书中寻找实践中行政判决种类出现的问题。

第五节 我国行政诉讼判决种类立法完善

通过以上立法分析和实践分析，可以总结出我国行政判决种类现状。本章节将在现状的基础上，提出通过补充、条件完善和体系构建的方式来丰富和完善我国行政诉讼判决种类制度的建议。

一、行政诉讼判决种类体系的构建

《行政诉讼法》第一条明确规定了行政诉讼法的目的是解决行政争议，保护公民、法人和其他组织的合法权益，监督行政机关依法行使职权。最终目的是保护公民、法人和其他组织的合法权益，因此构建行政诉讼判决种类科学体系可以以此为出发点。

以原告诉讼请求是否得到支持可以分为肯定原告诉讼请求的判决种类与否定原告诉讼请求的判决种类，后者即为驳回原告诉讼请求判决。对于肯定原告诉讼请求的判决种类，为了能够尽可能完整和科学地构建，应当根据我国行政诉讼类型一一对应设置，这样可以从原告诉讼请求出发，更加有利于保障行政相对人的合法权益。前文中已论述我国行政诉讼类型，具体而言：

（一）在原告起诉要求撤销违法行政行为的撤销诉讼中，对应的行政判决种类主要是撤销判决。人民法院认为有必要责令行政机关重新做出行政行为的应当做出撤销并重作判决；认为属于《行政诉讼法》第七十七条规定情形的，可以直接通过判决变更行政行为，做出变更判决；认为应当撤销但属于《行政诉讼法》中有关确认判决和情况判决情形的，应当做出确认违法、确认无效判决以及情况判决；认为属于程序轻微瑕疵，不影响行政相对人的实质权利的可以要求行政机关补正，做出补正判决。

（二）在原告要求行政机关履行职责的课予义务诉讼中，对应的行政判决种类主要是履行职责判决。人民法院认为原告诉讼请求属于《行政诉讼法》中有关确认判决的情形，已经没有履行的必要，可以做出确认违法判决。

（三）在原告要求行政机关履行给付金钱义务的一般给付诉讼中，对应的行政判决种类是给付判决。

（四）在原告要求法院对行政行为进行法律评价的确认诉讼中，对应的行政判决种类是确认违法判决。对于属于《行政诉讼法》中规定的严重违法的行政行为，应当做出确认无效判决。对于以上确认判决可以附带做出情况判决。

（五）在原告要求人民法院对于正在做出或将要做出的行政行为加以制止的预防性停止作为诉讼中，对应的行政判决种类为禁令判决。

综上，行政诉讼判决体系的构建应当能够与行政诉讼类型相互对应，包括了主要判决种类：驳回原告诉讼请求判决、撤销判决、履行职责判决、给付判决、确认违法判决、禁令判决。同时以上判决种类根据具体情况又有撤销重作判决、变更判决、情况判决、确认无效判决等特殊情形。除此之外，还应该有部分判决、补正判决此类次要判决种类。

二、行政诉讼判决种类的补充

（一）补正判决

补正判决是人民法院针对程序上存在轻微瑕疵、未对行政相对人造成实体利益损害的行政行为责令行政机关予以补正的判决种类。现代行政法治强调的是实质合法与效率统一，补正判决即是在这样的理念下，人民法院对特定适用条件下的案件不采取撤销重作判决，而是给行政机关一个补救的机会，使得一个程序轻微瑕疵的行政行为能够尽快处于稳定状态，达到实质合法与效率的统一。

补正判决的理论基础有二：一是治愈理论，二是公定力理论。

1. 治愈理论。行政法治愈理论源于德国行政法。大多数大陆法系国家的行政法都体现了这一理论。行政治愈理论是指当行政行为程序上存在轻微瑕疵但不至于伤及行政相对人的实体权利，且行政行为仍能够体现法律追求的公平价值时，通过补充等方式，使得行政行为完全合法以消除瑕疵的理论。为了预防行政治愈理论的滥用，必须明确该理论的适用条件：第一，行政行为仅存在程序上的轻微瑕疵；第二，行政行为不因程序上的轻微瑕疵而损害相对人的实体权利；第三，行政行为仍能够体现法律追求的公平价值和公共利益；第四，治愈后的行政行为没有改变行政相对人的任何权利义务。可以看出，治愈理论旨在追求公正与效率的统一，其为司法者处理违法行政行为提供了新方法，奠定了补正判决的理论基础。

2. 公定力理论。行政行为一经做出即被推定为有效，具备了法律效力，这一理论即为行政行为公定力理论。行政行为具备公定力是行政相对人对行政主体做出行政行为的信任，这也是维持行政法律关系稳定的必要条件。公定力理论随着现代行政理论的发展不断进行自我完善，由绝对效力发展为限制效力。所谓限制效力即认为行政行为的公定力是有一定前提条件的，即行政行为不存在重大且明显错误的情况下才具备公定力。反之，行政行为存在程序上的轻微瑕疵，不影响行政相对人对行政主体做出行政行为的信任就应当认可行政行为具备的公定力。补正判决通过要求行政机关对行政行为进行补正，避免了撤销、变更、重作行政行为，从而延续了行政法律关系的稳定性，维护了行政公定力。结合以上理论基础，可以在适用补正判决时规定以下三个适用条件：第一，行政行为程序违法；第二，行政行为程序违法未达到需要撤销行政行为的程度；第三，行政程序补正仍有意义。可在《行政诉讼法》中增加补正判决的条文："行政行为程序上存在轻微瑕疵，但不影响行政相对人实质权利的，人民法院可以确认行政行为违法，并责令行政机关在规定期限内补正。"

（二）部分判决

部分判决的适用情形是案件中已经查明部分事实，具有做出判决的基础，且做出判决不影响案件整体的处理结果，可以就已查明部分先行做出判决。部分判决可以更有效地保护行政相对人的合法权益，避免了因为案情复杂、诉讼效率低等原因使行政法律关系长期不稳定、给行政相对人造成诉讼带来的二次伤害。

部分判决的适用条件是拟做出判决的事实部分已经完全清楚，这一事实与案件整体有关联但有一定的独立性，做出判决后不与案件整体结果矛盾。在立法先例上，《民事诉讼法》第一百五十三条规定："人民法院审理案件，其中一部分事实已经清楚，可以就该部分先行判决。"因此，可结合适用条件和《民事诉讼法》的规定，在《行政诉讼法》中增加部分判决的条文："对已查明的部分事实，人民法院可就该部分事实先行判决。"部分判决是一种辅助判决种类，应当与其他主要判决种类结合使用。

（三）禁令判决

禁令判决是针对正在做出或将要做出的行政行为做出的预防性判决种类。前文已经对这一判决种类在英美法系国家的适用情况作了介绍，并且阐明了增加这一判决种类的必要性，此处不再赘述。另外，我国签订的TRIPS协议中规定了临时禁令，为此我国知识产权相关法律的修改中都相应增加了临时救济途径，与此类行政行为程序上最为密切的《行政诉讼法》也应当增加此类判决。

禁令判决的适用条件可以概括为：

第一，行政行为正在做出或将要做出。行政相对人已经知道行政机关采取了控制行政相对人的财产或行政机关已经控制了行政相对人的人身自由，行政行为处于实施过程中，但并未对行政相对人发生效力，此时行政相对人可以要求法院通过禁令判决阻止行政行为发生效力。

第二，行政相对人应当有充分证据证实其合法权益将会在行政行为生效后受到更大伤害。禁令判决的初衷是保护行政相对人的合法权益，阻止了行政行为的做出。禁令判决会是行政机关无法有效行使行政权，因此必须谨慎适用。行政相对人必须提供必要的证据证实其合法权益已经受到了伤害，并且行政行为生效后将带来无法挽回的损失或更重大的伤害。

第三，禁令判决应当包括行政事实行为。即针对一旦做出无法撤销的行政事实行为，例如行政信息公开，行政相对人要求行政机关不公开，因为一旦行政机关公开信息，就无法撤销，此时行政相对人可要求法院做出禁令判决，在信息公开前阻止行政机关。

结合以上适用条件，可以在《行政诉讼法》中增加禁令判决的条文："对于原告有充分证据证实尚未生效的行政行为生效后会给原告带来重大损失的，人民法院可判令行政机关不做出该行政行为。"

三、行政诉讼判决种类适用条件的完善

(一) 撤销判决

目前我国撤销判决适用逐渐萎缩，这一点从Z法院行政判决数据可以看出，从2005—2011年《中国法律年鉴》也可以看出，全国法院撤销判决占比从2005年的12.29%下降至2011年的5.09%。本书在案例分析时也讨论过，这样保守应用撤销判决的结果就是行政相对人的权利得不到有效救济。

解决以上问题可以从完善撤销判决的适用条件和完善撤销重作判决两方面进行：

一方面，规范撤销判决的适用条件。包括：其一，着重关注授益性行政行为。一般而言，负担性行政行为的撤销不会给行政相对人带来损失，而对于授益性行政行为的撤销，则尤其要考虑行政相对人信赖利益保护问题。其二，对程序违法的撤销应区分情况按照行政行为的效力状况分析，可以结合前文所述的“补正判决”类型，将撤销判决适用条件中“违反法定程序的”进行细化，根据具体情况分别适用撤销判决与补正判决。另一方面，完善重作判决制度。其一，判决适用标准。重作判决较一般撤销判决，更能保障相对人的合法权益。目前关于重作判决，法律规定是可选择的方式，应当规定一些情形人民法院应然判决重作，以此提高重作判决比例，让司法监督能够持续到撤销判决的事后处理环节。对于负担行政行为，撤销判决基本可以解除行政相对人的负担义务，无须重作判决；对于授益性行政行为，撤销判决无法完全保证行政争议的实质解决，还取决于行政机关的重新作为。因此针对授益性行政行为应当规定人民法院做出撤销判决的同时责令行政机关重作。其二，重作内容。为了确保行政机关能够按照司法判决意志作为，应当在重作判决中规定重作的内容。但司法机关无法对行政行为做出的程序和实体要件完全熟知，有些复杂的行政行为还是需要行政机关做出，这种情况应当在判决中说明，不宜过多规定重作内容，由行政机关自主做出。其三，重作时限。人民法院应当根据案件情况，参考类似行政行为做出所需时间以及双方当事人的意见，规定重作时限。其四，在撤销重作判决中，增加关于禁止不利重作的规定，重新做出的行政行为不得加重行政相对人的负担。

（二）确认判决

上文中提到2014年修改后《行政诉讼法》第七十四条规定的确认违法判决没有考虑公民个人利益，仅对国家利益和社会公共利益进行考虑，分析了将个人利益纳入做出确认违法判决的权衡利益范围内。因此，完善确认违法判决应当首先将个人利益纳入考虑范围，然后对社会公共利益做出列举或限定，如此才能明确确认违法判决的适用条件。

对于确认无效判决，应当规定特殊的诉讼时效制度。确认无效判决的做出意味着行政行为自始无效，没有发生法律效力。适用这一类判决的行政行为属于严重违法的行政行为，给行政相对人带来的伤害也较其他情形严重。因此，有必要在诉讼时效的规定中，更加保护行政相对人，规定特殊的诉讼时效制度，从而区别于确认违法判决。

(三) 履行判决

首先应当统一“不履行”的概念，正如前文所述，新《行政诉讼法》在法条规定中存在“不履行”概念不一致的情形，应当将第七十四条第二款第 (三) 项中规定的“不履行”也解释为广义不履行。

其次应当规定履行时限和履行方式，增加履行判决的效力内容。履行时限的规定应当结合行政行为的具体情况、行政机关的参考建议和行政相对人的要求，再结合相似行政行为做出的一般时限进行确定，这一时限也不能与法律规定相冲突。履行方式的规定也应当灵活，不宜有过多的限制性规定。对于需要其他行政机关配合或涉及第三人利益需要协调的案件，应当在判决中说明情况，可判决行政机关在具备了做出行政行为前提条件后在一定期限内履行。

(四) 情况判决

新《行政诉讼法》虽然将情况判决从 2000 年《若干解释》中提升至法条，但仍存在一些不足：

第一，“公共利益”难以界定。司法实践中，对于国家利益的界定较为容易，但公共利益在法律上没有清晰的概念，范围极其广泛，基本依靠审判者自身的把握。并且，适用条件又规定对公共利益造成重大损失，使得这一使用条件更加无法准确把握。何谓“公共利益”，何谓“重大损失”尚没有司法解释进一步阐明，审判者把握的尺度不一，很多诉争内容与公共利益联系牵强，也难以谈得上重大损失，却被以情况判决结案。

第二，补救内容不甚完善。法条内容仅规定“采取补救措施”，没有对补救的内容、补救措施执行的期限进行规定。在判决文书中若仅按照法条规定判决行政机关采取补救措施，没有补救的具体内容，没有补救期限，那么这样的判决很难真正做到定纷止争。

针对以上不足，完善情况判决的适用条件可以采取如下建议：

第一，严格限定“公共利益”的具体内容。公共利益随着社会的发展，其内涵不断变化，完全由审判者自行判断实为不妥。应当以司法解释的形式对公共利益进行列举，同时可以发布典型指导案例为审判者认定公共利益提供参考。

第二，“个人利益”在情况判决中亦应适当考虑。情况判决的本质是在各利益之间权衡的妥协，这种权衡应当将包括个人利益在内的各方利益都考虑在内，不能无原则地牺牲个人利益以保全其他利益，这也不符合现代法治的理念。

第三，损失如何重大应当在判决文书中说明。“重大损失”是做出情况判决的一个条件，如果损失达不到“重大”程度就没有必要做出情况判决。因此，应当在判决文书中阐明如果撤销涉诉行政行为造成的损失，体现出这一损失的程度，才能做到有理有据。

第四，应当明确救济的途径和执行期限。情况判决中必须明确行政机关采取补救措施的具体内容以及执行期限，否则很容易流于形式，达不到情况判决应有的效果。

本章节基于第三节我国行政判决种类立法分析和第四节我国行政判决种类实践分析，对于我国行政判决种类提出了完善建议。提出了行政判决种类科学体系构建的设想，补充补正判决、部分判决、禁令判决，同时完善撤销判决、确认判决和履行判决的适用条件。

至少我们在新《行政诉讼法》中看到了立法者对学界讨论和司法实践的呼声的回应，这是一个积极的信号。相信随着我国行政诉讼整体研究水平的提升和行政诉讼越来越多地进入民众视野，包括行政诉讼判决种类在内的各项行政诉讼立法将会越来越完善，行政诉讼将会发挥其应有的功能，进而增强行政相对人的信心，树立司法权威。

第五章

行政诉讼制度面临之机遇与挑战

不仅各国传统的行政诉讼制度已经存在许多有待进一步解决的难题，而且，伴随着社会的发展，许多新的社会现象也对行政诉讼制度提出了更多挑战。例如，经济的全球化、科技的高度发展所引发的行政执法手段的转变，社会结构的不断调整，社会风险的不断加大等都要求公法制度做出相应的回应。行政诉讼制度作为公法制度的一部分毫不例外地受到冲击。换句话来说，这些问题将对传统的行政诉讼制度功能定位提出新的挑战。

由于问题的复杂化和多样性，本书并不能一一阐述，下文将以当前行政改革所引发的新问题为例说明行政诉讼制度当前所面临的新的机遇和挑战。

第一节　行政诉讼制度当前所面临的新的社会问题

可以说，行政国自从产生的第一天起就受到各方面的批评，实践也证明，行政国家的发展并没有像人们当初所期望的那样，政府与市场一样在许多方面也可能出现“失灵”，因此，人们也在不断探索走出行政国的模式。由此西方国家也产生了许多促进改革的基本理论，例如公共选择理论、管理主义等。在此背景下，20世纪70年代末，英美等西方国家掀起了公共行政改革运动，并迅速向其他国家扩散，从而形成一股世界性的改革浪潮。这场改革，在方向上与过去迥然不同，正如有学者所言，“如果说以前行政改革的方向是政府职能扩张和规模膨胀的话，那么，当代行政改革则体现了政府的退缩和市场价值的回归”。而且，这场改革已不再只局限于政府部门和政府系统内机构的调整与增减，也不再只局限于从政府行政的角度来设计行政改革，而是站在社会的角度，从整个公共部门系统设计和实施的公共行政改革，是一场范围更为广泛、程度更为深刻、意义更为重大的公共行政改革。这场行政改革主要围绕三条主线展开：一是调整政府与社会、市场的关系，优化政府职能；二是利用社会力量，实现公共服务社会化；三是改革政府部门内部的管理体制。行政领域的改革也引发了一系列传统行政法无法加以解决的新的社会现象。这些新的现象甚至引发行政法范式的转变。这场改革，并非仅仅是局部现象，可以说是全球性的，中国也参与其中。

在此就有关直接影响行政诉讼制度功能定位的社会现象介绍如下：

一、社会公共行政主体的崛起

在这种行政改革中，最为显著的特征之一是“现代行政权已呈现出多元化发展的趋势，国家行政机关不再是唯一行使行政权的主体，其行政权部分地归还于社会主体”。

美国学者萨拉蒙（Lester M. Salamon）用大量的数据向我们展示了我们正处于一场全球性的“社团革命”，并且预言“这场革命对20世纪后期世界的重要性丝毫不亚于民族国家的兴起对于19世纪后期的世界的重要性”。在我国，改革开放以来，非政府组织获得了长足的发展，伴随着经济体制改革与政治体制改革的深入进行，一些享有公共管理职能的非政府组织（如行业组织、社区组织等）日益成熟起来并在社会生活中发挥着越来越大的作用。公行政除了国家行政以外，还包括其他非国家的公共组织的行政，如基层群众性自治组织（村民委员会、居民委员会等）的行政、公共社团（律师协会、医生协会等）的行政，公共企事业单位（国有企业、公立学校、研究院等）的行政，等等。这些新的承担公共行政职能的社会主体，一方面承担着传统上由国家承担的公共管理的职能，而另一方面公共行政主体权力的来源以及行使权利（或权力）的方式都具有相对于国家机关不同的职能。如何定位这些主体的法律地位将是行政法治建设需要认真考虑的重大理论问题。

二、混合行政的出现及行业标准问题

在这场改革中，承担传统公共职能的主体并非仅仅包括社会行政主体，私人主体甚至以个人的形式通过各种方式参与到政府的管理中来。个人在有影响的政府部门任职的现象大量发生，“专家”私人委员会行使着重要的认证权；私人生产团体制定规章，设定价格以约束异议者；私人团体可以与其他利益团体一道和行政机关就制定规章进行协商；非营利和营利组织缔约以提供各种政府服务，行使从收集垃圾到经营监狱的公共职能；个人和组织作为“私人检察总长”指控违反法律的行为；贸易协会制定并执行实际上可以成为管制标准的行业规范；私人标准设定组织制定健康和安全标准，这些标准为行政机关当然采纳，等等。私人对于公共事务的参与已经并非仅仅局限于具体的事务管理领域，甚至与国家机关一起共同立法和共同制定一些行业标准。

在政府放松管制的过程中，政府通过民众参与的方式制定一些行业标准以遏制行业的垄断行为的同时，也不断赋要求私人主体在行政机关的监督下进行自我管制，作为政府管制的替代。由于这些私人主体基本是处于一定的行业之内，从而使得政府的管制行为不得不考虑一定行业所制定的行业标准。这些自我管制的方案实际上并不完全是自足的，有时则需要依靠行业内部（纵向上从贸易协会直至成员和供应者；横向上包括所有成员）和行业与拥有影响自我管制举措的权力的公共机构之间的关系网络而形成的。不仅政府与私人团体共同制定标准的情形普遍存在。而且，许多非政府组织制定了大量直接影响公共健康和安全的标准，也直接影响着政府政策的实施和具体落实。在美国，行政机关采纳私人制定的健康、安全和产品标准已经是很久以来的传统了。标准制定组织一般是专业技术性的、受行业控制并且是保密的。它们通常无法在其技术委员会中完全包容消费者、小企业和劳动者的利益。另外，大公司为确保标准能对它们的产品有所裨益，经常对这些组织施加不适当的影响。毋庸置疑，这些程序集中体现了假公济私（self-dealing）和反竞争行为

(anticompetitive behavior)的机会。在此情形下，强烈的私人利益会损害产品或工作场所安全中更大的公共利益。同时，专业技术人员和行业协会可以提高行政机关行使管制职能的能力。即使对于标准的制定，在美国，许多联邦行政机关用来对以合意为基础的管制进行协商。但由于大多数管制协商消耗大量的时间和资源，并需要参与者一方具有丰富的技术知识，没有经验的团体几乎永无可能被邀请参加。这种协商也似乎使制定规则变成了明显的利益集团的讨价还价。尽管有通告和评论程序的保障，因为对行政机关会认为有义务公布一项它并不全心全意赞成的合约持怀疑态度，该过程难令人信任。

据此，有学者认为管制制度(regulatory regime)产物的治理概念，①更能描述当今行政管理；也有学者认为，也许把当代治理描述为“混合行政”(mixed administration)体制最为合适。②在该体制中私人和公共主体共同承担管理和提供服务的责任。行政是一项以多个不同主体之间(例如，行政机关、私人公司、贷方、保险公司、顾客、非营利组织、第三方强制执行者和专业协会)相互作用为特征的事业。政府和非政府主体是在丰富的制度背景下行事，以彼此互相关联的方式行事，在法律规则、非正式实践和共识的背景下行事。这些公私安排使纯粹公的角色或纯粹私的角色的简单划分实际上已经无法实现。国家在这种混合体制中扮演多重角色：经纪人、沟通者(networker)、监督者、执行者和合伙人，等等。

三、新的行政管理手段的运用

为减轻因为对集中化的命令和控制方法过度依赖所导致的问题，在美国，许多新的管制方法也得以运用，例如政府—利害关系人网络结构和经济激励制度等。为了避免纵向命令型的管制和正式的行政法律程序的局限，美国已经发展出解决创新性管制问题的各种形式的弹性的代理—股东网络。不是试图单方面地对受管制者的行为发号施令，相反管制机构已经总结出一些策略来吸引各种政府和非政府的人员来参与到管制政策的制定和实施过程中来。例如：在产业界、公共利益团体和州或地方政府代表之间进行代理人监督下的管制协商，从而对在正式的行政法规章制定程序之外的新的行政机关规章达成共识；有关政府和非政府组织在提供家政服务和管理医疗看护等方面进行合作安排；联邦自然资源管理局、私有土地所有者、开发商和州和地方政府根据处罚严厉的濒危物种保护法的规定对制定有关地区性栖息地保护计划进行的协商。某些网络性的管制方法是通过“远程治理”的策略，使行政机关不再进行直接的实体介入。通过这些策略，行政机关为私人部门解决问题提供了框架或者激励。这些例子可以包括基于信息的进路，如环境保护局的有毒物质排放目录，这需要各种监测和报告的途径，然后公布有关从各个设施中排放的有毒空气污染物的信息。信息公布产生了对厂商的信息压力，其结果是有毒物质排放目录（TRI）计划已经使得这类气体的排放量发生急剧的减少。基于信息的方法也被用来改进医疗看护中的管制目标。其他例子还包括政府鼓励采取企业环境管理和审计制度来监控和提高环境绩效，环境保护局和能源部与产业界的自愿伙伴计划来减少能源的使用和二氧化碳的排放。在这些被称为“反思性法”的方法中，政府建立了各种框架和沟通渠道来促进由非政府组织采取自我管制的措施。在诸如证券、广播和电影等产业内进行的受行政机关监管的自我管制提供了另外一种一般策略的视角。

行政机关行政手段的多样化，不仅表现在具体行政行为领域，而且在立法领域也得以运用。例如美国的协商立法的做法正是如此。1990年的协商立法法案，是设计在建议立法的通告发布以前，在政策制定的最初计划阶段，就使与其利益有关的相关人介入。这些相关人，加上政府机构的代表，被期望产生一个建议法的协议，并将其提交给政府机构，由其决定是接受、修改或拒绝。如果政府机构接受，则该协议就成为随后发布征求意见的建议立法的基础。这种方法的一个重要目标，是鼓励各方放弃在可能进行诉讼时通常会采取的不灵活姿态。协商立法提供了一个和解和妥协的论坛，以达成一个使各方都满意的结果；同时，对政府机构而言，这样做可能避免了诉讼。不是政府机构或法院“赢”或者“输”，而是协商的每一方都有机会确保最后的立法结果考虑了包括自己的工厂或行业的重要方面的利益。1991 年出台的协商制定法规法（Negotiated Rulemaking Act）和行政争端解决法（Administrative Dispute Resolution Act），重新汇集了多年来个别行政机关所试用过的程序方面的经验。在一定程度上每一个法规都有一个奇妙的演变过程。特定的行政机关最初由于当时解决争端的法庭不能胜任工作而建立。在州际商业委员会第一个设立的时候，法院被看作是行动太慢、花费太贵而且对于当时处于扩张中的政府事务来说太缺少专业知识。不幸的是，由于行政机关的激增，它们使自己越来越像被他们取而代之的法院了。一百多年以后，这两个新的法律做出了一个类似的判断，现在行政机关不能达到完成预定工作的期望。协商制定法规以及仲裁和调停作为解决行政争端的程序的运用都是有益的发展，至少它显示随着时代的发展行政机关也可以从程序意义上加以改变。

第二节　行政诉讼制度所处的新的行政法治环境

一、行政法价值目标体系的重新调整

传统的行政法，无论是自由法治国时期的行政法还是社会法治国时期的行政法都偏向于对行政权的来源以及行政权力行使过程的限制。这种传统的行政法模式必然会限制行政权效率的提高，而在高度国际化的今天，行政权的效率价值已经提到了一个十分显要的地位。因此，如何保障行政权有效行使而又不被滥用就成为当前行政法所面临的重大课题。将市场和市场方法越多地用于公众目的，结果是那些不容易被量化的重要价值将被完全忽略。成本通常比利益更容易量化。同样地，虽然将公民等同于消费者可以在某些情况下将政府的地位或义务界定得更清楚，但也将有某些东西在这种转化中失去。公民的概念意义更深远，不仅包

括而且超越了个人仅仅作为政府服务的消费者的地位。当相关的管制被全部委托给作为政府的一个服务提供者的私人部门而主要关注赢利时，则会产生更紧张的关系。例如下文将阐述的网络化的管理，有利于行政效率的提高，但与行政法的其他适用情形一样，这里可能会出现效率与问责度之间重要的权衡关系。

在这场改革中，行政机关已经不再作为唯一的公共行政的承担者，传统由国家承担的公共行政的任务通过各种途径转而由社会组织甚至是私人承担。而这种任务的分担在更多的情况下并不是通过法定的程序或者是立法的授权而实现，而更多的是管制机关单方面决定或者是与受委托方双方决定。在改革背景下产生的大量的社会公共行政主体以及承担公共任务的个人主体并不能像原来的行政主体一样受到公法的限制，而是完全脱离了传统行政法所控制的范围。由此而产生的问题是，如何保证传统接受这些服务其他主体（一般民众）并依然让他们享有传统体制下所享有的权利。而这些问题尤其表现在那些本质上属于政府职责的事务领域。私人主体不断行使传统的公共职能，还会威胁到其他公法价值，例如行政法对公共主体决策应具备的特征的要求，比如公开、公正、参与、一贯性、合理性和不偏私等。例如合同出租是市场化导向的主要原则，它有利于提高效率与效益，但却缩小了公共责任的范围，也妨碍了公共官员与民众的联系与沟通；私有化有助于精简机构，增强公共部门的活力，但有损公众的参与，忽视了诸如劳动保障、环境保护等方面的责任。顾客至上提供了回应性、多样性的服务，但却把公民降低成为“一般的消费者”，出现了“困境顾客”(trapped customer)。这正说明了以私法达成国家任务的方式，仍然存有许多法律上的问题需要解决。如行政过程中出现的如绩效目标(the performance targets)没有法律上的强制标准，但未达标准时要不要给相对方进行补偿？行政承诺若不能实现，如何实现必要的救济？诸如此类的问题，使得行政法必须显示出其对公共行政的适应和对这些变革的持续发展与推动上。

二、行政法范围的难题

在这场改革中，作为政府一方来说，由于广泛的市场管理模式的出现，甚至以公司的方式参与市场竞争，私人也广泛参与到政府管理的每一个环节，其中包括从规则制定到具体事务的管理，更是使得传统的公私法划分理论受到极大的挑战。正如有学者观察到的，第三部门执行公共政策过程中，"也日益习惯接受政府的委托或补助，使得政府资金成了许多非营利组织重要的收入来源，此时，原本相互独立的政府和非营利部门，已发展成相互依赖的新关系，也就是所谓的公私协力（public-private partnership）关系，然而，公私之间的界限也随之变得模糊不清，从而衍生出一些诸多争议性议题，也就理所当然"。

三、行政法律制度体系的不确定性

对于什么是行政法的问题一直是法学界致力回答的重大理论问题，但在实践中，各国也基本形成各具特色而相对稳定的行政法制度体系；如今，由于传统的行政法所规范的对象以及社会生存环境的变化，传统的行政法制度体系能否回应新的社会现象的存在重新引起了人们的怀疑。是重构还是改造传统的行政法制度体系，亟须学界作进一步探讨。

在美国，当利益代表模式的行政法模式达到全盛的同时，里根总统在1981年发布了12291号行政命令，要求行政机关对拟议的新的主要规章和替代措施进行成本收益分析。这些分析行为以及行政机关对行政命令的遵守是受管理和预算局评审的，而非由法院来审查。由于缺乏直接的放松管制措施，其对策就是对管制的决定行为进行规范，由总统执行机构通过成本效益分析行使的一体化的审查和监督来取消不合理的管制。这一体制，其目的在于对管制者进行管制，并没有通过正式的法律程序来进行运作，也并不涉及司法审查的问题。这种模式，也有学者认为，实际上构成了一个行政式的行政法体系。分析性管制要求运用双重手段实现对行政机关的政策选择的合法化。这种将成本效益分析作为分析所有受影响公民的利益和选择可以促进社会福利的管制措施的一种方法是否以一种非常不同的方式来发挥对立法过程的替代作用，这种机制能否算作行政法的制度内容加以考虑，至今下一个断然的结论可能还为时过早。

针对通过（传统被称作私法的手段）实现公共行政任务现象，在德国，汉斯·沃尔夫教授提出了行政私法（Verwaltungs privatrecht）的概念。日本、中国台湾都受到其影响而参与讨论，大陆地区也有许多学者参与讨论。例如有学者认为，行政私法“指的是不含行政之私法的辅助活动以及营利活动在内，在行政适用私法形式直接地追求行政目的之场合，对之加诸若干公法上制约之总体的法律关系”。中国台湾学界基本将公共行政分为公权力行政与国库行政。国库行政（又称私经济行政）又分三种：即行政辅助行为、行政营利行为以及行政私法行为。行政辅助行为，指行政机关为满足日常行政事务所不可或缺的物质上的需要，而与私人订立私法契约的行为，典型如行政机关购买办公用品、发包建设办公大楼等。行政营利行为，是指国家以增加国库收入为主要目的或为同时推行特定经济或社会政策，而以企业家姿态所从事的营利性质的企业活动。可分两种情况：一种是由国家或行政主体以其内部不具有独立法律主体资格的机构或部门从事的企业营利行为。如烟酒专卖局进行的烟酒销售行为等。另一种是由国家依据特别法或者公司法的规定，投资设立具有独立法律主体资格的公司从事的企业营利行为，如国有银行、国有钢铁公司等。这些法律制度能否属于行政法范畴，还是将之仅仅理解为行政法对私法的让位更为准确？我们认为，在没有明确行政法范围的基本前提之下，这种理论最多也只能算作一种对事实存在的描述而没有更多的实际意义。

四、行政行为概念的泛化

对于行政行为的泛化可以从以下几个方面加以分析：一是从行政行为的主体来说，在混合行政的模式下，行政行为并非仅仅作为行政机关单方做出的行为，而更多的是双方合议的结果，甚至是以民众参与的形式而形成，甚至有些行为就是直接由一个社会主体所做出，如公共行政主体的行为。在许多领域中行政行为的结果并不是对既有的规则采取强制执行的结果，而是行政机关与其委托人之间“相互合作”的结果。二是从行政行为的形式来看，传统由行政机关单独行使的高权性质的行政行为只能作为行政行为的一种，而以合作、协调、指导为特征的非强制性行政行为逐渐增多，这些行为一方面在形式上不再采用传统的控制命令的方式，而是转而采用契约、责任分担的方式。这些行为与传统的行政行为是否具有本质的区别，在控制的手段上是否应当相同，仍是一个值得进一步讨论的问题。在管制方式更新方面，政府更是以达成行政目标为指引，发挥创意，以弹性、柔和、富含民主精神的方式完成任务。由此，一些权力色彩较弱的新的行政方式，如指导、合同、激励、沟通等非强制性行政方式便应运而生，并逐步成为现代公共行政的主流方式。这些非强制性行政方式的运用可以在管制过度与管制不足之间寻求适度平衡。除了政府机构采取非强制性手段以外，在纠纷解决的方式上也越来越多地选择非正式的解决纠纷途径，例如协商执法、行政和解等新的方式。在美国，“为了避免纵向命令型管制和正式的行政法律程序的局限，人们发展出解决创新性的管制问题的各种形式的弹性机构——利益相关人网络”。通过多种方式与公众沟通、管制协商、合作安排、讨价还价等，这样，“在参与者之间为了解决管制问题而在协商的基础上建立了准契约性的关系”。三是从行政行为效果来看，传统的行政行为只是直接针对相对方，甚至是行政行为直接的对象产生影响。而如今，政府所采用的规制行政，则更多的并不以行政行为的直接对象作为目标，而可能是一个影响他人利益的行为的效果。例如，政府为调控市场的猪肉价格而对于养猪户的补贴行为等。这尤其表现为国家采用制度定规则、宏观调控等并非直接针对具体当事人的行为。

行政行为概念的泛化，不仅使无法通过对行为过程规范的程序方式实现控制行政权的目标，而且使广大的民众参与、公开等公法价值得以丧失。传统适用于公权力的行政程序能否直接适用与承担传统公法任务的私人主体，而且伴随着行政行为概念的泛化而变得要么无所适从，要么毫无意义，要么面目全非。

可以说，当前的行政改革几乎触及传统行政法的每一个基础性问题。正如美国有学者所认为的，行政法已经变得相当保守了。通过对不断变化的社会情况的演进式的调适过程，过去的形式依然存在，但是它们在这一过程中的功能已经发生了变化。

美国印第安大学的阿曼教授在纵览了美国行政法的变迁之后，认为公共职能委托给私人部门、行政命令让位于市场约束方式以及市场模式和协商立法程序的应用，正是行政法革新的端倪，在经历了新政时代（New Deal Era）、行政程序法时代（APA Era）、环境时代（Enviromental Era）后，行政法已经进入了“以降低管制为标志的全球化时代（Global Deregulation Era）”并且还在发展之中。

第三节　行政诉讼制度功能发挥所需解决的新的难题

行政改革不仅影响到行政法整体制度的设计，也直接对行政诉讼制度提出了挑战。可以说，这种影响已经不再仅仅局限于行政诉讼制度的某一个方面，而是全面而深刻的。甚至对传统行政诉讼制度的体系以及理论体系也构成冲击。如果仅就本书所讨论的主题来说，以下几点问题就已经构成对行政诉讼制度理论的严重挑战。

一、行政诉讼价值目标多元化背景下的难题

从价值目标来说，传统的行政诉讼不仅需要协调保护权利与保护公共利益之间的关系，由于行政改革效率的价值目标的确立，也给行政诉讼带来了一个新的考量因素，传统的行政诉讼制度中公正与效率价值目

标之间的冲突问题将会更加突出。

行政诉讼制度传统以保护个体权利的价值目标也将受到严重挑战。由于民众对行政权过程的广泛参与，公民权利的内容也已经相当的泛化。公民的程序性参与权利是否能够纳入传统“主观公权利”的范畴？还是需要改造传统行政诉讼制度所建构的权利理论体系可能将是行政诉讼制度需要面临的两难选择。行政权形式的多样化，导致行政行为概念也已经变得相当的泛化。如何协调国家权力与公民权利之间的关系，以保证公民在适当的情形下能够获得司法保护，将会成为行政诉讼制度重新考虑的重大理论课题。

在英美法系国家，无论是保守的规范主义所建构的规则的制度体系还是自由规范主义所倡导的保障自由的价值目标在日益复杂的社会关系中已经不能适应社会发展的实际需要。由于效率价值目标的确立，英美法系国家所建构的行政程序审查制度以及普通法程序规则也将会受到更多的质疑。功能主义者所倡导的行政效率原则以及行政权自由裁量应当扩大的基本理论，似乎在这场改革中已付诸实践。但公正与效率价值目标之间的冲突，人权保障与行政权行使效率原则之间的冲突将会更加突出，以上价值之间的冲突问题在社会行政主体行使权力的过程中更是凸显出来。这是否意味着功能主义思想的不合时宜？

二、行政诉讼审查范围界定的难题

就行政诉讼的审查范围来说更是问题重重。传统的行政诉讼与民事诉讼之间的审查范围的划分是以公私法的划分作为基本依据。本来，人们对于是否存在公私法划分以及公私法如何划分问题就存在争议（而人们对于公私法划分问题的争议也直接影响了行政诉讼审判体制、审查范围等诸多方面的设计），而当前的行政改革更是对公私法的问题提出了新的挑战。伴随私人主体对于传统公共职责的承担，混合行政形式的出现，从而导致无论是以主体标准、还是权力标准还是以公务等标准均无法实现对公私法界限的明确划分；传统公法与私法相互独立的法律制度体系，任何一方都无法单独实现对许多事务的规制；民事诉讼与行政诉讼制度之间如何协调或者重新分配职权的问题已经是刻不容缓的任务。效率问题更是要求纠纷解决的多元化。对行政诉讼制度功能适当的定位，不仅关系到行政诉讼制度自身的发展，而且也关系到整个法治的发展，对于社会问题的根本解决。

就行政诉讼审查机制与行政内部审查机制之间的关系来看，也同样面临新的挑战。可以说，由于受效率价值目标的影响，行政诉讼制度传统复杂的程序已经不能适应对社会纠纷多解决的需要。大量的行政内部审查机制的出现，一方面提高了公民获得救济的效率，但另一方面也增添了如何监督这些机制的新的课题；由于行政行为形式的多样化，行政权对于公民权利的侵害已经不再仅仅以具体行政行为的形式出现，而是以各种形式呈现出来，甚至以间接手段得以实现。行政法律关系已经变得相当的复杂化。如何提供有效的权利保障机制已经刻不容缓。为应对这些问题，各国也在积极倡导纠纷解决机制的多元化，但如何处理行政诉讼制度与行政内部审查机制或者是纠纷解决机制之间的关系问题已经成为亟须解决的另一新的课题。

三、行政诉讼制度合法性基础选择的难题

在保守的规范主义者来说，行政诉讼合法性的基础主要是来源于立法的明确规定，而如今，不仅为追求效率价值目标使得立法的滞后性特征更加显现，而且大量非官方的行业标准也对传统的规则体系产生了实际的法律效力，而若将之一股脑纳入规则的体系，则又会形成规则体系的泛化而使规则本身变得毫无意义。传统用于规范行政权的行政程序规则，不仅在追求效率价值目标的前提下变得笨拙，也由于社会行政主体的出现而面临是否可以规范这些主体的两难抉择。现实主义所主张的法官应当享有更大的自由裁量权是否也会桎梏效率价值目标的实现，或者会转变成另一种专权？在这种背景下传统属于行政自由裁量的范围也已经变成了私人主体与其对自由裁量权的共同分享。这是否意味着传统的

立法授权原理已经寿终正寝？功能主义所倡导的应当赋予行政权更多的自由裁量权是否会更进一步引发自由裁量权的泛滥？甚至是专制主义的重生？

所有这些问题，可以说到目前为止并没有获得充分的理论支持，在制度经验上也是相当的匮乏。在此不再赘述。

第六章

行政诉讼制度功能之反思与重新定位

根据上文分析可以看出，无论是西方国家还是中国的行政诉讼制度都处于一种不断发展的状态，而且各国行政诉讼制度之间因存在差异而呈多元化趋势；但我们也可以清晰地看出，各国行政诉讼制度也以其内在的共同发展规律向前发展。行政诉讼伴随着环境的变化而不断调整自己的制度结构和功能定位，这尤其表现为与宪政与行政法治之间关系的互动。首先，行政诉讼制度是回应社会的产物，曾为保护权利、维护法治提供了重要的制度保障。行政诉讼制度在不同的历史时期的价值取向上也有所侧重，在价值目标的实现程度上也各有不同，在当前，如何正确定位行政诉讼的价值目标也遇到了前所未有的挑战。其次，行政诉讼制度也曾依靠自身制度的优势而独立发展，甚至对推动宪政和行政法律制度的发展做出了重要贡献。但行政诉讼制度发展的总体趋势却是逐步融入宪政和行政法治的法律制度体系中来，并与其他公法制度一起共同承担社会任务；而这种发展的趋势不仅由于社会问题的复杂性所引起，也是行政诉讼制度自身能力所决定。在此过程中也随之产生了如何保证行政诉讼制度与其他公法制度之间的相互协调问题，到目前为止仍是各国所面临的难题之一。

对于以上问题的回答不仅是本书的出发点也是本书的落脚点。正是这些问题的存在才有本书讨论的必要性，本书的目的也正是致力于回答这些问题。如果要将笔者下文的基本观点归结为一点，那就是：行政诉讼制度不仅应当重视与其他公法制度之间协调的关系，而且应当注重自身品质的培养；反之亦然，行政诉讼制度不仅应当重视自身制度的完善，在自身制度的建构上也应当充分考虑与其法治环境的协调。其目的，不仅在于最大效用地发挥行政诉讼制度在公法制度中的作用，更是要保证整体公法制度社会价值目标的最终实现。下文，笔者将直接针对行政诉讼价值目标的设计、行政诉讼审的查范围、行政诉讼的合法性以及行政诉讼制度如何保证自身功能发挥等问题，结合前文所得出的结论，作进一步论证，并直接提出自己的基本理论观点。

第一节　类型化设定行政诉讼制度的价值目标

一、行政诉讼价值目标定位的基本理论

根据前文分析，在不同的公法理论和不同的历史时期的行政诉讼制度实践中，行政诉讼的价值目标定位均有所不同。

在英国，功能主义与规范主义之间在价值取向上在理论上也存在是否需要回应社会公共利益之不同。其中，保守的规范主义实际上是将行政诉讼的价值目标定位为维护形式法治，而自由主义者则强调对自由的保障，功能主义则强调法律与政治之间关系的不可分割性。两大法系相互比较，普通法更加注重对个人权利的保护，而大陆法则更加注重对法治的维护；即使是同样维护法治的行政诉讼，在英美法系则更加重视对程序法治的维护，而大陆法系国家则更加重视对议会主权的维护。狄骥将行政诉讼划分为客观诉讼与主观诉讼实际上就是以维护法治还是保护权利的价值取向的不同所做出的区分。中国学界所倡导的公益诉讼与私益诉讼实际上是以利益的不同形式所做出的区分。

针对具体制度来说，英国的越权原则和法国所建构的越权之诉基本是以维护法治为主要价值目标；而英国的自然正义原则以及法国的完全管辖权之诉则更倾向于保护权利。如果从历史的角度来看，行政诉讼制度的价值目标也经历了从保护个体权利走向注重协调公共利益，从维护形式法治走向注重对维护实质法治的功能变迁过程。传统的自治型的行政诉讼制度实际上是统治阶级统治的工具，而形式主义的行政诉讼制度的价值目标则在于维护形式法治，功能主义的行政诉讼虽然开始重视回应社会需要，但仍然存在价值目标不明确的根本不足。当前的行政改革更是对行政诉讼制度价值目标的确定提出了新的挑战。

在我国,《行政诉讼法》已经明确行政诉讼制度的价值目标是在于保护公民的合法权利和监督行政两个方面，但若从具体的行政诉讼制度的设计来看，以上价值目标并没有根本落实，而充分体现为对形式法治的维护。对此，我国学界也展开了许多卓有成效的讨论，例如对行政诉讼目的、行政诉讼价值的讨论等。但笔者认为，这主要是集中于对行政诉讼制度社会价值目标问题的讨论，而没有充分考虑行政诉讼制度与其他公法制度之间的价值目标的协调问题。也就是说，没能从整体的公法制度视角考察行政诉讼的价值目标问题。行政诉讼制度甚至可能不具有直接回应社会价值目标的功能(如形式主义的行政诉讼制度，当然这种行政诉讼制度类型并不可取)。正如前文笔者所提出的，仅仅将行政诉讼的价值目标定位为保护权利或监督行政权并没有更多的实际意义。因为，监督行政或保护权利并不能仅仅依靠行政诉讼制度来实现，而需要与其他公法制度共同完成。换句话来说，行政诉讼制度应当是在与其他公法制度的相互协调中共同实现整体公法制度的价值目标，而行政诉讼制度只是其中的一环而已。

至于能否将行政诉讼定位为某一特定价值目标，还是应当多元化，本章的观点是后者，笔者并不赞成将行政诉讼的价值目标定位为单一的形式。笔者坚决反对传统官僚型的行政诉讼将价值目标定位为一种管理的手段，也反对形式主义类型的行政诉讼制度将行政诉讼的价值目标仅仅定位为维护形式法治的做法，功能主义的行政诉讼制度的价值目标定位也存在不足之处，这主要表现为对目标的过于笼统，没有充分考虑行政诉讼各种价值目标之间的冲突问题。具有代表性的英国新自由主义代表人物艾伦以德沃金的“政策”与“原则”两分理论为前提提出了普通法的价值目标在于保护公民权利的思想，也并不能完全符合当前社会关系复杂化的社会实际情况。况且，公共利益在行政诉讼制度过程中也并非以行政机关所代表的利益形式出现，甚至表现为最为广泛的弱势群体的普遍利益。行政诉讼制度如果仅仅为了保护权利而忽视对公共利益的维护是不切实际的。公正与效率价值之间，维护法治与保护权利之间在更多情况下并非完全可以统一于同一行政诉讼的过程之中。

本章的基本观点是，行政诉讼的价值目标应当是在行政诉讼类型化的基础上具体定位。由于社会关系的复杂化，单一的诉讼程序制度已经不能适应社会发展的需求。例如，我国学界普遍认为应当将抽象行政行为纳入行政诉讼的审查范围，由于抽象行政行为与具体行政行为性质上的差异（如其所涉及的利益主体以及合法性基础均有所不同），必然要求行政诉讼采用不同的诉讼程序加以解决。公益诉讼与私益诉讼之间由于利益主体及形态的各异，如果采用同一的价值目标也不利于具体问题的解决。因此说，以上不同类型的行政诉讼制度在价值目标上也应当有所不同。换句话来说，行政诉讼应当类型化，而且应当是在确定不同价值目标的前提下加以类型化。多元化的程序设计有利于行政诉讼制度所应当追求的各种价值目标由于程序设计的单一化而相互冲突或消减。例如，对于事实清楚的一般权限争议案件，行政诉讼制度完全可以采用简易程序——以行政诉讼的效率价值目标为第一追求；而对行政立法行为的审查，如果仅仅从保护个体权利的角度设定其价值目标是不合理的（当然笔者在此只能举例说明，这不仅由于问题的复杂性笔者不可能给出绝对的答案，也由于行政诉讼如何类型化还应当在司法实践中逐步得以总结）。

具有不同价值目标的行政诉讼在制度设置上也应当有所不同，这主要包括对原告资格的设定、行政诉讼的审查范围的确定以及行政诉讼合法性基础的选择等。当然，行政诉讼制度在同一价值目标的前提下，仍可以进一步类型化，如德国实际存在的不同类型的行政诉讼制度之间并非都具有不同的价值目标。但从总体上来说，行政诉讼类型化仍需要在明确不同价值目标的前提下加以进行。

二、行政诉讼价值目标定位对行政诉讼原告资格设计的影响

至于如何进一步划分行政诉讼类型并具体确定不同类型的行政诉讼制度的价值目标问题，仍值得进一步探讨，由于笔力及主题所限，笔者

在此不再作进一步论述。本章在此仅就与行政诉讼价值目标定位具有密切关系的原告资格问题作进一步阐述。

传统的行政诉讼理论是通过考虑主体与利益之间的关系来确定行政诉讼的原告资格，而行政诉讼原告资格的设定又反过来直接决定行政诉讼所保护的利益范围的大小。但若实证考察就会发现，伴随人们对司法救济的大量需求，行政诉讼原告资格理论已经受到了相当大的冲击。这尤其表现为公益诉讼在行政诉讼制度中获得认同之后所引起的公共利益需要司法保护的需求与司法资源有限两者之间的矛盾的加大。原告资格在实践中也已经转变成一种司法权自我管理的一种手段，而并非仅仅以提起诉讼的主体与利益之间的关系加以确定。

应该说，这是一种必然的结果，也充分说明了传统原告资格制度理论的不足之处。如果我们从历史的角度考察也同样会发现，原告资格的存在实际上就是国家限制公民诉权的一种手段。在大陆法系国家的早期，只有在立法明确规定的情况下才可以提起诉讼（这时当事人才具有原告资格）就是为了限制公民起诉国家权力的基本手段之一（当然还包括行政行为、特别权力关系等手段），这在英美法系国家也并不例外。原告资格的设定充分体现了国家权力（以维护公共利益的名义）与公民个人权利之间的协调关系，也是求得司法资源的有限性与公民诉权保护之间平衡的基本手段。如果从充分保护公民权利的角度考虑，行政诉讼原告资格的理论完全有必要取消；但如果从司法资源的有限性角度考虑，原告资格的设定仍有存在的必要。笔者认为，原告资格设定如果还具有存在的必要，传统将原告资格设定为主体是否具有实体权利的做法就需要加以修正了。

在此提出两点基本观点：一是司法资源的有限性并不能就此否定当事人的权利不受司法保护。在司法资源远远不能满足保护当事人权利的情况下，完全可以通过间接方式实现对当事人权利的保护。

例如，在众多消费者利益受到侵害的情况下，赋予每一个消费者可以提起诉讼的原告资格，不仅不利于司法资源的节约，而且也不利于对所有消费者权利的有效保护。在这种情景下，如果赋予一定的消费者团体作为原告而不是每一个消费者提起诉讼的制度设计可能更为合理。当然，这样有可能会引发消费者团体不能在真正意义上代表最广大的消费者利益，但笔者认为，这完全可以通过加强对消费者团体司法监督的方式予以实现，也就是说要加强对消费者团体行使起诉权的监督的方式加以实现（这也与后文要论述的加强公法制度之间的协调的基本理论是一致的）。而这也正是许多国家的基本经验。根据以上分析可以得出以下结论：我们应当将“某人是否具有原告资格”的问题（以主体与权利之间的关系加以界定）转变为“谁作为原告资格更为合适”的问题（以主体是否更有利于保护实际存在的利益为标准加以界定）。原告资格设定的基本原理也间接地说明了行政诉讼价值目标并不仅仅在于保护个体的利益，而是协调于统一在整体的公法制度的基本原理。换句话来说，保护消费者个体利益的实现是整体的公法制度的价值目标，作为公法制度之一的行政诉讼制度，也只是作为其中实现价值目标的一个环节。

二是原告资格应当根据不同类型的行政诉讼分别加以确定。上文所述的转变行政诉讼原告资格的设定方式，并非是要否定当事人权利获得行政诉讼制度的保护。换句话来说，保护公民权利（从总体上来说）仍属于某些行政诉讼制度的价值目标之一。但有些行政诉讼类型则并非具有直接保护公民权利的功能，而在于直接维护特定的法治形态（当然这种法治形态仍具有保护公民权利的价值取向），在这种诉讼类型中，原告资格的设定应当与前种直接维护公民权利的诉讼类型有所区别。当然这里只是举例说明，不同类型的行政诉讼原告资格的设定方式不同。至于如何分别设定原告资格，仍需要在行政诉讼类型化以后加以确定。

第二节 理性界定行政诉讼的审查范围

一、概述

根据前文分析，行政诉讼审查范围的界定需要充分考虑行政诉讼制度与其他公法审查机制之间的衔接问题。对此，西方国家不同公法理论之间也存在相当的分歧，这尤其表现为对行政诉讼制度与行政内部救济机制之间的衔接问题的看法。根据前文分析，各国行政诉讼审查范围的设计既有相同点也有趋同现象；而行政改革也对行政诉讼审查范围问题提出了新的挑战。在中国，行政诉讼审查范围的设计不仅范围狭小，而且并没能充分考虑行政诉讼制度与其他审查机制之间的关系协调问题。

我们认为，行政诉讼审查范围的设定首先应当遵循以下基本原则：一是以公民权利获得全面救济以及法治得以充分实现为前提。根据“无救济即无权利”的原则，任何公民权利在受到侵害时都应当有获得救济的权利。从权利保护的角度考虑，只是是否能够获得行政诉讼或其他救济途径的问题，而不能受到既不能获得行政诉讼又无法获得其他救济途径的双重限制。而这种情形在我国的现实中却大量存在。对于法治的维护也是如此，众所周知，法制与法治之间的本质区别就在于后者重在保障法在实际中的运行，如果法制只是停留在纸面上，那根本就不能称之为法治，而无法获得实际保障的“法治”，也只能算作不完整的法律制度。从维护法治的角度考虑，对于行政行为的监督，只能是是否安排其他的监督途径的问题，而绝不能认为某些行为可以不需要接受监督，也绝不能存在完全不受监督的行政行为。

二是以审查机制之间的相互协调为基本前提。这主要包括行政诉讼与行政内部审查机制、与民事诉讼以及宪法诉讼之间的衔接问题。行政诉讼制度并不是孤立存在的公法审查机制，因此，对于行政诉讼审查范围的设计，应当反对两种极端的倾向：一是无限夸大行政诉讼的审查范围，二是极端限制行政诉讼制度的功能。我们需要综合考虑各种审查机制（在此称为救济或监督机制可能更为贴切）之间的特点和能力，也需要充分考虑现有制度的资源优势，还需要考虑对纠纷解决是否及时有效，是否公正等诸多因素。例如，对于一桩简单的行政案件，完全可以通过内部救济机制及时有效地加以解决，为何要将之直接纳入行政诉讼的审查范围？简单设定各种救济机制而不考虑各种机制之间的相互衔接问题，只能引发大量救济机制的虚置而需要公民承担诉累的不利后果。

如果一个国家大量存在相同职能的机关，是不可想象的。各种救济机制应当具有各自的特点和功能定位，这不仅有利于节约资源，也有利于公民及时有效地获得救济。对行政诉讼来说，如果与行政内部救济机制之间存在相同的职能，那么造成的后果要么是行政诉讼制度的虚置，要么是行政救济机制的虚置，否则就会造成当事人无限期的寻求救济。因此，充分考虑行政诉讼制度与其他制度之间的协调问题十分必要。从这种意义上来说，简单将所有的审查机制或者说监督机制都理解成权利保障机制或法治保障机制只是一种统而概之的说法，并没有太多的实际意义。具体明确各种机制对权利保障或法治维护机制中的职能分工问题以及之间的相互协调问题才是问题的关键。

三是适当考虑行政诉讼制度的能力为补充。根据以上分析也可以得出结论，对于行政诉讼来说，完全有必要培养行政诉讼制度的独立品格，而这种品格的具体内容应当充分考虑到自身制度的优势以及与其他制度之间的相互衔接关系问题。

这是考虑行政诉讼审查范围设计的基本理论前提。在此基本上，笔者再作进一步论述。其中包括行政诉讼与行政内部审查机制之间的衔接问题、行政诉讼与民事诉讼之间审查范围的分工与协调问题、行政诉讼与其他公法审查机制尤其是宪法审查机制之间的衔接问题等。

二、行政诉讼与行政内部审查机制之间的衔接

(一) 基本原理

行政诉讼与行政内部审查机制之间的衔接问题，不仅关涉到整体宪法与行政法治的价值目标的实现（其中包括如何为公民权利提供有效的保护机制，以及如何有效地实施对行政权的监督等），而且需要考虑到司法权与行政权之间关系的协调（如司法权如何尊重行政权的效率、行政权的专业知识），以及司法权自身的能力（如司法程序庸长所产生的诉讼效率

问题）等。如果根据前文基本理论所争议的焦点，则主要集中于对以下两大基本问题回答：一是分权问题；二是公正与效率价值目标之间的协调问题。前者主要涉及司法权与行政权之间的关系协调；后者则主要关涉到如何为公民提供有效的救济的问题。笔者对此作进一步论述：

1. 能否以分权理论作为行政诉讼审查范围与行政内部审查机制之间衔接的理论基础问题探析。

对于分权问题认识的不同主要集中于功能主义与规范主义之间。规范主义者是倡导一种“宪政分权”的模式，坚持司法审查对行政权的监督；而功能主义者则倡导“政府模式”，希望通过建立独立的行政法院来克服司法权审查行政权的弊端。分权问题在美国司法能动主义与司法克制主义之间的分歧意见中有充分的体现，主要表现为司法权如何尊重行政权的问题。分权宪政分权只是一种历史现实，并不能作为行政诉讼与内部审查机制“分权”的理论基础。

一方面，从历史发展的事实情况来看，坚持传统的宪政分权理论已经不能适应当前社会的发展需要。由于社会事务的复杂化和多样化，行政诉讼制度的审查范围的无限扩大所引起的法院承受能力受限，这在西方国家已经成为既定事实，而这也正是功能主义者对规范主义批判的要点之一。笔者认为，纠纷解决机制的丰富和发展是一种必然要求，是社会关系复杂化以及公法制度逐步完备的必然结果。在这种情形下，行政诉讼制度若不调整原有的功能定位并非是一种理性的选择。

而另一方面，功能主义者所倡导的建立行政法院的观点，或者是强调行政自由裁量权的观点也值得商酌。否定公正价值简单地赋予行政机关自由裁量权的观点的不可取性是当代追求实质法治的必然结论，在此不再加以赘述。建立独立的行政法院是否仍然需要考虑保持其与被审查对象的行政机关之间的权力分立问题？在此过程中，行政内部救济机制与被审查对象的行政权之间的分权问题也将再度出现。这也为西方国家所建立的行政法官制度或行政复议制度的实践所证实。而独立的行政法院的建立在本质上是否为以一种审查机制代替另一种审查机制的分权模式。不仅如此，法院与行政内部机关救济机制之间的分权问题也会再度出现。在行政机关无限发展内部救济机制的做法是否意味着是救济机制的膨胀，而这种膨胀并不是以司法权膨胀的形式出现，但从本质上是否在走行政诉讼制度当初发展的老路？据此，救济机制的整合问题必将再次引发权力的分割问题，功能主义这所倡导建立行政法院所追求的效率与公正价值之间的冲突问题也会再度出现。笔者认为，功能主义者所倡导的建立行政法院的做法只不过是以一种分权模式代替另一种分权模式，而实际情况则是行政机关吸收了传统司法权的公正的理念而已，而这也间接证明了规范主义追求公正价值目标实现的必要性。美国的行政法官制度与法院审查之间并没有多少区别，而且，这是否与大陆法系国家行政法院也有殊途同归的实际效果？

我们认为，不同国家并不存在统一的分权模式，现实中的宪政体制实际上是各种历史因素促成的产物，而且各国的宪政分权模式也是处于不断的变化之中。不仅历史上所产生的“行政国”现象对传统的宪政分权提出了挑战，当前的行政改革实际上也对分权体制提出了新的挑战。因此说，简单地用宪政体制分权的基本原理来解释行政诉讼制度的功能问题并不具有更多的实践价值，即使是从职能分权的角度分析，也并不能得出行政诉讼功能的基本结论。在简单的职能分权的模式下，总会引发效率与公正，个人利益与公共利益之间冲突的诸多问题。况且，行政诉讼不考虑国家的政策、对于公民的道德权利的保护、社会的环境的变化都是不现实的。行政诉讼并不可能简单定位为对任何一种利益形式的保护者。

本章的基本观点是，分权只是一种历史事实，并不能作为确定行政诉讼功能的基本前提和理论依据。至于行政内部审查机制与行政诉讼制度之间的衔接问题，我们需要更多考虑的应当是如何做好它们相互之间的衔接问题。从根本上来说是为了提供一种高效而又能够充分保障公正的救济或者是纠纷解决机制，这种机制应当是多元化的而又相互协调的。

2. 公正与效率价值之间的冲突与协调

如果考察行政审判权的起源可以发现，行政审判权产生于两种权力类型：一是从行政管理权中分化出来，一是从民事审判权中分化出来（前者主要表现为大陆法系国家，而后者则表现为英美法系国家）。如果进一步分析为何行政审判权要从行政权中分化出来的原因时就会发现，这是在追求一种区别于行政权的公正的价值。如果行政审判权没有公正价值的存在就没有任何与行政权分离的必要，当初行政审判权与行政权相分离的目的就在于保障这种价值目标的实现。而如今，只是由于行政管理的复杂化、专业化，效率等诸多因素的影响，才引发人们对行政审判权与行政权划分必要的重新思考，在实践中也大量产生行政行为司法化的倾向。从本质上来说，这不仅不能说明行政审判权与行政权之间划分意义的弱化，而这正从反面说明了司法追求公正价值的必要性。希望通过设立类似于行政诉讼的追求公正价值的内部救济程序，究其根本原因只是因为行政诉讼为追求公正价值而弱化了效率价值。但只要公正价值目标具有必要性，行政内部救济机制的存在就不可能完全代替承担外部监督职能的行政诉讼制度。

当然，从历史的角度加以考察可以发现，行政诉讼制度也有过追求效率的事实。本章认为，行政诉讼应当考虑效率价值的存在，但若以公正作为代价换取效率价值的实现是完全不可取的。行政诉讼设计过多的简易程序，为何不代之以行政内部救济程序。作为国家整体的制度资源来说，存在过多的具有相同或相似功能的机制是否是一种资源浪费？是否会导致公民无所适从？这在前文已经加以说明。

当然，司法的公正往往会引发滥诉现象的出现，这在西方国家已经是不争的事实。如何遏制滥诉给行政诉讼制度本身所带来的压力，这些国家也有相当的经验，其中最为有效的方法包括通过原告资格的限制、设置行政诉讼前置程序等手段。但笔者认为，这些方式并不能从根本上解决滥诉问题，也违背了行政诉讼制度价值目标的预设。如果从实证的角度考察这些现象就会发现，诉讼案件过多对行政诉讼构成的威胁等问题的出现，在不考虑人们对于司法权的信任以及实际纠纷增多的原因之外，这些现象的发生并非仅仅源于行政诉讼制度本身，而是国家没有从根本上做好整个公法制度之间的协调工作所致。存在越来越多的救济机制的今天反而使得行政诉讼制度承受无法承担案件增多的压力，这种现象的发生是不可想象的。解决这些问题的方式，不外乎三种途径：一是增加司法审判人员，扩大诉讼机制，二是简化行政诉讼的程序以提高效率（而这也是各国的主要做法），三是将行政诉讼制度的传统功能分担给行政机关。对此，如果根据前文的分析就会发现，前两种方式都不可取，而最后一种方式也存在问题，那就是能否保证公正价值的实现。

对此问题的解决，应当在明确以下问题的前提下再作回答可能更为理性。那就是：前文所说的行政诉讼制度追求公正价值，而行政机关更加注重效率价值，但这并非意味着行政机关只追求效率不具备追求公正的价值目标，而司法机关也并非只追求公正价值目标而不可以追求效率的价值目标，这是其一。其二，行政机关保证公正价值目标的实现，也并不能理解为是对行政诉讼保障公正价值任务的实际分担，更不是要用行政机关的公正来代替司法机关的公正裁判。这就要求，如果行政机关不能保障公正价值目标的实现，司法权应当保留介入的权力。当然，在这种情况下，如果行政机关只是将案件移送司法机关，而自身不承担违反公正原则的责任的话，就会造成对相对方的不公平对待。如果设置这样的程序，当事人也总是会将所有的程序用尽（而这在实践中也是一种常态），引发当事人的诉累。笔者认为，对此有两种限制方式：一种是惩戒办案的人员，另一种就是法院通过审查前置性程序以保障前置程序公正价值目标的实现。其三，法院有能力保证公正价值的实现并非意味着，只要是实现公正价值就一定需要法院介入？法院是保证公正价值实现的机制，而不能将之理解为，法院是具体实现公正价值的机制。法院完全可以通过多种方式保证社会公正价值目标的实现。公正价值的最终落脚点应当是具体案件中当事人获得公正的对待。法院完全可以通过以下方式保证公正价值的实现：一是通过加大审查其他救济机制的程序运作以保证公正价值的具体实现；二是法院可以通过理性的制度设计以表明自己公正的态度。

(二) 行政诉讼与行政内部审查机制之间关系的重新调整

前文已经阐述，两大法系国家在创立行政诉讼与内部审查机制之间的关系问题上，基本是遵循“穷尽行政救济原则”，而中国则有所不同。“由当事人对行政诉讼和行政复议自由选择”的观点在行政法学界也被认为是主导性的观点，而且被认为这种自由选择“应当是一种原则或主要形式”。当然，对此也有反对意见，在《行政诉讼》出台当初，其他公法制度还没有完备的情况下，这种制度设计是可取的，但在当前行政内部审查机制基本建立的历史条件下，完全有必要借鉴他国经验，充分考虑行政诉讼制度与内部审查机制之间的协调问题。

当然，“穷尽行政救济原则”的建立还需要建立在以下基础之上：一是该原则的建立应当建立在行政内部救济机制完善的前提下，如果行政内部审查机制本身不合法，应当允许当事人直接针对审查机制的合法性问题提起诉讼。而且笔者也认为，行政诉讼应当加大对行政内部审查机制程序本身合法性监督的力度。二是建立穷尽行政救济原则在中国并不能仅仅局限于行政复议与行政诉讼制度之间的衔接，还应当包括与其他内部审查机制如人事仲裁制度等之间的衔接问题。

三、行政诉讼与民事诉讼之间的权限划分与协调

(一) 基本原理

公私法的划分是解决行政诉讼与民事诉讼之间的权限的基本前提，这尤其是伴随行政法传统制度体系相对于私法制度体系逐步得以完善的历史前提之下。但人们对于是否存在公私法划分以及公私法如何划分的问题却历来存在争议。如今，尤其是伴随20世纪末期开始的各国公共行政管理体制改革的不断深入，公私法划分的难题再度出现。而这些难题也自然地延伸到行政诉讼制度的设计上来。而且，这种现象也不再局限

于大陆法系国家，英美法系国家也因为行政诉讼程序与民事诉讼程序的两分而遭遇到同样的难题。在这场改革中，国家一方面不断缩减原来所管理的事务领域，而另一方面却又对原本属于私人自治的领域加大了干涉的力度，赋予私人主体以许多维护公共利益的义务。从而出现了“私有化”“外包”“民营化”“社会行政主体”等许多新的社会现象。这场改革也使国家行使权力的方式发生重大转变，不仅广大民众通过各种形式参与到国家行政管理的过程中来，而且，国家也不再仅以秩序维护者的身份，而是以合作者或合同伙伴的身份面对公民，开始采用传统上被称作私法的各种手段来完成公法的任务，与之相伴的是“混合行政”“行政合同”等新的行政形式的出现。对于以上现象，法律及法学界也纷纷做出回应，赋予其以“遁入私法”“行政私法”“公法向私法的逃逸”“公法向私法的渗透”“私法的公法化”等许多新的名称。以上所述国家权力范围的缩减以及权力行使方式的转化，不仅使原本难以确定的公私法划分标准问题更加复杂化，而且使得人们对原本具有各自特色的公法与私法制度内容的确定性产生了怀疑。

这些新的组织形式和新的行政权行使方式的出现，对行政诉讼制度构成了相当大的冲击，而对行政诉讼审查范围的影响尤为突出。甚至可以说，这些新现象的出现使得原本已经难以确定的行政诉讼审查范围变得更加无所适从。公共事务管理主体的改变是否就意味着救济途径或救济方式的改变？国家权力形式的转变是否意味着监督手段也要做出相应的改变？对于这些问题的讨论也具有十分重要的意义。因为，对这些问题的解决，并非仅仅是一个诉讼机制和程序选择的技术性问题，而且决定着私法和公法领域的重新划定。对于这些问题的解决，也表明了法律制度回应这些新的社会现象的态度，反映了法律制度对卷入争议中的广大民众的基本权利的保护方式和程度。行政诉讼审查范围的确定会直接影响到以上诸多问题。对于这些问题的解决，在西方国家也已经引起了相当热烈的讨论和广泛的争议。

解决公私法划分问题，则应当在处理好“公法领域”与“公共领域”

等相关概念之间关系的基础上再加以讨论。

首先，公共领域是一个以公共利益为利益基础的关系领域。在这个领域，人们共同分享着一个利益基础，那就是公共利益。不仅是公共利益的存在使得该领域具有相对于私人领域的相对独立性，而且，只有存在一个为人人所共享的公共利益，公共领域的存在才具有实际意义。公共利益是人类赖以共同生活的基础，因此说，只要有人类社会的存在，就有了公共利益存在的必要，由此可以推断，公共领域自产生人类社会就已经存在。当然，由于受到一定社会历史条件的限制，为人们所共享的公共利益并非具有确定的内容和范围，与之相对应，公共领域的大小也伴随社会的发展而不断变化。因此说，合理划定一个时期公共领域的实际范围、明确界定公共利益的实际内容具有十分重要的意义，这是其一。其二，人们共同享有公共领域并非意味着需要所有的人对公共领域事务管理的参与。传统由国家所承担的维护公共利益的任务如今转化为私人主体所承担，并非意味着公共领域的丧失或者是放弃对公共利益的保护，而只是公共利益实现方式的转变、公共领域事务完成路径的重新选择。国家转变管理方式，也并不是放弃管理，反之却是为了更好的管理。我们并不能因为对于公共领域事务管理手段的改变、民众的参与而缩减公共利益的范围，公共领域的大小也并不因此而改变。而正确划定公共领域的范围以及保证各种主体正确适当地参与公共领域事务的管理正是法律制度所应当承担的任务。

而公法，作为调整人与人之间关系的法律制度，只是人类社会发展到一定历史阶段的产物，公法领域也就是公法制度能够涉及的社会关系领域。人们将法律制度划分为公法与私法两大基本类型，可以说，是从人们认识到国家权力与私人权利之间的区别开始的，公法与国家权力之间存在相当密切的关系，这尤其表现在公法制度建立的初期，人们甚至将与国家权力相关的法律制度直接定义为公法。但是，伴随国家权力的不断转变，公法制度的内容和观念也在发生转变，由此，公法制度在发展的过程中也逐渐形成了一些相对稳定的品质和特征。根据这些理由，对于公法，在学界也有另一种理解，那就是，从公法本身的品质确定什么是公法。例如，有学者认为，“公法不再是规制主权国家与其臣民之间关系的规则体系。毋宁说，它是对于组织和管理某些服务来说必不可少的规则体系”。这些品质不仅是公法制度回应调整对象（传统的观点认为是指国家权力）的特点所形成，而且也是在其协调与私法之间的关系的过程中发挥特长所养成的独特的精神和品格。根据以上分析可以看出：一方面，公法制度本身自始就具有特定的制度内容和特征，而另一方面，我们也并不能否定界定公法制度范围所具有的人为因素。进一步来说，把公私法划分标准绝对化，否定公私法之间的“中间地带”的机械化做法是完全错误的，尤其是将公法与国家权力之间关系绝对化的做法是完全错误的。正如有学者所言：“公法和私法的区别不是根据单纯的理论的区别，是现实的国法上的区别，而现实的国法系由种种错杂的思想之结果所集结而成的，所以以任何单一的标准去区别两者，都不能与现实的国法相适合”。

根据以上分析可以看出，公法领域与公共领域之间是一对既相互勾连而又相互区别的概念，这种看法对建构公共领域的公法制度尤为重要。一方面，公共领域对公法领域具有优先地位，公法领域的范围应当根据公共领域事务的要求和特点而具体决定；而另一方面，公法制度的发展却又具有相对的独立性，尤其是，当公法制度发展到较为成熟的时期具有了相当稳定的制度内容时。公共领域对公法领域的优先地位决定了：一是只要是维护公共领域事务的需要，调整公共领域的法律制度，无论这些法律制度被称作私法或者是公法，其制度内容和精神并不能因此而改变。因此可以说，前文所提出的公私法划分问题，不仅是在回答调整公共领域事务的法律制度是选择何种法律制度更为妥当的问题，而且是在回答将调整这些事务的法律定位为公法还是私法的问题。“遁入私法”等现象，只是依据传统的公私法划分理论所得出的结论。这种现象可以解释为，是为了更好地实现对公共领域事务的管理而转变法律手段，但如果并没有改变其制度内容（而且这种制度模式完全符合公共领域事务管理的需要)，这种现象也完全可以解释为，是公法与私法范围的重新界定。也就是说，这些传统的公法制度是应该定位为私法而不是公法。二是公法与国家权力之间并非具有绝对的勾连关系。由于公法与私法制度之间的划分标准以及对所调整公共领域某一特定事务的法律是否被定位公法或私法等均需要根据公共领域事务的特点和要求而加以确定，因此说，公法与公共权力之间并非必然具有绝对的相互勾连关系，如有为实现公共领域事务的必要，公法的调整对象完全可以扩展到一般社会行政主体，甚至私人主体。三是由于公共领域的范围并非永恒不变，从而要求公共领域的法律制度也应当随之加以调整，因此并不能将公法与私法的划分标准绝对化。另外，公法制度与公共领域之间的相对独立性也决定了，公法制度在求得与其他制度之间相互协调的前提下，应当充分考虑自身制度的发展，培养自己的独立品质，以更好地回应所调整对象的复杂性。

对于传统的公法制度有必要作以下调整：一是要弱化公法与国家权力之间必然联系的观念，而将利益作为公法制度建构的利益基础。在早些时候，公共领域、公法制度与公共权力(尤其表现为国家权力)之间具有内在的一致性，公法以公共权力作为调整对象，以保证其完成公共领域的事务具有一定的合理性。而如今，三者之间的关系发生了变化，尤其是表现为私人主体对公共领域事务的参与，国家权力行使的方式也在发生转变，公法制度如果固守传统模式必将无法适应对公共领域事务管理的需求。因此，完全有必要改变传统的公法制度依附于调整对象尤其是国家权力的现状，强化公法制度与公共领域事务之间的关系。笔者认为，可以将保护公共利益作为公法制度的首要利益追求，公法制度也应当根据公共利益的要求和特点加以建构。二是保护公共利益也并非只能通过公法来完成，公共利益也可以通过私法的途径加以实现；而公法与私法之间的这种关系可以通过两者之间的合理分工和相互协调予以实现。在此需要特别强调的是，以利益作为公法与私法之间分工的利益基础并非是指以利益作为公私法的划分标准，而是指，根据是通过公法还是私法加以调整更加有利于保护公共利益而具体确定具体事务是纳入公法还是私法调整的范畴。如果同一事务有必要同时适用公法与私法制度加以调整，也应当允许公法与私法制度同时适用。三是公法应当尽量摆脱完全依附于所调整的对象（其中包括公共利益和国家权力等）而决定其制度内容的处境，而着力培养自身的独立品质，以更好地应对所调整的对象的复杂性，尤其是公共领域利益关系的复杂性。

（二）基本方案

根据上文分析，确定行政诉讼审查范围与民事诉讼审查范围之间的划分应当充分考虑以下几点：一是行政诉讼审查范围的确定具有相当的人为因素，并没有绝对的划分标准；二是行政诉讼审查范围的设计也应当充分考虑到行政诉讼制度本身的制度特点，尤其是要考虑到对其他公法制度精神的落实；三是行政诉讼审查范围的确定也应当充分考虑到公共领域事务的特点，尤其要考虑到公共利益与私人利益之间的协调。据此，本书提出以下基本建议，以具体确定行政诉讼的审查范围：

第一，确定行政诉讼的审查范围应以培养行政诉讼的独立品格为前提。鉴于需要公法与国家权力之间关系的相对剥离，以及公法制度与公共领域之间关系的复杂性。公法制度的重新设计，也就是面临是固守原来的领域，还是吸收私法品质而加以改进的两难选择。与之相对应，行政诉讼审查范围的确定也面临，是将行政诉讼制度无法达到审查目的的事务自觉地转让于民事诉讼机制而加以审查，还是固守或进一步扩大原有行政诉讼审查范围而改进行政诉讼的制度形式以保障公共领域价值目标实现的两难抉择。笔者认为，后一种方案并不可取。因为，过于弱化民事诉讼与行政诉讼程序之间的差别并不是一种理性的选择，公法与私法之间，行政诉讼与民事诉讼之间保持适当的距离和特点，不仅有利于发挥诉讼机制各自的优势，而且有利于为当事人提供更为全面的、多种形式的保护。因此说，培养行政诉讼与民事诉讼制度各自独立的品质具有十分重要的意义，也只有在各自具有相对独立的品质的前提下，才有讨论各自分工，确定审查范围的必要。据此，如果将案件纳入行政诉讼程序，就“应当是有一种特殊的理由证明行政法院的管辖是合理的：由行政法院管辖的案件必须具备这样的特质，即它适合由行政法院适用行政法予以审查”。

第二，改变行政诉讼审查范围以国家权力作为确定标准的传统，灵活处理行政诉讼与民事诉讼之间的权限分工。根据前文分析，法律制度与利益之间具有更为紧密的关系，法律制度应当以保证各种利益关系的协调为最终追求。因此说，行政诉讼与民事诉讼之间的权限划分也应当以保证对社会利益关系全面调整的需要为前提。鉴于公共利益与私人利益之间关系的复杂性及公共利益并非仅仅可以通过国家权力加以实现的事实，行政诉讼审查范围的设定，也并不能完全根据所调整的对象机械确定，而应当考虑是否有利于公共利益的实现。如果私人主体（尤其是行使公共管理职能的社会行政主体）的行为应当受到公法原则的限制，依据行政诉讼制度审查更为有利于公共利益的实现，就应当将之纳入行政诉讼的审查范围；对于国家行为，如果需要适用私法原则，纳入民事诉讼审查制度更有利于保护公共利益，也应当允许将之纳入民事诉讼的审查范围。

第三，确定行政诉讼的审查范围并不能限制当事人灵活选择诉讼程序的自由。培养行政诉讼与民事诉讼各自的品质，有利于发挥两种诉讼机制各自的优势，但也存在弊端。那就是，由于民事诉讼与行政诉讼各自审查方式以及所适用的制度内容的不同，就有可能导致对于同一事务当事人由于选择了不同的诉讼路径，而获得不同的诉讼结果。笔者认为，这种弊端可以通过以下途径加以克服：赋予当事人选择诉讼程序的权利，而且对于同一事务，如果需要同时适用公法和私法原则，也应当赋予当事人同时选择两种机制的权利。当然，这种制度设计很可能会引发民事审判权与行政审判权之间的协调和冲突问题，但这种冲突并不能成为剥夺当事人获得全面保护（同时受公法和私法保护）权利的理由。

第四，在立法明确界定审查范围的基础上建立纠纷解决机制，为行政诉讼审查范围的具体落实提供进一步的保证。根据前文分析，公私法划分问题不仅复杂，而且具有相当的人为因素，寻找两者之间划分的绝对标准只能是一种理论上的假设，在实践中却很难操作。正如有学者所言，“公法与私法的划分不是标准问题，而是归类问题”。

因此说，确定行政诉讼的审查范围，不仅需要立法甚至司法解释明确具体的划分标准，还完全有必要建立有效的权限纠纷解决机制，具体落实行政诉讼的审查范围。笔者建议，可以借鉴法国的权限争议法庭的做法，赋予审判委员会裁决权限纠纷的权力，并建立和完善相应的程序制度体系，以保证具体案件审查机制的落实。

四、行政诉讼与其他公法审查机制之间的分工与协调

(一) 概述

以上阐述了行政诉讼制度与行政内部审查机制以及民事诉讼机制之间的分工与协调问题。设计行政诉讼审查范围还需要考虑与其他公法审查机制之间的权限划分与协调问题。例如，在德国，除联邦和州两级宪法法院外，还有普通法院、行政法院、财政法院、社会法院以及劳动法院五大法院系统，因此，确定行政法院行政诉讼的审查范围，不仅需要考虑与普通法院之间的权限划分，而且还需要考虑与宪法法院以及其他公法法院之间的权限划分问题。在法国，行政法院与审计法院、财政预算纪律法院、补助金和津贴法院、战争损害赔偿法院等之间也有审查范围的划分与协调问题，行政法院还需要考虑与宪法委员会之间的权限划分与协调问题等。笔者认为，对于以上各种法院之间审查范围的确定基本可以比照以上所述的基本原理加以设计。从总体上来说，也就是，行政诉讼制度审查范围的设计不仅应当充分考虑案件的性质，而且应当充分考虑行政诉讼制度自身制度的特点以及与其他制度之间的协调关系。

在此，我们将针对中国的基本现状，就如何协调行政诉讼制度与宪法审查机制之间的关系问题作进一步探讨。

（二）行政诉讼与宪法审查机制的协调与分工

行政诉讼虽然作为最为基本的公法监督机制之一，但行政审判权的行使并非不受任何限制。这不仅表现为行政诉讼对行政权监督的范围受到一定限制（这尤其表现为我国立法规定行政诉讼排除对国防、外交行为的审查），在现实中还不可避免地会产生司法权威能否在真正意义上得以保障的问题。这其中包括：在行政诉讼过程中，如果司法权与行政权之间产生冲突如何解决？这尤其表现为两者对于是否属于政治问题所引发的争议。即使是学界普遍坚持，法律问题由法院决定，而法院应当尊重行政权对事实问题的认定，但由此也会产生法律问题与事实问题如何划分由谁决定的问题。

当然，若根据英国功能主义以及法国公法学者狄骥的基本观点，行政行为与“统治行为”并没有区分的必要。但笔者认为，若从维护法治权威的角度考虑（任何国家行为都应当接受监督），国家机关行为的区分只能得出监督机制如何选择的问题，而不能得出任何行为可以不接受监督的结论，但对于行政诉讼制度来说，这种区分还是具有实际意义的。因为，无限扩大行政诉讼制度的功能是不现实的，在中国行政诉讼制度自身还不够完善的情况下尤为如此。在大陆法系国家，行政诉讼也并不承担审查所有国家机关行为的任务，而是将以上政治行为纳入宪法审查机制的审查范围。对于行政权与司法权之间如何协调的问题，我国学界基本倾向于采“树立司法权威”的基本观点，但若考察其他国家行政诉讼制度实践，则并没有定然的结论。

本书认为，在中国，我们不仅需要强化行政诉讼中司法权的权威性，还有必要建立一个具有更高权威的机制，以协调行政诉讼机制与其他公法审查机制之间的关系，以及解决司法权与行政权或其他司法权之间冲突的问题。这不仅是维护法治统一的必然要求，而且也是行政诉讼（尤其是在司法权威不能充分发挥作用的情况下）得以有效运行的根本保障。

如果仅从国家权力之间纠纷解决机制的设置情况来看，大陆法系国家是在行政审判机制之外设立了一个违宪审查机制，而在美国则是统一于司法程序之中，通过设置层级的审查机制以保障上级司法机关对较低层级国家权力机关之间纠纷的解决，如联邦法院可以解决州际法院之间的权限纠纷问题等。

在我国学界，对宪法审查机制也有不同理解，如称之为“宪法监督机制”“宪法诉讼”等。一般认为，西方国家宪法审查机制有两大模式：一是以大陆法系国家为代表的集中型宪法审查机制，二是以美国为代表的分散型宪法审查机制。前者是通过建立相对独立的宪法法院（或宪法委员会）审查违宪案件，而后者则是通过在个案适用中审查违宪行为，一般法院均具有此项权力。我国学界也基本认为，在我国并不存在宪法审查机制，对如何建构宪法审查机制的问题各有不同观点。

至于我国应该如何建立宪法审查机制，笔者认为有必要在明确下一问题的基础上再作进一步讨论，那就是：“宪法审查机制”与“维护宪法权威的机制”并非同一概念。换句话来说，宪法审查机制并非一定是维护宪法权威的唯一机制。例如：在德国和法国，可以通过宪法法院（或宪法委员会）解决宪法争议，但这并非意味着违宪事务只能由宪法法院加以解决，行政法院也具有直接依据宪法审理行政案件的权力。因为，在这些国家，宪法也是行政审判权的合法性基础。这是否与美国的司法审查（包括违宪审查）具有异曲同工之妙？据此也可以说，对于维护宪法的权威来看，在美国是统合于司法机关，而法国和德国则分别由不同的审查机制分担。

因此，若从维护宪法权威的角度考虑，在中国，以下两大问题均需要加以考虑：一、是否有必要建立统一的宪法审查机制的问题，二、能否让宪法在司法中具有直接适用的效力的问题。对此，不仅应当赋予行政诉讼程序中的法官直接依据宪法审理案件的权力，而且应当建立相对于行政诉讼更高层级的宪法审查机制而与现行的行政诉讼制度相互衔接和配合。至于行政诉讼与宪法审查机制之间审查范围的分工问题，笔者认为，只要是行政诉讼（以及其他公法审查机制）无法解决的宪法争议案件，都应当最终纳入宪法诉讼的审查范围中来。而且，对于各种公法审查机制之间的权限冲突，如果涉及宪法问题也应当纳入宪法审查机制的审查范围。这其中应当包括，司法机关之间的宪法争议，以及通过行政诉讼程序无法解决的行政权与司法权之间的宪法争议（如行政诉讼不能审查的“国防、外交行为”等政治行为）等。

第三节　协调与统合行政诉讼的合法性基础

一、概述

对于行政诉讼合法性基础的讨论甚至可以上升到对“法是什么”的法理学高度，也可以划归到对司法权合法性基础讨论的范畴。但由于本书的主题所限，本章仅结合行政诉讼的基本原理以及实践对此问题展开讨论。将如此宏大的法理问题放在具体的行政诉讼领域加以讨论，也更具有针对性。在此，我们将在对前文所述的基本理论及实践作进一步分析总结的基础上，再行展开进一步讨论。

如果利用前文所设定的行政诉讼制度功能概念，行政诉讼合法性基础实际上是连接行政诉讼审判权与其他公法制度之间关系的一种具体形式。例如，英国司法审查中确立越权原则，实际上就是要求司法权依附于立法权，而美国司法审查中的程序性审查原则也同样是要求司法权尊重于程序法治的存在，当然，行政诉讼合法性基础也可能直接回应社会的价值目标基础之上，例如英国司法审查所确立的自然正义原则等。可以说，司法审查合法性基础的不同，实际上也决定了行政诉讼制度与其他公法制度之间的关系。换句话来说，行政诉讼的合法性基础与前文所述的审查范围以及价值目标定位等问题一样，也直接决定了行政诉讼制度在宪政和行政法治中的功能。不同的理论观点以及不同的行政诉讼中合法性基础不同，行政诉讼制度的功能也就不同。

在理论上，前文已述，人们对行政诉讼合法性基础理论的认识和建构，可以说是“仁者见仁、智者见智”。在英国，不仅存在以越权原则与普通法之争，甚至上升到理论派系之间的争论。功能主义与规范主义之间，甚至规范主义中的保守规范主义与自由规范主义之间，对行政诉讼合法性基础也存在不同观点。在美国，普通法形式主义、程序主义以及现实主义之间在行政诉讼合法性基础的问题上也存在相当对立的观点。即使是程序主义内部也可以进一步划分为传统的程序主义与新程序主义观点的差异。而在大陆法系国家，在自由法治国与社会法治国不同法治思想的支配下，人们对行政诉讼的合法性基础也存在相当的差异。

从实证的角度考察，各国行政诉讼的合法性基础也经历了不断变迁的历史发展过程。如果从法的形式上来看，在英国经历了以普通法作为司法审查的合法性基础，再到将议会立法也纳入合法性基础范畴（其主要表现形式是以越权原则作为司法审查的依据），甚至将国际条约、人权法案也纳入司法审查合法性基础的范畴的基本历史发展过程。在此过程中，议会立法与普通法（尤其是普通法程序规则）作为司法审查的合法性基础均受到了一定程度的挑战。在美国，司法审查的合法性基础也经历了从普通法形式主义到尊重议会立法，再到尊重程序法治的范式转化过程。在大陆法系国家，行政审判的合法性基础虽然以实证的议会立法作为主体，但判例法也是其合法性基础的法的形式之一。从总体上来看，当前各国行政诉讼的合法性基础基本建立在多元化的法的形式之上，而且遇到了前所未有的挑战。实践中的“软法”等能否或者是否是合法性基础的问题也逐步引起人们的关注。而如果从作为行政诉讼合法性基础的法的实质内容角度来看，各国行政诉讼制度也基本经历了从形式法治到维护实质法治，从维护法的形式到回应于社会价值的转变过程。如英国依据人权法案审理案件，在美国注重正当法律程序运用，大陆法系国家行政审判制度更加注重对法的目的的探求等。如果按照前文所归纳的行政诉讼制度类型，两大法系行政诉讼的合法性基础也有所不同：大陆法系国家行政审判制度的合法性基础是建立在维护实体法治的价值目标之上；

而英美法系国家司法审查的合法性基础则主要建立在维护程序法治的价值基础之上。官僚型的行政诉讼的合法性基础基本是建立在统治者的权威之上，形式主义的行政诉讼的合法性基础则是建立在议会立法或者是形式化的程序规则之上，而功能主义的行政诉讼制度的合法性基础已经包含了追求正义等社会价值目标的实质性内容等。

如果再根据进一步分析各种类型行政诉讼所在的法治背景，我们可以发现，行政诉讼合法性基础受到了当时所在社会背景和法治背景的直接影响。其中，官僚型行政诉讼制度是产生于宪法和行政法治不完善的历史时期，因此并不可能出现立法作为行政诉讼合法性基础的可能；而形式主义的行政诉讼实际上产生于宪政法治得以初步建立的历史时期。由于议会主权宪政体制的存在（在大陆法系国家则是人民主权），使得行政诉讼在宪政体制中并没有相对独立的地位，因此，立法规则作为行政诉讼的合法性基础的主体法的形式也就不难理解，在行政法治得以在宪政法治独立发展时期的功能主义的行政诉讼的合法性基础的多元化也同样是社会和法治环境的影响使然。普通法作为英美法系国家司法审查制度合法性基础的主要形式之一也是与其存在普通法的历史传统分不开的；而大陆法系国家以实证的立法作为行政审判的合法性基础也并非偶然，与其成文法历史传统并无关系。也正是因为社会背景以及法治环境的进一步发展，两大法系国家传统的法的形式均已经受到挑战，随之，行政诉讼的合法性基础也在不断变迁。

根据以上分析，可以暂时得出以下基本结论：一是行政诉讼的合法性基础，无论是立法规则、程序规则、司法判例，以及其他法的形式，均是行政诉讼制度与其特定的法治环境以及社会背景互动关系的结果，行政诉讼制度的合法性基础并非可能表现为单一的法的形式；二是作为行政诉讼合法性基础的各种法的形式之间并没有优劣之分，各种法的形式均需要在实践中不断接受检验，而这也契合于行政诉讼合法性基础不断变迁的历史发展过程；三是行政诉讼的合法性基础不仅包括法的形式，还应当充分考虑法的实质内容；四是确立行政诉讼的合法性基础，不仅需要考虑与其所在的法治环境之间的协调，更需要考虑对社会价值目标的回应，传统的仅仅以国家法作为合法性基础的做法已经不能适应社会发展的需要（这在行政改革所引发的合法性基础难题中有充分的体现）。下文，笔者将直接针对前文理论所普遍关注的行政诉讼合法性基础的主要的法的形式作进一步论证。

二、法官应如何对待法律规则问题探析

（一）规则主义之优劣评析

规则主义与前文所述的保守的规范主义以及作为自由法治国思想智识的法律实证主义是一致的。规则主义是我国学界的基本称呼。在中国，行政诉讼制度对待立法规则和程序制度的态度以及司法解释的作用中均具有这种倾向。规则主义在英国主要表现为越权原则，而在美国则主要体现在“传统行政法模式”中的司法审查制度中，在大陆法系则体现在早期的越权之诉中。笔者也认为，我国行政诉讼所确立的合法性审查原则，立法制度体系是规则主义的典型代表。

对于规则主义者来说，法律是一套规则体系，只要保证规则的严格执行就可以实现法律的正义。也就是说，行政主体是规则的服从者，是执法的机器，行政人员只需严格按规则行事，不需拥有任何的自由裁量权；法官也同样如此，只是适用法律机器，并没有任何自由裁量权。在行政法治领域所讨论的规则主义实际上是自由主义的翻版，以控权作为其主要价值目标。这种观点在西方国家已经遭到诸如功能主义、程序主义、现实主义等新型法学流派的批评。根据后者的基本观点，规则主义所倡导的规则的不足主要在于无法处理社会的所有事务，无法适应社会发展的需要，无法考虑法律与道德以及政策之间的关系等一系列问题。

对于规则主义，我国学界也已经有人提出了批评。例如，有学者认为，“当我们陷入规则的泥潭之际，我们已为规则所困，也会感叹于规则的贫困”。也有学者曾针对我国行政诉讼前置程序完全依靠法律、法规个

别列举来解决的规定，批评其过于个性化，使得“成熟性原则”等原则没有发挥作用的余地，使法院受理案件失去原则性与灵活性统一的优点。更有学者曾明确指出“行政法就其外延或外部表现形式看，不仅包括一系列行政法规范，而且理应包括一些重要的行政法原则，它们同样具有法的效力”；过去“忽视了原则的法律约束力，从而不把它列为行政法概念的重要组成部分”的做法，应当加以修正。也有学者把政策、法理和判例列为我国行政法的非正式渊源。甚至有人认为，权威法学家的著作也具有“准法源”的作用。

实际上，我国的行政立法也并非仅仅为规则的体系。例如：行政法学界经常论及的比例原则、正当程序原则、信赖保护原则等在单行的、适用于特定范围的立法中已经得到确认。本章的基本观点是，中国的行政诉讼应当克服简单的规则主义，而不是完全加以否定。当然，在司法实践中，这种倾向已经有所修正，这是值得提倡的。

对此，我们有必要对行政诉讼中的规则主义的不足作进一步说明：首先，行政诉讼制度与其他公法制度一样，既来自社会也为了回应于社会，自治性法和压制性法都无法适应社会的需要，而回应型法则是一种必然选择。因此，从社会需要的角度来考虑，无论是立法还是程序法均不能作为唯一的合法性依据，无论是行政还是司法仅仅作为立法的执行机关的做法都会引发司法无法回应社会的不良后果，若将司法权依附于立法和行政权，也会将立法和行政权无法回应社会的弊端带入行政诉讼中来。从历史发展的角度考察，如果说在自由宪政的历史时期，立法作为限制行政权滥用的工具之时，司法权仅仅作为立法权的执行工具还可以应对当时的社会需求的话(形式主义法治所处的历史背景下)，那么，伴随行政国家的到来，在行政权职能无限扩大的情况下，司法权仍然充当立法权的“传送带”的做法就已经完全不能适应社会的需要了——而这也正是功能主义者对规范主义者的批判的主要论点。在当前，各国都在采取行政改革，社会事务更加复杂，无论是立法还是程序法治都面临前所未有的挑战。若司法仍然固守作为规则的实施机关的传统角色已经完全不合时宜。美国历史事实也证明，仅仅将司法机关作为立法的传送带的传统的行政法模式，只会造成行政机关的自由裁量权的大量存在而无法得以控制。规则主义所引起的另一种后果则可能是将行政机关桎梏在单一的立法权之内而无法积极行政。

其次，行政诉讼也并不能仅仅将行政权桎梏在立法授权的范围之内。无论是立法、司法都需要回应于社会，行政机关的权力来源也是如此。在中国，建立服务型政府，不仅需要行政权不得侵害人民的权利，还需要行政机关积极服务于社会和人民大众，从这点上来说，行政权的正当性是来源于社会的需要，而并非仅仅局限于立法规则。这不仅因为立法规则体系不可能穷尽调整所有的社会关系，立法技术本身也决定其规则体系存在“空隙”(当然法律精神也可以纳入法的范畴，但这种精神也同样来源于社会而不是其立法本身)。中国立法通过概括授权的方式赋予行政机关根据社会管理需要制定行政规则、政府在没有立法的情况下通过政策的手段管理社会的历史事实也充分说明了这点。

最后，如果从整体的公法制度角度考虑，行政诉讼制度的合法性基础应当建立在整体的公法制度的合法性基础之上，无论是立法权、行政权还是司法权的合法性基础应当是一致的。但就立法、行政与司法相互之间的相互关系来看，它们之间应当是相互协调的关系，而不应当以一种权力依附于另一种权力的方式决定其中某种权力的合法性基础问题。如果假设，立法机关能够承担调整所有的社会利益关系的话，行政诉讼的合法性基础建立在形式主义的基础之上，司法仅仅作为执行立法指令的做法并无不妥。同样，假设行政权能够保证自身行使的正当性的话，行政诉讼合法性的基础也完全可以与行政权的合法性基础保持一致。但事实则证明，以上两种假设都是不成立的。因此说，独立讨论行政诉讼制度的合法性基础实有必要。

当然，在此并非完全否定规则主义，尤其是规则存在的必要性。法官应当尊重法律规则，其理由如下：一是法律本身就是社会利益平衡的基本手段或者说是工具，法律是一种稳定的规范化的手段，其优点是规则体系的建立，可以使人们对法律的权威具有可预见性，而且在控制国家权力对公民权利的侵害，维护公民基本人权方面，具有不可替代的作用，而这也是自由法治主义思想的价值之所在；二是司法之法也同样存在弊端。如果简单地以司法之法代替规则体系，同样会产生以上规则主义的类似后果。对此笔者将在下文作进一步论证。

（二）行政诉讼对待法律规则应有的基本态度

至于在行政诉讼制度过程中应当如何对待法律规则，笔者认为至少应当做到以下两个方面：一方面，法官绝不能仅仅担当法律规则的简单机械的宣示者的角色，适当程度下的司法能动主义是完全必要的，尤其使对于违背上位法的下位法完全可以不予适用，法官对于冲突规范应当享有选择适用的权力，应当享有对于不确定法律概念的判断权等；另一方面，司法机关通过以下方式尊重法律规则：一是对于有明确立法规定并符合法律精神的规则应当予以尊重，二是通过程序性审查的方式尊重立法，也就是说，若立法是在相对完善的程序制度规范下形成的立法应当得到法官的尊重。而这也是其他国家的基本经验。简而言之，行政诉讼的合法性基础应当充分考虑社会的需要，而并非简单地依附于立法规则。

三、行政诉讼应当如何对待行政

程序法问题探析程序法思想起源于英国，主要盛行于英美法系国家，这尤其表现为美国。甚至有美国学者就将行政法定义为程序法和司法审查。行政程序制度在我国行政法中也得以认同。我国学界的主流观点也是极力倡导行政程序法治的建设；另一方面，对于如何建构我国行政程序法的制度结构问题上却存在严重分歧。在行政诉讼中，现有立法对法院审查行政程序的规定已经受到质疑，但学界对司法机关应当如何进行程序性审查却存在不同观点。

根据前文内容，由于行政行为概念的泛化，行政程序已经不再仅仅限于规范行政机关行为的制度形式，而可能成为规范行政法律关系双方甚至多方参与的行政过程的具体程序。从而使传统行政程序法所预设的约束行政权的价值目标也发生了重大转移。行政改革也引发传统的行政程序制度能否进一步规范社会公共行政主体，以及能否过于强调利用行政程序约束行政权的问题等诸多问题。而这些问题是行政诉讼诉讼过程中不得不予以充分考量的重要因素之一。

如果进一步根据前文所提供的素材，美国1946年颁布的《联邦行政程序法》对行政程序的规范，在司法审查中并没有获得预期的效果。正如有学者所提出的，“即使是司法对更详尽程序的要求，也包含了一类辩证上的自相矛盾。最初法院会以程序瑕疵来否决规则，但行政机关会在法院判决后治愈每个瑕疵。当法官发现又一个瑕疵时，管制机关只不过又要作一次修补而已。最后的结果是，现在非正式的规则制定程序比制定法制定程序或正式的规则制定程序还要笨拙耗时。而这就破坏了行政程序法的基础——缓慢正式的裁决和快速非正式的规则制定决定之间的区别。规则制定要经受更多更精细的程序负担，与裁决相比还要花费更多时间和人力资源”。

另外，行政程序制度的内容以及价值目标的不同也会影响到行政诉讼加以程序性审查的实际效果。对于行政程序的建构，美国耶鲁大学法学院杰瑞·马肖教授（Jerry Mashaw）在《行政国的正当程序》中从美国宪政史上法院和评论界解决什么程序是正当的这一问题的方法之中，抽象出了对待正当程序条款的三种模式：诉诸传统的“适当性模式”、追求利益平衡的“效能模式”以及在自然权利理念上的“尊严价值模式”。他在技术和价值层面上，对三种模式各具特色的可行性与象征性给予了详细的论述。在上述三种模式之中，马肖教授更看好“尊严价值模式”。根据该学者所讨论的基本内容，我们可以看出，行政程序法治就像“法治”概念一样，具有相当宽泛的内涵和外延。如果在行政程序法治价值目标没有定位的前提下，行政诉讼通过简单的程序性审查，甚至以其作为合法性基础是多么荒唐的事。

当然，笔者并不在于否定行政程序法治在行政法治建设中的意义（相反的是，笔者完全赞成程序法治的建设)，而在于说明，司法审查并不能仅仅依据形式化的程序性规则处理行政案件，而应当结合案件的具体情况决定行政程序规则在行政诉讼合法性基础体系中的地位问题。我们不仅应当否定简单的程序主义，更需要反对我国行政诉讼制度中所确立的形式化的程序性审查方式，司法审理行政案件应当建立在实体性审查与程序性审查相结合的基础上加以考虑。学界将程序性审查与实体性审查割裂开来讨论的方式也值得反思。

四、行政诉讼制度应当如何对待其他法的形式探析

如果说前文所述的法主要是指国家法(包括后文所述的判例法)的话，那么在社会实践中也大量存在效力结构未必完整、无需依靠国家强制保障实施但却能够产生社会实效的“软法”。例如：根据前文分析，伴随各国行政改革的不断深入，许多行业标准也在实践中发挥法的效用，约束着广大民众，也同样规范着行政主体的行为。与之相类似的问题还有还多，例如国家对于国家条约的认同，人们对不属于传统的法律范畴的道德标准的认同、如何处理法律与政治之间的关系等。这些新的现象对传统的行政法法律体系产生着重大的影响，也直接影响到行政诉讼合法性基础的建构。前文所述，回应型法与自治型法之间的区别，以及前文所述英国学界的功能主义与规范主义之间的争执，美国现实主义与传统法治思想之间的讨论基本涉及这些问题。这在我国学界也已经引起人们的普遍关注。

本章认为，这些法的形式并不是一个新的社会现象，只能算作理论界所讨论的一个新课题。人们对此加以讨论实际上也是对我国传统以实证的国家法为体系建构法律体系的反思。

如果以实证的角度考察，历史形态中的行政诉讼制度基本经历了从依附于国家法的形式再到向回应于社会的法的形式多元化的基本历史发展过程。例如普通法对传统形式化程序规则的改进，以及衡平法对普通法的补充，司法审查对欧盟条约的认同等。美国的司法审查从遵从议会

立法到对行政权的尊重也有这种体现。在大陆法系国家，行政诉讼对实证法律的维护到对欧盟条约的认同，基本是以实现行政诉讼对社会环境的回应为导向。这种倾向一方面表现为行政诉讼价值目标的多元化，实际上也是行政诉讼合法性基础的丰富和发展过程。也可以说，正是行政诉讼已经不再仅仅局限于维护形式法治而转向直接回应于对社会价值目标的追求的过程中，行政诉讼的合法性基础也随之得以丰富和发展。

我们认为，认同以上非国家法的法的形式的实际效用是十分必要的。这不仅是保证公法制度回应社会价值目标实现的基本要求，而且也是行政诉讼制度在公法制度中得以发挥最大效用的基本要求。

五、各种法的形式之间是否存在优劣之分

以上主要阐述了法的各种形式，在此产生的疑问是，它们之间是否存在优劣之分？对此，在西方国家也是争论不休。而这也是本书理论篇主要讨论的问题之一。例如：在英国就存在普通法与越权之诉谁能够作为司法审查合法性基础的争议，而在美国也存在普通法、程序法与立法之间的优劣之分的讨论。这种情形在其他国家也并不例外。即使是发展历史相当久远的普通法在英美法系国家也有人提出质疑，而立法之法在大陆法系也遭遇了同样的命运。当然，人们如今所争执的并非仅限于各国已经实际存在的法的形式的优劣问题，而且包括对法的实质性内容以及法所形成的方式等问题。例如：美国学界有人认为，司法之法有违“民主原则”(议会民主)，而相反的观点则认为司法之法可以防治“多数人暴政”。在英国，人们对普通法的批评主要在于其遵循先例原则的形式主义倾向，也有学者将行政法中越权原则——立法之法的表现形式——提出批评，称之为“假树叶”等。对此问题的解答，笔者更愿意从实证的角度加以考证。这可以从前文所述的立法、程序法以及普通法的形成和发展的历程得以充分说明。根据前文分析可以得出以下基本结论：法是特定历史阶段的产物，而且，只有符合社会需求的法的形式才有可能得以生存。例如：无论是英美法系国家的普通法，还是大陆法系的判例法都是在

实践中逐步形成的，而不是一种建构性的制度，这是需要我们看清的重要一点。议会立法取得较高的地位也是产生于特定的历史背景，是人们对于封建专制的极大恐惧而确立了议会主权（或人民主权）的历史背景下产生的（为自由资本主义经济的发展服务）。美国《联邦行政程序法》的出台也同样是国家权力扩张与公民权利保护两种价值目标需要协调的历史背景下的产物。这在前文章节已有充分的论证。在特定的历史背景下，不同的法的形式均发挥过重要的作用；与其相一致的，伴随社会形势的变迁各种法的形式也必然暴露出其自身的不足之处。

在当今社会，任何单一的法的形式都已经不能适应于社会发展的需要，法的形式的多元化是一种必然趋势。我们所应当关注的不能仅仅局限于各种法之间的优劣问题，而应当是如何协调各种形式的法之间的关系问题。

根据以上分析，笔者也认为，在中国固然需要建立判例制度（本书对建立判例制度持支持态度），但不能过于偏激，甚至极端地将之作为行政法治建设（即使是制度建设）的终极目标。建立判例制度也应当循序渐进，只有在实际成熟时才具有可行性。

六、合法性最终由谁说了算

上文已经阐述，各国行政诉讼的合法性基础均具有多元化倾向，在此产生的问题是，如何处理各种法之间的相互关系问题？对于这个问题的回答在域外也是观点各异。例如学界所认为的，法律问题应当有法官说了算的，而对于事实问题法官则需要尊重行政权的基本观点。英美法系国家对各种法之间优劣问题的讨论也包含了这种思想。

回答这个问题首先需要走出传统思想所设定的怪圈：一方面是从权力分立的角度强调国家权力机关各自的职能分工，认为司法权只能享有裁判权，只有立法机关才具有立法权；另一方面是以一种权力的合法性基础代替另一种权力的合法性基础。后者还可以进一步划分为以下两种基本情形：一是以立法权或行政权的合法性基础代替司法权的合法性基础，二是以司法权的合法性基础代替行政权的合法性基础。前者在我国行政诉讼对待立法规则包括行政立法的态度中有充分体现；而过于强调程序规则的普通法形式主义等则是后者倾向的最好见证。以上两个方面的思想实践上也是统一的，基本是认同一种权威代替另一种权威（以权力之间的关系或者是法的形式表现出来）。

对于第一个问题，大量的历史事实充分证明这种局面已经不复存在，行政国中行政权拥有立法职能和司法权职能是最好的见证。我国的司法解释实际上也是立法体系中的一员。功能主义对规范主义分权理论的批判也是中肯的。即使可以认同分权理论作为行政诉讼合法性基础的理论前提。这种理论也有自相矛盾之处。因为，在行政机关承担了（被认为是）立法机关的立法任务的情形下，仍然需要考虑行政机关内部立法过程与行政过程之间的分立问题；行政承担司法裁判的职能，并不能否定行政裁判与行政执行职能之间的分立，否则将违背行政法的最为基本的公正原则。

立法、行政与司法“三权”之间并非是一种分工关系，而应当是一种协作关系，更不能以一种权威代替另一种权威。法治的实现应当是一个过程，从总体上来说需要经过立法、行政以及在破坏的情况下获得补正的司法等几个基本环节；若从权利保障的角度分析，权利的实现也同样需要经过获得认同（主要指立法）、具体实现（主要由行政完成）和获得救济等几个基本环节。

对于第二个问题，笔者的基本观点是：一方面，在司法程序中，并不应当存在任何先验的合法性基础问题。如果首先预设立法或者是行政程序规则的正当性，而使其不可以接受司法程序的检验，实际上是否定了至少说是弱化了司法程序存在的实际意义。立法以及行政行为的合法性基础，不仅需要在诉讼之前获得认同，也应当获得司法程序的认同（据此，司法程序应当具有不同于立法和行政程序不同的风格也是必要的）。而另一方面，将司法程序的合法性基础作为被审查对象（主要指行政权）的合法性基础也是不可取的。行政权的合法性基础需要接受立法以及司法程序的检验，但并非是将行政权的合法性基础依附于司法权的合法性基础。司法机关行为的合法性，不仅需要建立在自身程序设计的合理性基础之上，更需要与整体的公法制度合法性基础保持一致，应当充分考虑到整体公法价值目标的实现。

从总体上来说，无论是立法规则还是行政程序规则均应当接受司法程序的检验，而在行政诉讼过程中并不应当具有先验的效力。只有在司法程序本身不符合整体的公法制度的合法性基础之时，立法和行政权才可以通过适当的程序加以纠正，这是其一。其二，立法规则、行政程序规则以及司法程序规则等均应当统一到整体的公法制度的合法性基础之中来。而各种法的形式不仅应当注重自身品质的培养，更应当考虑到与其他法的形式的协调问题。因此说，在行政诉讼过程中，并不存在任何一种法的形式具有相对于其他法的形式的“谁说了算”的问题。

七、判例制度与判例法的自我形成与发展

（一）中国有关判例法（或判例制度）的争论

根据前文分析，各种法的形式并没有优劣之分。在此也会引发以下问题：我国主要是以立法规则以及程序法作为行政诉讼的合法性基础，那么是否必要建立判例法或判例制度的问题。对此，我国学界观点不一。例如：有学者认为，我国并非存在判例法；但也有学者却认为，我国古代就存在判例法。就能否建立判例制度（或判例法），中国自20世纪80年代后期以来，就不断有学者提出各种设想。当时就有三种相互分立的观点：一是主张中国应采用判例法制度；二是反对上述主张；三是认为中国不应采判例法制度，但应加强判例的作用。

撇开这些争论，至少有一点我们是可以肯定的，那就是，当代的中国已经存在判例制度的传统和现实，这在行政法中已经有充分的体现。正如有学者所言：“中国现行法律并未明文规定判例制，但从法律中可以引申出这一制度。”对于中国来说，当前更为重要的任务应当是，如何对

待实践中所存在的这种现象，而不是能否或是否必要建立判例制度或判例法的问题。对于是否需要建立行政判例制度，笔者的答案是肯定的。但在此需要进一步讨论的是，判例法是可以建构的吗？而这也关系到如何理顺判例法与作为行政诉讼合法性基础的其他法的形式之间的关系的重大理论问题。因此有必要对西方国家判例制度的形成加以进一步考察。

(二) 西方国家判例制度或判例法是在实践中逐步形成的

根据前文分析，判例法（普通法）在英国，是由其特殊的历史背景所孕育产生的。判例法并非英美法系国家所独有，即使是实行成文法的大陆法系国家也存在判例法，换句话来说，判例法也被大陆法系国家所普遍接受。例如：法国行政法正是以行政法院的判例为基础建立起来的，而且其判例制度在行政法律制度中具有十分显要的地位，许多行政法的基本原则均是由行政法院的判例所确立。

对判例制度得以发展的历史过程加以分析我们可以发现，判例法能够在世界范围内获得承认并得以发展的关键，不仅在于其司法权（尤其是在宪政体制中）地位的显赫，更在于司法权内在的优良品质。在英国，判例制度能够在获得当地土著人的认同，并不是依赖强权，反而是依靠自身相对完善的程序规则、公正的裁判而得以确立的；法国行政法院曾经被当时的宪法学的泰斗人物戴雪所“吐弃”（当然他后来对自己的观点也有修正），但实践却证明了法国行政法院判例制度的巨大优势，而这正是其依靠自身的客观公正的裁判艺术所决定。

(三) 判例法的利弊分析

实然存在的判例法并非为所有人所认可，或者说，判例法并非亘古就是普遍被人们所接受的存在，它历来是人们争议的话题。即使是历史悠久的普通法在英美法系国家也遭到了批判，例如英国的功能主义、美国的程序主义以及现实主义基本对普通法提出了严厉的批判。这说明了普通法自身的不足。但另一方面，普通法悠久的历史也实际证明了普通法旺盛的生命力。当然，无论是普通法还是判例法也均在丰富和发展自己。据此，有必要对判例法的利弊作一番比较分析。

似乎每一个关心判例法的学者都愿意就其优点和缺点做出一番评价，也似乎每一个学者都没有将判例法做出绝对优劣的评判。以下几点值得关注：

第一，判例法有利于促进司法理性。判例法要求将所有的判决公开，法官在审理案件后，都要在判决中详细地叙述判决的理由，然后通过法律报告的形式，将他们的判决公之于众。这样，有利于监督法官审慎地处理案件，认真地制作判决，防止法官专断和任意处理问题。同时，遵循先例还能够起到限制法官自由裁量权，以达到使同类案件的当事人受到公正、平等对待的效果，实现法律主持正义的目的。这将意味着法官的行为必然受到一定程度的约束，能够自觉从一些经过考验并受到尊重的道德准则中汲取经验。

第二，判例制度的形成也有利于促进司法地位的提高。实际上，判例法在一个国家的法律体系中的地位也充分体现了司法权在国家政治体制中的地位。存在判例法的国家，法院或法官不仅仅是作为一般意义上的法律执行者，而且他们通过对案件的审判成为新的法律的发现者；法官不是法律的“自动售货机”，而应当成为法律精神的发现者。这也给法官提出了很高的要求，法官不仅要深刻理解法律的精神，而且要具有良好的职业道德。而法官队伍道德素质的提高也反过来促进了判决质量的提高，从而进一步增进了人们对于司法的信心，提高了司法的威望。久而久之，司法的行为和形象也促进了司法地位的提高。

第三，如果从判例法与成文法相互协调的关系来看，判例法还具有填补法律空白，弥补制定法之不足的积极意义。任何一种法律形式都不是完美无缺的，需要其他法律形式拾遗补漏和互相弥合才能良好地实现法治目的。制定法的优点是结构严谨、逻辑严密、表述准确，但却存在抽象性、刻板性和烦琐性的缺陷。成文法的稳定性特征，使得即使发现法律的漏洞或空白点，也只能慎重对待，不允许朝令夕改、反复变动。判例法相比较于法典而言，具有相对的灵活性、应变性和个体针对性，它在某种程度上可以克服和弱化法典法的抽象性、不周延性和僵化性所带来的弊端。判例法中体现正义的准则是通过每一位法官的努力，通过司法过程中对先例进行诠释，寻求与时代相符的精神，这就使判例法具有一种有机成长的机制，因而能适应新的情况，具有灵活性。

当然，判例法也历来受到人们的批评，也可以罗列诸多条款。笔者认为，以下几点尤为值得一提：首先，由法官创立这一意义上讲，是不民主的，而制定法可能是比较民主的。这可以说是西方国家推崇立法民主者最为严厉的批评。其次，判例法是在适用时创立的，所以是溯及既往的法律，而制定法是适用于未来的法律。第三，判例法是以个别案件（即使是一个典型案件）为基础的决定，它具有片面性，而制定法一般是以总的社会条件为基础的，针对一般情况的。第四，判例法不像制定法那样以精确的词语来表达，引用先例需要法官寻找判例的精神和实质，所以有可能被人们所误解或扭曲。第五，判例法往往是匆忙地由一个人或几个人做出的，而制定法通常是由集体经过认真调查研究，审慎考虑制定的。最后，适用判例法相当复杂，既费时又费钱，等等。这些批评中肯，但这又由于是相对于制定法而言的，因此又显得有些理由不够充分。因为，制定法同样存在不足，相对于立法的不足来说，那就是判例法的优点。

（四）促进行政判例制度的形成和发展

根据以上分析，笔者得出以下结论：

其一，判例法制度产生于特定的历史背景和文化背景之下，是在实践过程中不断积累经验的基础之上而逐步形成的，而非建构性的制度，“判例”“判例制度”与“判例法”之间存在本质差异。司法判例若要获得人们的认同，应当建立在理性的制度设计以及实质内容符合一定的价值标准的基础之上。因此说，中国应当认同判例制度的优势之所在，但更为理性的态度和更为紧要的任务则应当是：着力培养司法权的优良品质。

司法判例也只有具备一定的内在的优良品格才有讨论判例之“法”的效力的必要。

其二，建立判例制度的目的只能是丰富法的形式和内容，以实现行政诉讼制度更加全面地适应社会的需要，而绝非是为了与制定法“争权”。建立判例制度也并非在于要确立司法权威，立法与司法之间并不存在地位高下之分，而是在于法本身并不局限于某种形式的特定属性所要求。据此，充分处理好判例法与成文法之间的关系，两者是互补还是相互牵制，值得进一步考虑。

其三，司法可以在法的体系中确立自己一席之地，而且司法在法律体系中确立一席之地对法律体系的建构具有重要意义，但并非意味着司法之法就是法本身。立法规则、程序规则与司法判例在行政诉讼中应当具有同等的效力，并不能有高低之分。

八、行政诉讼审查原则的进一步丰富和完善

(一) 概述

根据上文分析可以看出，法的形式，无论是法律规则、程序规则还是司法判例，均具有其自身的优点与不足之处，相互之间并没有优劣之分。而且，在行政诉讼过程中并没有合法性基础有谁说了算的问题，而应当在整体公法制度价值目标的前提下协调各种法之间的相互关系。这是从法的形式角度考察得出的结论。行政诉讼制度的合法性基础，不仅应当包括不同的法的形式，也应当包括法的内容和精神。换句话来说，行政诉讼制度的合法性基础不仅应当建立在一定的法的形式之上，更应当建立在法的实质内容和精神之上。这是实质性法治的本质要求。应该说法的实质内容和精神可能以法律规则的形式表现出来，但却并非完全能够通过法律规则的形式表现出来，而这正是讨论法律原则意义的之所在。

对于形式法治与实质法治之间的区别问题，我国学界已经有相当多

的讨论。有学者认为“西方各国的法治虽然存有差异，但是，共同政治、经济和文化传统，使得它们的法治显现出某些共同的基本特征。因此，将西方法治作为一个整体进行考察，似乎是可行的”。进而认为，从内容和精神上看，德国的“法治国”与英国的“法的统治”没有根本区别，它们都是近现代的产物，都强调依法治理国家，管理社会，将一切权威置于法律之下。无论在英国和德国，现代法治都可分为两种类型，即形式法治与实质法治，根据该作者的理论，戴雪以及迈耶的法治理论均属于形式法治的范畴。美国传统的行政程序法治也可以纳入形式法治的范畴，而新的程序主义则可以归入实质法治的范畴。这种思想在我国行政法学界也获得普遍的认同。正是在此理论背景下，人们对于行政诉讼如何控制行政权、自由裁量权的问题展开了极有意义的讨论，其中就包括对行政法基本原则理论的建构，认为行政诉讼应当建立合理性审查原则、比例原则、信赖保护原则等。

（二）合法性与合理性存在区别吗

如果进一步分析，以上只是处理了行政诉讼合法性基础的法的形式之间的关系问题。如果要求实现实质法治，还需要处理好法的实质内容与形式之间的关系问题。如果按照回应型法的要求，行政诉讼制度也应当对社会价值目标的实现做出回应。在此有必要对以下问题做出回答，那就是：合法性与合理性存在区别吗？

鉴于我国行政诉讼制度确立了合法性审查原则，我国学界普遍认为应当建立合理性原则以加强对行政自由裁量权的限制。而这种思想实际上与实质性法治思想相一致。这种要求是合理的也是必要的，但笔者认为这种将合法性与合理性两分的提法值得商酌。首先，这种观点实际上是建立在认同行政自由裁量权的基础之上的，也就是说，将行政权的行使确定了合法与合理两重标准，若从权利保护的角度考虑，也就是将对权利的保护划分为两个层面，这显然是不成立的。其次，合法与合理的划分标准如何确定？若依据传统的行政法理论（尤其在我国如此），实际上是将实证的立法规定作为合法的标准，而立法不明确以及没有规定的则划归合理性范围。这种观点显然是不成立的，在实践中也是十分有害的，这并不符合确立合理性原则的本来愿望。再者，从本质上来说，学界所倡导的合理性标准实际上是行政法的基本原则以及精神，而否定法律原则和精神具有法律上的意义另行确立一个新的标准实际上是不成立的。

（三）丰富和发展行政诉讼的审查原则

其实，以上学界的基本观点暗含了一个理论前提，那就是：法仅仅局限于形式化的建构是不够的，还应当具备符合法律精神的制度体系。据此，笔者认为，在中国，不仅需要建立判例法制度以弥补法的形式单一化的不足，而且应当完善行政诉讼审查原则体系。

对于建立行政诉讼审查原则的意义可以从以下两个方面加以阐述：一是行政法内容的复杂性，决定了行政诉讼确立基本原则的必要性。行政法的特点不仅在于法律规则的庞杂，而且表现为流动性相当大。从国外的基本经验来看，无论是英美法系国家的司法审查还是大陆法系国家的行政审判，行政法的基本原则无不是牵着行政法的鼻子走，而行政审判权无不是以确立基本原则的方式得以实现的。司法审查权的特点也决定了其并不可能确立明确无误的规则形式来实现其对行政法的引领功能，而行政诉讼制度的基本原则则可以与之相互协调以突显这种价值目标。二是行政法治不仅是一个规则体系，也是一系列价值目标的体系，而价值目标的实现不仅需要通过规则具体化，也表现为一系列行政法基本原则。例如，行政诉讼对于财产权的保护在实践中并非仅仅表现为以财产权本身为对象，而可能表现为对平等权、正当法律程序等一系列基本原则的遵循。宪法制度所确立的人身权、财产权以及社会权利、政治权利等，在具体的法律制度中，实际上已经转化为一系列价值目标体系，其中包括平等、公正、效率等基本原则。一个并不能获得平等保护的财产权对于个人来说在当今社会实际上就是一种对财产权本身的剥夺，至少是一种新的方式的掠夺。

从实证的角度分析，无论是英美法系国家还是大陆法系国家，无不建立其公法基本原则，如英国的越权原则和自然正义原则、美国的正当法律程序原则、大陆法系国家的合法性原则、比例原则、信赖保护原则等。这些原则不仅是行政的基本原则，也是行政诉讼的基本依据，而且，这些行政法原则基本是通过行政判例制度所确立的。

在中国，伴随行政法律制度的不断完善，原则在行政法中的法律地位也逐步获得认同(主要指成文法)，行政诉讼法中也确立了一系列基本原则，如合法性审查原则、不停止执行原则等。但从总体上来说，这些原则已经不能适应当前我国宪政和行政民法院审理行政案件，对具体行政行为是否合法进行审查。第6条："人民法院审理行政案件，依法实行合议、回避、公开审判和两审终审制度。"第7条："当事人在行政诉讼中的法律地位平等。"第8条："各民族公民都有用本民族语言、文字进行行政诉讼的权利。在少数民族聚居或者多民族共同居住的地区，人民法院应当用当地民族通用的语言、文字进行审理和发布法律文书。人民法院应当对不通晓当地民族通用的语言、文字的诉讼参与人提供翻译。"第9条："当事人在行政诉讼中有权进行辩论。"第10条："人民检察院有权对行政诉讼实行法律监督。"第44条："诉讼期间，不停止具体行政行为的执行。但有下列情形之一的，停止具体行政行为的执行：(一) 被告认为需要停止执行的；(二) 原告申请停止执行，人民法院认为该具体行政行为的执行会造成难以弥补的损失，并且停止执行不损害社会公共利益，裁定停止执行的；(三) 法律、法规规定停止执行的。"第45条："人民法院公开审理行政案件，但涉及国家秘密、个人隐私和法律另有规定的除外。"第50条："人民法院审理行政案件，不适用调解。"

法治发展的需要，这不仅表现为行政诉讼中所确立的基本原则不够全面，而且有些原则在实践中已经不能适应社会的需要，后者如不适用调解原则等。对此，学界也提出诸多建构行政诉讼基本原则的观点。但学界很少有对行政诉讼原则体系如何建构的讨论。笔者认为，我国行政诉讼制度对于原则体系的建构还具有以下不足：一是行政诉讼的基本原则主要从维护法治的角度加以建构而没能充分体现对于公民权利的保护；二是行政诉讼原则主要集中于对行政诉讼程序的规范，而对行政诉讼审查对象规范不足。因此建议，有必要进一步丰富和完善我国行政诉讼的原则体系。据此，笔者也对如何建构行政诉讼制度基本原则体系提出以下几点建议：一是原则的确定应当以行政诉讼的价值目标为追求，不同类型的行政诉讼制度具有不同的价值目标，也应当相应建立不同的原则体系。例如：对于主观诉讼，我们应当以权利保护的核心价值目标为导向，建构权利保障审查原则体系；而对于客观诉讼，则应当以维护法治为追求，建构相应的法治原则体系。二是应当建立层级化的行政诉讼审查原则体系。例如，对于权利的保护，应当确立最低限度的人权保障原则，并相应确立平等、正当法律程序、参与、合法（立法明确的）权利保护等基本原则。三是行政诉讼的基本原则不仅可以通过成文法的具体规定加以实现，更应当在判例制度中得以具体落实。由于实践问题的复杂性，因此完全有必要赋予司法机关根据实际情况具体加以确定，这也有利于约束司法权自身，对外昭示司法权行使的具体内容。在此还需要进一步说明的是，行政诉讼审查原则应当是一个开放的体系，应当通过司法实践不断总结并逐步得以丰富和发展。

第四节　完善行政诉讼制度以保证其功能的充分发挥——以规范司法权行使过程为例作进一步分析

一、概述

前文已经论述，司法判例要获得法的效力，应当建立在司法权理性行使以及优良品质培养的基础之上，同理，要想保证行政诉讼制度功能的充分发挥，也应当回归到行政诉讼自身制度的建设中来。如果行政诉讼制度本身都不完善的话，讨论行政诉讼制度功能将毫无意义。当然，有关行政诉讼制度建设的内容在我国学界已经有相当多的讨论，上文所述类型化设定行政诉讼的价值目标以及对行政诉讼合法性基础的讨论也属于这方面的基本内容。我们在此仅就如何规范司法权行使过程问题作进一步论证。

二、司法自由裁量权存在的必然性

在行政法领域，行政自由裁量权的存在几乎是一个不争的事实。实际上，在行政诉讼领域也存在相同的问题，司法权的行使是完全依据法律而为，还是享有一定自由裁量权的问题。这个问题的另一种说法是，在行政诉讼的过程中，法官是否应当享有一定的自由裁量权问题。法官的自由裁量权是无法避免的。与行政权无法完全依据法律行政一样，司法权也无法做到完全依据外在的规则做出裁判，因为在很多情况下，立法并没有给予规定，至少存在大量没有给予明确的规定的情形。如果行政只是依据一定的原则或者自己所制定的规则抑或是仅仅一种直觉的判断而行政。这样的案件如果引起纠纷到达法院，法院应当依据什么做出判决？是依据法律精神还是司法先例？如果没有司法先例那又该如何处理？因为法院并没有拒绝做出裁判的权力，在这种情形下，司法裁量权也会产生。当然，产生司法裁量的原因并非局限于以上原因。立法规范的不足、诉讼过程中的“法律真实”与“客观真实”之间的背离都会产生司法裁量的问题。

应该说行政诉讼制度并非是司法机关单方面的行为，更是各方当事人广泛参与的过程，但不可否定的是，司法机关在此过程中却充当极为重要的角色，这尤其表现为在职权式行政诉讼模式之中。也由于行政争议当事人双方利益的相互对立关系，也决定了司法机关在诉讼中的绝对性优势地位。

当然，强调司法自由裁量权并不是明智之举，司法自由裁量权只是一种实然的存在，而并不是我们的追求或理想状态。提出这个问题的目的是要我们正视这个问题，从而解决问题，笔者并不是要倡导司法自由裁量权。

三、如何看待中国的司法腐败问题

法院和法官是中国法治建设的一支主力军。司法独立是他们行使职权、公正司法的基本条件。这些已基本成为人们的共识。可令人恼火的是，法院及法官队伍的腐败成为目前一个突出的社会问题，成为当前“最大的腐败”。司法腐败的事实招致了社会的严重不满以及基于这种不满而产生的制度建构要求，即人民代表大会，作为法院由其产生并受之监督、向之负责的国家权力机关，要求对法院审理的案件进行法律监督，即个案监督。然而，个案监督与法院不受干涉的独立审判却又自相矛盾。一个有关对法院、检察院进行个案监督的法律草案事实上被长期搁置，也说明了这一点。这些情况表明，中国在实现司法独立、司法公正过程中所面临的两难困境：一方面，建设法治国家要求司法独立以实现司法公正，另一方面，司法腐败的存在又使得对司法进行包括个案监督在内的多种监督的要求显得十分迫切。

这是否与中国人对行政诉讼制度的期待，更加关注其公正价值目标的追求而忽视对其理性品质培养有关？任何一种没有约束的权力都可以说是一种专制，司法权也并不例外。美国学者波斯纳也认为，“如果(法官)的独立性仅仅意味着法官按照他们的意愿来决定案件而不受其他官员的压力，这样一个独立的司法机构显然并不会以公众利益为重；人民也许仅仅是换了一套暴政而已”。(当然笔者并非完全同意他的“受其他官员的压力”的基本观点) 大量的司法腐败现象的出现正说明了司法权就像行政权一样可以被滥用。西方国家有关司法权是“最小危险部门”的说法，也只能在处理司法权与行政权之间的关系上更具说服力；若从司法权与当事人权利之间的关系来看，并不能得出这种结论。司法腐败不仅与行政腐败问题一样需要控制，司法腐败对民众利益的侵害甚至有胜于行政机关的腐败。对法治建设来说，不仅需要保持司法机关与其他国家机关的适当距离以保证公正价值目标的实现，而且应当注重对司法品质的培养以实现司法权行使的理性化。

四、规范司法权行使的过程，预防司法腐败问题的发生

根据以上分析，司法自由裁量权的存在是一种必然，但与之相伴的是，这种司法自由裁量权却很可能会引发司法腐败问题的发生。因此，就如何规范司法权的行使以及如何遏制腐败问题的发生，各国也有相关的制度和理论经验。当然，在实践中也不存在不受规范的司法权，人们也并非不关注对司法权的规范问题。普通法中的程序法思想，以及规则主义中实际上就包含了对司法权规范的基本观点（迈耶将司法机关定位为法律执行机关的思想就包含了约束司法权的基本内容）。但笔者在此需要讨论的并非是司法权是否需要规范的问题，而是如何规范司法权的问题。在普通法来说，以下方式也许可以起到制约司法权滥用的效果：一是遵循先例，二是陪审团制度，三是通过设置法官消极行使裁判权的诉讼结构模式，再者，通过审判公开也可以起到遏治司法腐败的作用，再就是通过对法官个人的惩戒方式。在我国，最高人民法院通过限定司法解释权的行使实际上也是对司法权控制的一种方式。

我国学界也有相当的讨论。应该说，这些方式均可以起到一定的作用，但同时我们也应当看出各种方式所存在的弊端。例如：遵循先例的普通法原则已经在美国受到现实主义的挑战，其不足之处主要在于不符合现实的需要，无法保证司法审判回应现实的社会；通过程序规则限制法官权力的方式，则会引发司法权行使效率低下的问题；对于通过对法官个人问责的方式来监督法官也并非是理想的选择，这也很容易引发司法保守主义的倾向。这在行政法领域已经有历史经验可寻，英美法系国家建立国家责任制度而代替传统的追究行政人员责任方式的制度转变是否说明了这一点？

在如今司法权无限扩张的今天，以上任何一种解决问题的方式独立使用均不可能产生实际效果。当然，我们并非在否定以上方式对预防司法权滥用的意义，相反的是，笔者积极倡导这些方式的协调适用。但有

一点是肯定的，那就是：对于那些贪得无厌的“法官”来说，通过追究个人责任的方式并不能从根本上遏制腐败现象的发生，遏制司法权滥用的方式最终还是需要具体落实到司法权行使的具体过程中来。我们应当借鉴公法制度约束行政权和立法权的基本经验综合考虑监督司法权运行的整个过程（对于行政权和立法权的监督和制约并不能仅仅依靠对行政人员或立法人员控制的方式，而更多的是借助于程序制度等公法制度加以限制）。在此，我们有必要特别强调以下措施的运用：

一是要增强行政裁判权行使的说理性。限制法官最为有效的方式就是要求法官对于案件的处理做出更为明确的说明。在中国司法实践中的判决书说理性不足的现状完全有必要加以改进。而也正是普通法国家最基本的制度经验。

二是要保障司法权行使方式的制度化。在中国，更多的学者强调法官独立性的必要性，笔者认为，若根据前文分析所得出的结论，法官独立的制度设置还需要与其他制度相协调才能克服司法独立后所引发的弊端。法官的独立在实现公正价值目标上具有十分重要的意义；但如果法官独立转变成为一种专断而不受任何限制的话也是十分危险的。据此，笔者认为，在中国，保证司法权威的更为紧迫的任务应当是司法权行使方式的制度化。对此，有两种制度经验：一种是中国的司法解释制度统一化，另一种就是在西方国家所形成的判例制度。应该说，这两种制度模式均能够起到约束司法权滥用的效果，但在性质上是相当不同的。中国的司法解释实际上是成文法延伸，附着于成文法，其内容和构成基本是一种规则体系；而判例法则是司法权本身具体运作过程的对外昭示的表现形式。据此，如果从限制司法权具体运行过程的角度出发，司法解释与判例制度并不具有同一功能。规则主义的弊端决定了司法解释制度并不能从根本上起到遏制司法权滥用的效果，而判例制度则是更为有效的制度之一。而这也正是前文所提出的建立判例制度的基本观点。

第七章

结　语

在中国，几乎面临同样的难题，《行政诉讼法》自出台至今也已经有二十余载，虽然对我国法治建设中做出了令人欣喜的贡献，但自身制度设计所存在的不足仍相当明显，行政诉讼功能的发挥也直接受到整体法治环境的影响。在此期间，无论是理论界还是实践领域都在积极探索行政诉讼制度进一步发展的路径，但到目前为止，笔者窃认为，我国有关这方面的探索仍远远不够。比较与其他国家，我国学界基本表现出了对行政诉讼具体制度设计的关注，而对行政诉讼与宪政和行政法治环境之间关系的研究仍显得相当不足；即使在宪政领域，人们已经开始以考察司法权宪政法律地位、考察司法权的运行方式将行政诉讼制度作为考察对象，但独立考察行政诉讼审判权的成果仍不多见（行政审判权与民事审判权以及刑事审判权之间的本质区别是我们应当看到的）；在行政法治领域，也有类似情形。学界虽然已经展开对行政诉讼制度价值目标的研究（属于行政诉讼的社会价值功能），如对行政诉讼价值和目的的研究等，但却对行政诉讼制度在整体宪政和行政法治中的功能定位关注不够（这实际上也有将行政诉讼制度功能限定在价值目标的定位上的倾向）。即使我国学界对涉及行政诉讼功能相关问题讨论的文章并不少见，如讨论行政诉讼价值目标、审查范围以及合法性基础等，但整合研究行政诉讼制度功能的研究成果几乎没有。

希望通过本书的研究，对于推动我国行政诉讼制度现代化进程和建设社会主义法治国家的伟大历史实践具有一定的理论指导作用。

参考文献

[1] 蔡小雪，李德申 . 行政诉讼协调中的利益衡量原则之适用 [J]. 人民司法·案例，2010，10.

[2] 江必新 . 能动司法：依据、空间和限度 [N]. 光明日报，2010，2-4.

[3] 顾培东 . 司法能动主义的蕴涵 [J]. 法律适用，2010，2-3.

[4] 袁祥，王逸吟 . 什么是能动司法？为什么要能动司法？ [N]. 光明日报 2010-05-13.

[5] 江苏省高级人民法院司法改革办公室 . 能动司法制度构建初探 [J]. 法律适用，2010，2、3 .

[6] 马怀德 . 行政诉讼法学 [M]. 北京：北京大学出版社，2015.

[7] 姜明安 . 行政法与行政诉讼法 [M]. 北京：北京大学出版社，2015.

[8] 应松年 . 行政诉讼法学 [M]. 北京：中国政法大学出版社，2015.

[9] 梁凤云 . 不断迈向类型化的行政诉讼判决 [J]. 中国法律评论，2014(4)：152-156.

[10] 郑家健 . 我国行政诉讼判决方式研究 [D]. 四川师范大学，2014.

[11] 姬广勇 . 行政诉讼判决制度的反思与完善 [N]. 人民法院报，2013(4) .

[12] 杨伟东 . 行政诉讼一审判决的完善 [J]. 广东社会科学，2013(1)：28-34.

[13] 宋爱峰，李小鹃 . 浅议行政诉讼之维持判决 [J]. 法制与经济（中旬），2013，05：56-57.

[14] 李文奇．行政诉讼维持判决研究 [D]. 湘潭大学，2011.
[15] 吕艳辉．行政诉讼维持判决的妥当性追问 [J]. 法治论丛，2010（2)：113–117.
[16] 张显伟．废弃抑或保留：对行政诉讼维持判决制度的思考 [J]. 国家行政学院学报，2010(5)：104–108.
[17] 刘涵．行政诉讼重作判决必要性再探讨 [J]. 西北工业大学学报(社会科学版)，2014，02：11–15.
[18] 邓刚宏．行政诉讼中重作判决的理论基础与完善 [J]. 华东理工大学学报(社会科学版)，2014，04：80–88.
[19] 张静．论行政诉讼变更判决 [J]. 行政法学研究，2015（2)：71–78.
[20] 杨晚香．试论我国行政诉讼变更判决制度的完善 [J]. 法制与经济(下旬)，2011，12：44–46.
[21] 秦鹏飞．试析行政诉讼确认判决之完善 [J]. 武汉公安干部学院学报，2012(1)：54–56.
[22] 屈庆东，李静．论我国行政确认判决及其完善 [J]. 山东审判，2010(2)：84–87.
[23] 汪俊英．完善我国行政裁判方式的若干构想 [J]. 学习论坛，2012(1)：71–74.
[24] 吴卫军，李倩．基层法院行政诉讼受案情况的历史、现状与进路 [J]. 重庆大学学报(社会科学版)，2013(4)：137–143.
[25] 司海燕．行政诉讼判决形式研究 [D]. 广西民族大学，2010.
[26] 李顺前．论判决之更正 [D]. 西南政法大学，2012.
[27] 任厚福．新《行政诉讼法》：让公民权利更有保障 [J]. 达州新论，2015(3)：44–46.
[28] 程刚．行政诉讼撤销判决适用之反思及实现之路．最高人民法院；全国法院第25届学术讨论会获奖论文集：公正司法与行政法实施问题研究(下册) [C]. 最高人民法院，2013：11.